1ª edição - Junho de 2022

Coordenação editorial
Ronaldo A. Sperdutti

Capa
Juliana Mollinari

Imagem Capa
Shutterstock

Proibida a reprodução total ou parcial desta
obra sem prévia autorização da editora.

Projeto gráfico e diagramação
Juliana Mollinari

© 2022 by Boa Nova Editora.

Revisão
Alessandra Miranda de Sá
Maria Clara Telles

Av. Porto Ferreira, 1031 | Parque Iracema
CEP 15809-020 | Catanduva-SP
17 3531.4444

Assistente editorial
Ana Maria Rael Gambarini

www.**lumeneditorial**.com.br
www.**boanova**.net

Impressão
Gráfica Loyola

atendimento@lumeneditorial.com.br
boanova@boanova.net

Dados Internacionais de Catalogação na Publicação (CIP)
(Câmara Brasileira do Livro, SP, Brasil)

Marius (Espírito)
   O mistério da vida / pelo espírito Marius ;
psicografia de Bertani Marinho. -- Catanduva, SP :
Lúmen Editorial, 2022.

   ISBN 978-85-7813-225-5

   1. Espiritismo 2. Psicografia 3. Romance espírita
I. Marinho, Bertani. II. Título.

22-111452

CDD-133.9

Índices para catálogo sistemático:

1. Romance espírita psicografado : Espiritismo   133.9

Cibele Maria Dias - Bibliotecária - CRB-8/9427

Impresso no Brasil – Printed in Brazil
01-06-22-3.000

O MISTÉRIO DA VIDA

Psicografia de **Bertani Marinho**
pelo espírito **Marius**

LÚMEN
EDITORIAL

Para
Billie Prestes Pennachim
(In Memoriam)

e

Cléa Prestes Rosa Ramos,

Grandes líderes da entidade espírita Grupo Noel,
sediada na cidade de São Paulo.

Nota do médium

O presente romance do espírito Marius é um alerta para a necessidade essencial de cada pessoa buscar respostas às perguntas universais que – mais cedo ou mais tarde – povoam a mente de todo ser humano:

Quem sou?

De onde vim?

Para onde vou?

Qual é a minha missão na vida?

Muitos encontram respostas satisfatórias a tais questões, ao passo que outros tateiam no escuro, passando pela existência sem um objetivo definido, por ignorá-las.

Viktor Frankl (1905-1997), o psiquiatra criador da Logoterapia, uma psicoterapia existencial-humanista, afirma que o desejo de sentido é a mais urgente das necessidades humanas. Assim, podemos concluir que o *magnum opus* – a grande obra – de cada um é encontrar um sentido para a sua vida.

Foi o psicólogo humanista Rollo May (1909-1994) quem afirmou, em meados do século XX, que o *vazio existencial* é o problema fundamental do homem contemporâneo; e outros que passaram por tal experiência também experimentavam uma vida sem sentido. Frankl afirmava que a falta de sentido para a vida é o fundamento das psicopatologias contemporâneas. Segundo ele, esse grande vazio é hoje o mal-estar da civilização, daquelas pessoas que vivem mecanicamente, sem se conscientizar do sentido oculto no *mistério da vida*.

Conhecedor da importância suprema de encontrarmos o significado para a nossa própria existência, a fim de podermos vivê-la em plenitude, o espírito Marius nos apresenta *O mistério da vida*, um romance mediúnico em que o protagonista – o psiquiatra Max Helmer – vive na pele todos os sofrimentos da carência de sentido. Posteriormente, encontra nos amigos e na esposa uma luz nas trevas da vida, que poderá dar novo rumo ao seu existir.

O romance é escrito como um livro de memórias em que Max Helmer, já idoso, registra inúmeras passagens de sua vida, ora marcadas por profunda insegurança e desespero, ora por autoconfiança e proteção espiritual, que lhe permitem caminhar satisfatoriamente pelas trilhas que vai abrindo ao largo dos anos.

O mistério da vida, além de oferecer momentos de intensa emoção, destina-se particularmente à reflexão de cada leitor, para que faça um registro de seu mundo interior, buscando no significado de sua existência o suporte para uma vida plena, marcada por conquistas espirituais e pela paz de consciência "que o mundo não pode dar".

Boa leitura!

Bertani Marinho

Sumário

1 - O início 11

2 - Um sentido para a vida 25

3 - Professor Acácio 40

4 - Iniciando um novo caminho 54

5 - Conjecturas 69

6 - A visita 83

7 - Um certo professor 98

8 - Confabulações da doutora 113

9 - Uma visita inesperada 127

10 - Ana Maria 138

11 - No subsolo 154

12 - A doutrina espírita 167

13 - Amar ao próximo como a si mesmo 182

14 - Confidências 198

15 - Novas lições, novos alvos 214

16 - Outros conhecimentos, outro amor 233

17 - Duas vidas e um roteiro 250

18 - Lembranças 262

19 - Aplicando conhecimentos 278

20 - Notícias 296

21 - O grão de mostarda 309

22 - O caso de Salete 324

23 - Psicografias e passes 340

24 - Filhos de Deus 355

25 - Anos depois 369

26 - O mistério da vida 383

1

O início

Meu nome é Max Helmer, austríaco, nascido em Viena há muitos anos. Sou médico psiquiatra, tendo cursado a Faculdade de Medicina da Universidade de Viena, a mesma em que, no ano de 1873, iniciava seus estudos Sigmund Freud, o criador da psicanálise. Desde jovem me interessei pela filosofia e pela psicologia. Foi assim que, durante o curso de medicina, entrei em contato com as obras de Platão, Descartes e Kant, assim como de Franz Brentano, Edmund Husserl e Martin Heidegger. Conheci também as obras de Alfred Adler e de Carl Gustav Jung.

O meu maior prazer concentrava-se no estudo, fosse da medicina, fosse da psicologia ou da filosofia. Isso fez com que eu concluísse o curso de medicina com facilidade e os elogios de meus professores. Não, eu não era nenhum gênio. Apenas estudava bem mais que meus colegas, muitos dos quais perdiam tempo nas mesas de bar ou nos salões de dança. Enquanto eles ali jogavam conversa fora ou se distraíam ao som da música, eu ficava em casa devorando as obras dos grandes filósofos e psicólogos, depois de ter estudado anatomia, neurofisiologia ou qualquer outra disciplina da profissão que sonhava abraçar.

Foi nesse clima de muito estudo e pouca diversão que iniciei os meus trabalhos médicos no Hospital Psiquiátrico de Viena, o mesmo cujo pavilhão de mulheres com tendência ao suicídio Viktor Emil Frankl chefiara anos antes. Falarei logo dele; no momento, porém, devo dizer que, mesmo tendo um início promissor em minha carreira de psiquiatra, um grande vazio começou a tomar conta de mim muito lentamente. Trabalhava apenas há quatro anos no hospital, mas, não sabia bem o porquê, as coisas começavam a perder o sentido, o mundo parecia um borrão de tinta sem significado e eu mesmo não sabia mais muito bem o que realmente queria da vida. Os estudos, que antes eram o meu grande prazer, já não me satisfaziam mais. O meu trabalho diário no hospital começou a converter-se em uma insuportável rotina, embora fizesse apenas quatro anos que eu ali iniciara a minha profissão. Tornei-me apático e abúlico, sem vontade para nada. E o pessimismo começou a rondar os meus pensamentos, particularmente quando estava fechado em casa, sob grossas cobertas.

Foi por essa época que li num artigo de revista um breve trecho do poema "Os Homens Vazios", do poeta norte-americano T. S. Eliot (1888-1965):

> Somos homens vazios
> Somos homens empalhados
> Uns nos outros apoiados
> Cabeça cheia de palha, ai!
> Forma sem feitio, sombra sem cor,
> Paralisada força, gesto sem ação... [1]

1 Citado por MAY, Rollo. *O homem à procura de si mesmo*. 2.ed. Petrópolis, RJ,1972, p. 16.

Quando terminei a leitura, parecia a representação do poema: estava paralisado, sem vigor para mover os dedos. Esses versos tinham sido escritos em 1925, mas haviam caído naquele momento sobre minha mente como se tivessem sido escritos para mim. A depressão que me rondava antes acabara de me assaltar agora com toda a sua intensidade. Mas tive forças ainda para continuar a leitura do artigo, que afirmava ser a sensação de vazio acompanhada da solidão. Não precisei pensar muito, pois desde a época de faculdade eu estivera em geral só, completamente alheio aos colegas que me circundavam na classe ou na saída das aulas. Não tinha amigos, nem mesmo conhecidos com quem tomar um café no bar próximo à universidade. Agora, como médico, notei nesse momento que estava agindo da mesma forma. Tinha colegas, que cumprimentava mecanicamente nos corredores, mas nenhum amigo. Estava fechado, encapsulado em mim mesmo. Aliás, esse é um dos sintomas da depressão. Se continuasse assim, a minha vida apenas iria piorar, pois eu estaria caminhando cada vez mais para o precipício.

Foi também nessa época que li *A Náusea*, do filósofo francês Jean-Paul Sartre (1905-1980). O protagonista desse romance, num dado momento de sua vida, passa a sentir uma forte sensação de aversão ao ser humano e à sua condição existencial. Para ele, o ser humano sente-se preso à existência, que não tem um sentido orientador. Não há nenhum sentido no mundo além do significado que damos a ele. Somos lançados num mundo sem sentido, tendo de construir – sem nenhum fundamento no qual nos apoiarmos – o caminho da nossa existência. Dentro desse raciocínio, chega-se à conclusão de que o homem é um fracasso, um deus impossível, uma paixão inútil... A leitura dessa obra, naquele momento, levou-me mais para baixo. Confesso que cheguei a pensar em suicídio. "Se a minha vida não tem nenhum sentido", refleti, "qual o sentido de eu permanecer inserido em suas teias?". Felizmente, quando totalmente fechado em mim mesmo, a remoer a minha triste sina, conheci o dr. Albert Baumann, meu colega no hospital. Eu saía cabisbaixo após o trabalho quando Albert, sorridente, me cumprimentou e disse:

– Penso que já nos conhecemos.

Saindo com dificuldade do meu mundo pessoal, olhei bem para ele e respondi:

– Creio que não. Não me lembro de tê-lo visto.

Continuando a sorrir, Albert perguntou:

– Na universidade, você teve de fazer um trabalho de psicopatologia e lhe faltava um livro de Henri Ey para a pesquisa.

– Sim.

– Pois fui eu que lhe emprestei o volume. Lembra-se do título?

– Claro! *O Inconsciente.*

– Isso mesmo.

– Por favor, me desculpe. Eu estava tão absorto em meus pensamentos, de modo que não o reconheci. A sua ajuda foi inestimável naquele momento.

– E que nota você conseguiu no trabalho?

– Bem, graças a você, eu consegui um dez. Mas me desculpe mais uma vez. Ando perdido em meio a problemas pessoais, que acabo não enxergando ninguém à minha frente.

– Tudo bem. Meu nome é Albert.

– E eu sou Max.

– Aceita um café? Vamos nos lembrar um pouco do bom tempo de universidade.

O nosso encontro ocorreu dessa forma. Albert era um psiquiatra brasileiro que estagiava em Viena e logo retornaria a seu país. Seus avós, já falecidos, eram austríacos que haviam emigrado para aquele país, a fim de fazer bom uso do dinheiro que possuíam, e conseguiram aumentar sua riqueza. Ele era também um jovem alegre e otimista, exatamente o contrário do modo como eu vinha me conduzindo na vida. Lembro-me muito bem: sentamo-nos num canto da cafeteria, que ficava bem próxima do hospital, e ele, depois de algumas lembranças do nosso tempo de estudantes de medicina, lançou-me inesperadamente a pergunta:

— Max, você me parece uma ótima pessoa. O que o aflige?

Eu não lhe havia dito nada sobre o meu problema crucial. Nem desejava fazê-lo. Como é que ele havia me lançado aquela pergunta inoportuna? Acuado, titubeei, procurando uma saída, e respondi a seguir:

— Passo por pequenos problemas, como todo mundo. Penso que você também os tem, não é verdade?

— Claro, claro — respondeu Albert, e mudou de assunto.

Conversamos mais um pouco e, ao nos despedirmos, ele falou, demonstrando um interesse genuíno e não mera curiosidade:

— Se precisar me dizer algo, estarei sempre pronto a escutá-lo.

Voltei para casa com uma grande dúvida: deveria ou não abrir-me com Albert? Como típico brasileiro, ele era cordial, envolvente e aberto em relação ao outro. No entanto, não estaria invadindo a minha privacidade? Os austríacos não são tão calorosos quanto os brasileiros nem tão abertos, por isso achei, a princípio, que agira corretamente, afinal eu nem o conhecia muito bem. Entretanto, o calor humano que conseguia transmitir acabou por me envolver, de modo que, depois de muitas lutas internas, resolvi que o convidaria para novo encontro na cafeteria e me abriria com ele. O segundo encontro ocorreu uns dez dias depois do primeiro. Comecei nosso diálogo pela periferia do verdadeiro problema para, só depois, entrar no âmago da questão.

— Albert, você tem algum interesse pela filosofia?

— Sim, claro. Por quê?

— E por poesia?

— Também, embora não seja um devorador de poemas.

– Você conhece o poeta norte-americano T. S. Eliot?

– Não sou nenhum especialista em Eliot, mas já li alguma coisa.

– Pois eu li e reli o poema "Os Homens Vazios", que é um dos mais conhecidos dele. Eu já estava "para baixo" nessa época, e concordei plenamente que sou uma "cabeça cheia de palha". Aceitei também que não passo de uma "paralisada força, gesto sem ação". Ou seja, que não tenho a força necessária para tocar a vida e sentir-me um vencedor. Convenci-me igualmente de que não há esperança para um indivíduo se não há expectativa otimista para o próprio mundo.

– Entendo.

– Mas o caso não para por aí. Caiu-me às mãos o romance de Jean-Paul Sartre, *A Náusea*. Nessa obra, ele relata o absurdo da condição humana, a falta de sentido da vida, e a sensação de vazio do personagem do romance bateu exatamente com o que sinto hoje. Ora, Albert, já que não há nenhum sentido na vida que levo, por que continuar a viver?

Albert procurou não demonstrar a gravidade da situação e respondeu:

– Há momentos em que algumas pessoas se sentem angustiadas diante da vida, Max. Mas isso não significa que a vida não tenha nenhum sentido. Entenda que não estou querendo difamar Eliot nem Sartre. Eliot é um dos grandes poetas do século XX, assim como Sartre um dos grandes filósofos da nossa época. Mas não podemos simplesmente ler um poema e concluir que aquilo que ali está traduz a nossa situação irreversível. Eliot retrata uma verdade: há pessoas que se sentem vazias, mas nós podemos, sim, sair da vacuidade da vida. Diz-se hoje que o problema central do ser humano não é com relação ao sexo, como dizia Freud, mas ao vazio existencial.

– Isso foi dito na universidade, Albert.

– E é verdade. Sartre, dentro do seu ateísmo, não conseguia ver nenhum sentido no mundo, daí ter-se tornado o filósofo do absurdo. Diferentemente de Sartre, Heidegger diz que a angústia é uma possibilidade para o homem assumir a sua autenticidade. De qualquer modo, a vida não é essa tragédia imensa que parece ser quando vista por Sartre. Você pode retirar do mundo elementos positivos para uma vida plena e satisfatória.

A conversa continuou por muitos minutos, e Albert conseguiu que me animasse a enxergar a vida noutra perspectiva, deixando de lado, ao menos provisoriamente, as "lentes pardacentas" com que eu estava enxergando o mundo.

Encontramo-nos ainda duas vezes na mesma cafeteria, e Albert fez o possível para que eu enxergasse a vida de maneira diferente e pudesse ter prazer na profissão que exercia. O que me ajudou muito foi o pensamento de que, se havia alguém tão interessado no bem-estar do outro, seguro e otimista diante dos problemas da vida, por que teria eu de ficar atolado em meus pensamentos depressivos? Ele era um exemplo vivo daquilo que afirmava. Isso me deixou, se não curado do meu mal, pelo menos mais motivado a bem viver.

Em nosso quarto encontro, Albert notou que eu estava mais animado e propenso a encontrar alegria na vida. Conversamos bastante e, quando pensei que o assunto havia terminado, ele me veio com uma proposta inesperada:

– Max, conheço você há pouco tempo, mas devo confessar que nossa amizade parece ter se iniciado muito tempo atrás, em outras encarnações.

– Encarnações? – falei rindo. – Isso é coisa de brasileiro, que gosta de misticismo.

Albert apenas sorriu, sem apresentar nenhuma contestação. Depois, olhou para mim e lançou um convite inverossímil:

– Pela nossa amizade, eu o convido a conquistar as Índias Ocidentais.

Não entendi nada do que escutei. Diante da minha perplexidade, ele riu e continuou:

– Era assim que se falava após a viagem de Pedro Álvares Cabral, quando alguém se propunha a viajar até o Brasil a fim de construir uma nova vida.

– Quer dizer que você...

– Eu o estou convidando a mudar-se para o Brasil e trabalhar comigo num hospital psiquiátrico.

– Mas...

– Eu moro na cidade de São Paulo. Meu pai é um industrial e gostaria que eu o sucedesse na direção da empresa, mas, diante de minha vocação para a medicina, aceitou que eu seguisse o meu desejo e me apoiou integralmente. Minha mãe está muito saudosa e espera ansiosamente pela minha volta. E a minha namorada também...

– Isso me parece uma loucura, Albert. Desculpe-me, mas se há um país onde eu nunca pensei em morar é o Brasil.

– Ótimo. Surgiu agora a oportunidade. Você vai gostar da minha cidade.

– Mas não é um local muito afastado? Há mesmo um hospital ali onde caibam dois psiquiatras?

Albert riu da minha ignorância e disse brincando:

– Agora você está me ofendendo.

– Não, não. Jamais faria isso. É que desconheço totalmente o Brasil.

– Assim é melhor. Pois eu vou fazer com que você o conheça bem. Mas precisa arrumar logo uma namorada para nos fazer companhia, pois a minha estará sempre junto.

– Aqui? – perguntei completamente confuso.

– Não, Max, lá.

– Não conheço uma palavra em português.

– Isso a gente ensina logo. Mas, no tocante ao tamanho da cidade, posso afirmar que ela é muito grande. O hospital em que trabalharemos tem inúmeros pacientes. Não lhe faltará trabalho, Max. Fique tranquilo.

Em seguida, ele me falou da influência do seu pai e dele mesmo no hospital, de modo que, assim que eu aceitasse o convite, ele já estaria trabalhando para me conseguir uma vaga nessa casa de saúde. Colocou-me depois em pormenores o trabalho que eu poderia realizar ali, abrindo-me a perspectiva de crescer muito profissionalmente. Após a explicação, tornei-me mais aberto a essa possibilidade. Dúvidas, porém, havia ainda muitas.

– Mas onde eu irei morar, Albert?

– De início, em meu apartamento. Depois, alugaremos um para você. Quanto a isso, não se preocupe.

– Será que o meu salário vai ser suficiente?

– Vai sim. Com o tempo, você comprará um apartamento só para você... e sua esposa.

– Nem sei se posso aceitar o convite e você já me arruma uma esposa?

– Tenho certeza de que você gostará das brasileiras. Elas são muito inteligentes e bonitas.

– Já escutei isso. Aliás, do Brasil só me falaram da beleza das mulheres, do futebol e do Carnaval.

– Isso é um tanto machista, Max. As mulheres são também inteligentes. Primeiro inteligentes, depois bonitas.

Ri muito com Albert, coisa que não fazia há longo tempo. Ele estava mudando, aos poucos, a minha visão de mundo, bastante pessimista. Quanto ao convite, ainda era preciso pensar muito. Afinal, eu deixaria a minha terra para enfronhar-me em um país de cultura muito diferente e sem ao menos conhecer a língua. O idioma português me parecia difícil demais para aprender, pois era completamente diferente do alemão. E eu também não sabia exatamente quais seriam as perspectivas de desenvolvimento profissional. Falei sobre isso com Albert e ele me aconselhou o seguinte:

– Pode pensar bastante, Max. Não quero levá-lo amarrado a São Paulo. Quanto à língua portuguesa, começaremos a treinar amanhã e faremos isso todos os dias até partirmos para o Brasil. Você chegará lá sabendo alguma coisa. – E concluiu com seu habitual humor: – Já poderá chegar numa pizzaria paulistana e pedir uma *margherita*, calabresa ou a tradicional *muzzarella* com toda a desenvoltura.

Pensei muito antes de me decidir. Meus pais já haviam falecido, eu era filho único e não tinha muito envolvimento com os poucos parentes que residiam em Viena. Também não estava namorando, de modo que, além da cidade e do país, não havia muita coisa que me prendesse ali. Todavia, uma cultura tão diferente como a do Brasil dava-me muito medo. É bom que confesse: a imagem que tinha do Brasil era totalmente desfigurada. Eu pensava que encontraria tribos indígenas em São Paulo, em meio a densas florestas. Pensava que as mulheres andavam seminuas com alguns paninhos enrolados no corpo. As ruas deveriam ser de terra e as casas, distantes umas das outras. Quando disse isso a Albert, ele riu bastante e tentou passar-me uma imagem mais realista. Mas não me convenceu muito.

Consegui conversar com o diretor clínico do hospital, que, mesmo achando que eu estava trocando o certo pelo du-vidoso, me prometeu que me aceitaria novamente caso eu re-tornasse a Viena dentro de seis meses. Fiquei mais aliviado e resolvi aceitar o convite do meu amigo. Algum tempo depois, com um friozinho no estômago, tomei o avião que me levaria à minha nova morada. Albert seguia comigo, muito feliz pela minha escolha.

※◎◎◎※

Já em São Paulo, no táxi que nos levava ao apartamento de Albert, pude começar a desfazer a imagem distorcida da ci-dade. Meu amigo, notando que eu não tirava o olho das ruas e dos prédios, brincou:

– Já viu algum aborígene ameaçando-o com um tacape?

– Hã...?

– Deixe pra lá. O que está achando da cidade?

– Vista daqui parece muito grande mesmo.

– Teremos uma semana de folga até eu iniciar o meu trabalho. Tenho certeza de que você a aproveitará muito bem. Nesse meio-tempo, estaremos trabalhando para que você tenha rapidamente o seu curso de medicina com especialização em neuropsiquiatria validado no Brasil.

A namorada de Albert nos aguardava no aeroporto. Dali, fomos para o apartamento do meu amigo. Ele morava num belo condomínio, em um apartamento de três dormitórios. Um deles seria ocupado por mim, até poder alugar um que me servisse. Descansamos durante a tarde e, à noitinha, ele e sua namorada me levaram para conhecer os pais dele, austríacos que haviam emigrado para o Brasil e se deram muito bem, construindo a sua riqueza.

Dona Margret me tratou muito cordial e calorosamente. Não estava acostumado com isso na Áustria. Eu parecia mais um de seus sobrinhos do que um desconhecido que chegava do estrangeiro com seu filho. Fiquei fascinado com a receptividade. O pai de Albert, dr. Oliver, advogado que construíra uma indústria muito rentável, olhou-me nos olhos e disse com sinceridade:

– Se você é amigo do meu filho, e eu sei que é, também é amigo do velho aqui. Já arranjamos tudo para que você possa fazer da sua profissão no Brasil uma verdadeira missão.

Fiquei comovido ao escutar isso. Claro que eu não entendia quase nada do que ele falava, mas Albert e Leonor, sua namorada, faziam as vezes de intérpretes, pois Albert insistira que eles só falassem em português. Fiquei sabendo que tudo já estava planejado em relação a mim. Eu teria alguns meses de estudo do português, até que a minha documentação estivesse em ordem e eu pudesse ser admitido no hospital como psiquiatra. Eu teria um professor particular durante quatro horas por dia, restando ainda algumas horas para a execução de exercícios práticos. À noite, Albert conversaria comigo sobre como fora o seu e o meu dia. Nessas conversas, só falaríamos em português. Assim, aprendi com muita rapidez o idioma que me parecia, pouco tempo atrás, quase impossível de dominar. Passados noventa dias, e após vários testes feitos pelo professor e por Albert e Leonor, iniciei meus trabalhos com tanta motivação, que até causou surpresa em meu amigo. A tristeza depressiva desaparecera. Eu era agora outra pessoa. Depois de muitos diálogos com Albert, dr. Oliver e Leonor, defini um objetivo na vida: ajudar aquelas pessoas que me pedissem socorro por meio dos sintomas de seus transtornos mentais e comportamentais. Foi desse modo que me tornei autoestimulado para iniciar a minha carreira psiquiátrica no Brasil.

Em meu primeiro dia no hospital, fiquei ansioso e tenso, como não me ocorrera na Áustria quando iniciei o meu trabalho após a residência médica. Mas também fiquei muito feliz, como não acontecera em Viena. Voltei para o apartamento pisando nas nuvens. Após tomar um lanche, Albert me perguntou como fora o meu primeiro dia de médico no Brasil.

– Não sei como explicar, Albert, mas me senti tão feliz, como nunca ocorrera em toda minha vida. Buscar ajudar aquelas pessoas que me pediam socorro foi altamente gratificante.

– A que você atribui isso?

– À minha mudança de vida, à modificação da minha visão de mundo. Anteriormente, eu ia trabalhar como um burocrata que cumpre rigidamente as regras do trabalho que executa, mas que não se coloca nele. Os pacientes que eu atendia não eram diferentes dos documentos amarelados que o burocrata analisa e despacha friamente para os órgãos competentes. Eu era distante e desinteressado no trato com as pessoas, porque elas não tinham grande significado para mim. Hoje, depois de tanto escutar você, seu pai e Leonor, e depois de sentir no coração o carinho de dona Margret, parece que começei a mudar. Se não fossem vocês...

– O mérito é todo seu, Max. Quem mudou foi você. Mas quer saber de uma coisa? Era isso que eu queria escutar após o seu primeiro dia de trabalho no Brasil. Também fico feliz. Você estabeleceu um objetivo e está buscando atingi-lo.

– Isso é verdade. Eu quero ajudar de coração aqueles que chegarem até mim no hospital. Parece que este é o sentido da minha vida hoje, Albert.

– Você acaba de dizer uma grande verdade: a sua vida tem hoje um sentido. E, ao que tudo indica, você gostaria que também os pacientes encontrassem o seu sentido na vida.

– O que você me diz bate com o que penso. Eu, que há pouco tempo vivia sem ver significado algum na vida, sei como isso é desesperador.

– Pois bem, Viktor Frankl diz que não faz parte da missão do médico dar sentido à vida do paciente, mas pode muito bem ser missão dele, por meio de uma análise existencial, pôr os pacientes em condições de encontrar um sentido na sua vida.

– Belo pensamento, Albert. Belo pensamento. Mas você me falou em Viktor Frankl? O psiquiatra que chefiava o pavilhão de mulheres com tendência ao suicídio no Hospital Psiquiátrico de Viena?

– Sim, ele mesmo. O que você sabe sobre ele?

– Agora você me pegou. O que conheço sobre Frankl é muito pouco. Sei que ele, sendo judeu, foi uma das vítimas do Holocausto, conseguindo, porém, sair vivo de um campo de concentração nazista. Sei também que ele criou um novo tipo de psicoterapia, a Logoterapia, que conheço apenas de nome. Penso que é tudo que sei sobre ele. Por que a pergunta?

– Conheço você há pouco tempo, Max, mas creio que o conheça bem. Tenho certeza de que você vai gostar de entrar em contato com o pensamento e a modalidade de terapia proposta por Frankl. O que você acha de começarmos a conversar a esse respeito?

– Já vi que você deve ser um dos discípulos de Frankl. Aliás, você me havia dito que trabalhava de modo diferente com seus pacientes, mas nunca me adiantou o que seria esse "diferente". Penso que chegou mesmo o momento de falarmos a respeito.

– Tudo bem. Agora é tarde e teremos de nos levantar cedo amanhã. O que pensa de iniciarmos as nossas conversas depois de amanhã? Isso porque amanhã irei jantar na casa de Leonor.

Ainda sem saber o que me aguardava, concordei. Mal sabia que essas conversas afetariam profundamente a minha vida...

2

Um sentido para a vida

Pensando que Albert iria falar um pouco sobre o seu modo de trabalhar com os pacientes do hospital e que tudo terminaria por aí, não dei maior atenção aos diálogos que teríamos pela frente. Dessa forma, no dia combinado, após o jantar, ficamos sentados na sala do apartamento, falando um pouco sobre o dia que havíamos tido. Depois, Albert, fazendo um breve silêncio, fixou-me e perguntou como se fosse falar de um assunto trivial:

– Quer conhecer um pouco sobre Viktor Frankl?

– Sim, pois já notei que você o tem em alta estima.

– Você também o terá – foi a resposta curta do meu amigo. Em seguida, começou a sua preleção: – Ele foi seu conterrâneo, um austríaco. Nasceu em Leopoldstadt, distrito de Viena, no ano de 1905. Como você bem disse, ele viria a estabelecer uma nova modalidade de psicoterapia: a Logoterapia, que explora o sentido existencial da pessoa e a dimensão espiritual da existência. A sua família teve altos e baixos em termos financeiros, mas ele conseguiu cursar medicina, tornando-se neurologista e psiquiatra. Como você afirmou, ele trabalhou no Hospital Psiquiátrico de Viena, estabelecendo-se depois em seu consultório particular. Isso foi em 1937, quando partiu com muita coragem para uma nova experiência, abrindo o próprio consultório. Nesse meio-tempo, lá fora as coisas seguiam um roteiro sombrio e assustador. O nacional-socialismo alemão fortalecia-se e o caráter imperialista de sua expressão germânica afiava as garras para lançar ataques a países vizinhos, anexando-os a seu território. No ano de 1938, a Alemanha anunciou oficialmente a anexação da República Austríaca, tornando-a província do III Reich. E, para completar, foi realizado um referendo. Dizia a cédula de votação: "Você concorda com a reunificação da Áustria com o Império Germânico, realizada em 13 de março, sob o *führer* Adolf Hitler?". O resultado foi aterrador: 99 por cento da população austríaca aprovou a "Anexação". Mas, antes mesmo que a anexação da Áustria à Alemanha fosse um fato, as famílias judaicas já sofriam os dissabores do antissemitismo, que soltava cada vez mais as suas garras. Agora, como peça anexada às engrenagens do imperialismo alemão, a Áustria tinha presságios assustadores. Aos poucos, fechava-se o cerco sobre os judeus e outras minorias.

– Você conhece muito bem a história do povo austríaco, Albert.

– O que estou dizendo é público e notório, Max. Mas, continuando, entre 1940 e 1942, como diretor do Departamento de Neurologia do Rothschild Hospital, clínica para pacientes judeus, Frankl colocou sua vida em risco ao decidir sabotar o plano nazista de fabricar falsos diagnósticos para forçar a eutanásia em inúmeros judeus. Com tal gesto, conseguiu salvar muitas vidas. Em 1941, ele se casou com uma enfermeira chamada Tilly Grosser. No ano seguinte, ela foi forçada pelos nazistas a abortar o seu filho. Ainda em 1942, Viktor e Tilly foram presos e deportados com seus pais para o Ghetto de Theresienstadt. Stella, irmã de Viktor, conseguiu fugir para a Austrália, enquanto seu irmão Walter tentou escapar para a Itália. Depois de seis meses em Theresienstadt, seu pai morreu de exaustão.

— Essa fase da história da humanidade foi terrível. Meus pais me contaram muitas das atrocidades cometidas no que se passou a chamar o "Holocausto" – comentei.

— Viktor Frankl viveu no epicentro de tudo isso, Max. Em 1944, ele foi transportado com sua mãe para Auschwitz, a fim de serem executados. A mãe morreu na câmara de gás aos 65 anos e sua esposa foi transferida para Bergen-Belsen, onde faleceu com apenas 24 anos. Frankl, sem saber da morte da esposa, foi ainda transportado para Kaufering e Türkheim.

— É preciso ser muito forte para passar por tudo isso sem sucumbir, Albert.

— Pois, mesmo vivendo sob tal tensão, e talvez por isso mesmo, Frankl encontrou forças para elaborar sua tese central sobre o sentido da vida e a psicologia humana.

— Agora entendo aonde você quer chegar.

— Por favor, não pense que vou dar-lhe lição de moral por ter caído nas garras da depressão e da confusão diante do significado da vida. O que eu desejo é que você conheça uma escola psicológica e uma filosofia que podem mudar a vida de muita gente. É somente isso. Nós, como psiquiatras, trabalhamos com pessoas que passam por sérios transtornos emocionais e comportamentais. Isso acontece todos os dias e, se tivermos as ferramentas adequadas, poderemos ajudar muito mais eficazmente essas pessoas.

— Sim, com certeza. Então, continue. Estou interessado.

Albert, entusiasmado, continuou:

– Frankl carregava consigo o manuscrito do seu livro que revelaria ao mundo a Logoterapia, que ele criara. Porém, em meio ao caos dos campos em que esteve recluso, tal manuscrito acabou por se perder. No último campo de concentração pelo qual passou, Frankl adoeceu. O meio que encontrou para se salvar foi manter-se desperto, aproveitando o tempo para reelaborar o seu livro com papéis furtados do escritório do próprio campo de concentração. Mais tarde, ele sairia vitorioso de tal empreitada, pois esse livro seria lançado com o título de *O Médico e a Alma*.

– Como eu disse, Albert, é necessária muita força e também coragem para não sucumbir diante de tantas aflições pelas quais passaram as vítimas do Holocausto.

– O sofrimento era tanto, Max, que havia judeus que se abatiam, perdendo totalmente a fome e a vontade de viver. Numa espécie de suicídio indireto, por não se alimentarem, iam definhando lentamente até chegar à morte. Frankl, notando isso, teve de escolher: ou por não suportar o peso da provação, acabaria também "se suicidando", ou, buscando um sentido nesse ambiente trevoso de dor e desespero, passaria a ajudar seus companheiros a não morrer e alcançar talvez a liberdade algum dia. Ele optou pela segunda alternativa.

– Homem de fibra, sem dúvida.

– Note bem, quando Frankl se viu encerrado num campo de concentração, tomou uma decisão firme: conservar a integridade da sua alma, não se permitindo abater por seus captores. E mais que isso: observador, ele percebeu que os prisioneiros que mais demonstravam equilíbrio mental eram aqueles que não haviam perdido a ideia de missão ou dever; entre esses, os que tinham preservado a sua religião e os que haviam abraçado uma causa política ou social. Para esses, os suplícios do Holocausto não eram outra coisa além de breves fases de um todo que os levaria, mais cedo ou mais tarde, ao triunfo. A causa da vida desses prisioneiros poderia ser também entes queridos dos quais se haviam apartado, como pais, filhos, maridos, esposas, irmãos ou amigos. Essa missão, obrigação, ou esses laços indissolúveis levavam a esses prisioneiros um sentido para viver. O vazio existencial ou espiritual deixava de ter a força que arrastava inexoravelmente os outros à morte. Max, quando encontramos um sentido para a nossa existência, ele nos leva ao caminho da vida. Tudo isso passou a fazer parte das reflexões de Viktor Frankl.

– É claro que ouvi falar de Frankl, lá na universidade, e cheguei a ler algo sobre ele e a sua peculiar terapia, mas nunca da maneira como você me está expondo.

– Pois ele também venceu: em abril de 1945, em pleno colapso do exército nazista, o campo de concentração foi libertado por tropas norte-americanas. Alguns meses depois, Viktor Frankl voltou a Viena. Nesse momento, a Logoterapia, título criado por ele para a sua orientação psicológica, já estava elaborada em suas linhas principais.

Albert fez silêncio, como se meditasse profundamente, e concluiu:

– Quando olhou para além dos muros da masmorra em que estivera preso, Frankl já tinha certeza de que o sentido da vida dera força descomunal a muitos prisioneiros, que agora poderiam voltar às múltiplas trilhas das suas existências, enquanto outros, esmagados pela noção do absurdo da vida, sem a resistência obtida pelo sentido, haviam já sucumbido tristemente em etapas anteriores do caminho.

– Estou boquiaberto, Albert. Nunca havia analisado os horrores do Holocausto com as lentes fornecidas por Viktor Frankl.

– Essas foram as lentes que permitiram a construção do edifício da Logoterapia.

– Quer dizer que Logoterapia é a abordagem psicológica que trabalha com a noção do "sentido da vida", não é mesmo?

– Começa por aí, mas há muito mais no seu interior. Vou contar-lhe o caso de uma senhora de seus cinquenta anos, que me procurou porque estava depressiva.

– Quero escutar, Albert. Afinal, há pessoas depressivas que também me procuram e eu busco ajudá-las receitando o antidepressivo que mais se ajuste a seu caso, além de dar-lhes as devidas orientações. Não preciso entrar em detalhes, você conhece muito bem o assunto. Mas creio que você vá além disso, portanto, meu interesse é muito grande em conhecer as suas experiências.

– Tanto você quanto eu podemos aprender, um com a experiência do outro. Mas, voltando ao que eu dizia: aquela senhora queixava-se de falta de interesse pelas atividades que sempre a fascinavam, como ir a concertos de música clássica e culinária chinesa. Fazia alguns meses que não ia a nenhum concerto e não preparava os pratos que encantavam seus familiares e convidados. Estava desesperançada diante da vida, que não lhe apresentava mais nenhum atrativo. Perdera energia para realizar as atividades mais corriqueiras do dia a dia. Estava com dificuldade de concentração, não conseguindo nem mesmo terminar um pensamento que anteriormente iria fasciná-la, como a compra de um novo livro de autor cujas obras a faziam refletir positivamente sobre a vida. E, o que era pior, estava sendo invadida por ideias suicidas. Ela entrava numa depressão maior.

– Sem dúvida.

– Antes mesmo de pesquisar qual era o melhor medicamento para o seu caso, busquei conhecê-la melhor. Perguntei-lhe o que significava a vida que levava, antes de sentir os sintomas que me relacionara. Ela pensou um pouco e depois me disse: "Vivi sempre para o meu filho, sacrifiquei-me por ele, inclusive custeando os estudos de medicina veterinária e o mestrado. Entretanto, há dois meses, ele, sem que eu pudesse conhecer muito bem a futura nora, se casou e foi morar no interior. Isso me deixou profundamente abalada. Ficou um vazio dentro de mim. Fiquei sem saber o que fazer da vida".

– Quer dizer que o sentido de sua vida era...

– Deixá-lo feliz – ele respondeu prontamente. – O significado da sua vida estava fora dela mesma. Enquanto o filho estivesse morando com os pais, ela permaneceria segura, porém, era evidente que um dia ele buscaria o próprio caminho. A mãe procurava não pensar nisso, de modo que, ao tomar conhecimento da decisão do filho, o mundo desabou. Em vez de agora poder aproveitar mais a vida conjugal, tudo tornou-se um vazio, pois o seu marido estava anulado pelo amor excessivo que ela dedicava ao filho. Quando, finalmente, ele deixou a casa familiar para constituir sua própria família, o mundo desabou sobre as costas daquela mulher.

– Você foi além da psiquiatria, buscando compreender o porquê daquele estado depressivo e, ao trabalhar as causas, modificar os efeitos.

– Eu procurei fazer com que ela encontrasse um novo sentido para a sua vida.

– E conseguiu?

– Ela passou a valorizar o marido, que fora "esquecido" durante vários anos, e, tendo se aposentado, encontrou também satisfação no trabalho voluntário em uma ONG, onde ela poderia doar de si em favor dos necessitados. Continuou a amar o seu filho, mas agora noutra perspectiva. Passou também a amar o marido e a doar amor aos semelhantes. A sua vida ganhou um novo significado, Max, e ela pôde passar a desfrutar os bons momentos que haviam desaparecido da sua existência.

– Esse é um caso muito interessante, sem dúvida. Se você apenas tivesse receitado antidepressivos, o problema continuaria. Você conseguiu atingir o cerne da situação. Devo confessar que não tenho agido assim, Albert.

– Infelizmente, por serem materialistas, muitos psiquiatras desconhecem a dimensão espiritual do ser humano e trabalham apenas com remédios alopáticos. Não fazem psicoterapia, pois nem mesmo a conhecem. Você está bem a par dessa situação, não é mesmo?

– Estou sim, pois sou um desses médicos.

– Por favor, Max, não pense que estou aqui censurando a sua maneira de ser ou os seus métodos e técnicas psiquiátricas. Quero apenas mostrar-lhe que há outros meios de lidarmos com os pacientes.

– Sim, eu entendo e até agradeço por você abrir espaço para conversarmos sobre isso.

– E o que você pensa de continuarmos trocando ideias durante esta semana?

– Acho excelente. Continuaremos conversando, sim.

– Então, apenas para encerrar: Frankl, trancafiado num campo de concentração, passou por um momento em que já não tinha em mãos o seu manuscrito; a sua família fora assassinada pelos nazistas e mesmo a sua vida parecia ter sido aniquilada. Entretanto, estava inserido no livro que escrevera o pensamento de que a vida jamais deixa de ter um sentido, sejam quais forem as circunstâncias, afinal, o homem é um ser em busca de significado. Assim, com a sua vida estremecida em meio aos horrores do Holocausto, Viktor Frankl pôde testar a validade da Logoterapia. E saiu-se vencedor.

Eu não sabia bem o que dizer diante das palavras de Albert, pois nunca pensara naquilo que me fora agora colocado com tanta clareza por meu amigo. Conversamos ainda mais um pouco e depois cada um foi para o seu dormitório.

Chegando em meu quarto, já sob as cobertas, comecei a recordar tudo o que me dissera Albert. E fiz uma correlação entre a Logoterapia – a psicoterapia do confronto da pessoa com o sentido de sua vida e da reorientação para tal sentido – e o que ocorrera com a minha própria vida. Ainda na

Áustria, aos poucos, eu fui caindo num vazio existencial do qual não conseguia desvencilhar-me. Nada mais me fascinava, nada mais me agradava, nem mesmo a profissão que começara a exercer há tão pouco tempo. A própria vida parecia um absurdo, não tendo para mim mais nenhum valor, a ponto de pretender suicidar-me. A continuar assim, talvez eu tivesse chegado a esse disparate. "O que me fez mudar tão drasticamente?", pensei. Os diálogos de Albert foram, paulatinamente, me tirando do fosso para onde despencara. E ele agira com tanta habilidade que conseguira trazer-me para o Brasil, um país desconhecido para mim, a fim de que eu recomeçasse a minha vida profissional. Quando aqui cheguei e passei a conversar também com Leonor e os pais de Albert, fui conseguindo, em doses homeopáticas, mudar a minha visão de mundo e encontrar um sentido para a minha nova vida – o meu renascimento no Brasil, como passei a falar. O sentido que descobri foi ajudar de coração aqueles que chegassem até mim no hospital, esforçando-me ao máximo para recuperá-los. Quando cheguei a tal conclusão, notei que o vazio existencial já não me atormentava. Havia desaparecido completamente. Agora eu tinha a que e a quem me dedicar, e foi assim que comecei a agir. O que me salvou foi encontrar um significado para a minha vida. Ou seja, principalmente com a ajuda de Albert e sem ter noção clara, eu estava aplicando em mim a psicoterapia criada por Viktor Frankl, a Logoterapia. Essa descoberta deixou-me acordado por um longo tempo. Depois, vencido pelo cansaço, caí em sono profundo.

Sonhei que estava fazendo uma trilha em um lugar desconhecido. A mata era cerrada e a noite começava a cair impiedosamente. Fui sendo tomado por um medo avassalador. Não tinha a mínima noção de onde me achava nem para onde devia prosseguir a caminhada. Sob as últimas frestas de sol, vi a meu lado um precipício. Nesse momento, completamente perdido, pensei que não valia mais a pena aventurar-me pela mata densa. Não adiantaria nenhum esforço para salvar-me. Já nem sabia por que começara a fazer aquela trilha. Tudo aquilo era um verdadeiro absurdo para mim. De qualquer modo, eu iria sucumbir no meio da escuridão, principalmente porque escutara os uivos de algum animal selvagem. Olhei bem para o precipício e tomei a resolução de jogar-me no vazio da escuridão que se apresentava diante de mim. Quando dei o primeiro passo para atirar-me no abismo, notei uma luz no meio das árvores. Aos poucos, ela foi ficando mais clara e mais próxima. Por fim, escutei a voz de Albert a chamar-me. Muito rapidamente, o local onde estava ficou iluminado pela lanterna do meu amigo e a sua mão segurou o meu braço, recolocando-me no atalho logo à minha frente. Nesse momento, notei que ele me dizia: "Este é o caminho". E acordei.

O sonho foi tão real e tão forte que não consegui mais conciliar o sono. Pela manhã, quando saíamos para o hospital, Albert, notando a minha fisionomia, perguntou se eu não dormira bem. Respondi que à noite conversaríamos sobre isso. Ao chegar ao hospital, logo comecei a atender os pacientes do dia, de modo que me esqueci completamente do que acontecera durante a madrugada. Apenas quando, após o jantar, sentei-me na poltrona do apartamento para retomar a conversa com Albert, o sonho surgiu com toda a sua força em minha memória.

– Pela manhã, Albert, você me perguntou se eu não dormira bem. O que aconteceu, na realidade, é que primeiramente fiquei meditando sobre tudo o que havíamos conversado e relacionei com a mudança positiva em minha vida; depois, tive um sonho que me deixou intrigado.

– Quer contar-me?

Contei o sonho e esperei que ele me desse alguma explicação, porém, ele me perguntou:

– Qual é o significado desse sonho, Max?

– Albert, eu sou um psiquiatra convencional e não um analista. Não trabalho com sonhos.

– Mas o que poderia significar? – ele insistiu.

– Bem, até pouco tempo atrás eu estava mesmo no meio de uma floresta, sem saber onde me encontrava nem para onde deveria seguir. Tudo havia perdido o sentido. A vida parecia-me um absurdo. Eu sofria de um mal semelhante ao que tomou conta de Antoine Roquentin, protagonista do livro de Jean-Paul Sartre, *A Náusea*. Só encontrava em meu existir a gratuidade e a falta de lógica. Assim como no sonho, pensei em suicidar-me, em lançar-me no precipício trevoso da morte. Foi nesse momento que encontrei você com uma "lanterna" na mão. Foram nossos diálogos que me mostraram o caminho que eu havia perdido na floresta da vida.

– Quer dizer que nossos diálogos...

– ... foram a lanterna do sonho. Agora vejo o mundo de outra forma, com outras lentes. Consegui encontrar o entusiasmo pela vida a partir do trabalho de ajuda que realizo no hospital junto dos meus pacientes.

– A trilha agora está iluminada?

– Iluminada pela lanterna que você trouxe para mim.

– Na verdade, Max, apenas apontei para a existência da lanterna. Foi você quem a tomou e começou a iluminar a própria trilha.

– Mas foi você quem me disse no sonho: "Este é o caminho".

– Sabe que voz era essa?

– Não me diga que era a minha própria voz?

– Acertou: era a voz da sua consciência.

– Tudo ficou claro agora. O sonho aconteceu depois de eu ter refletido muito sobre a relação entre a Logoterapia, de Viktor Frankl, e a minha mudança de uns tempos para cá. Acho que encontrei o "caminho", Albert, ou pelo menos começo a vislumbrá-lo.

Aquela conversa fez-me um bem muito grande. O sonho mostrara que eu conseguira retomar o caminho certo da minha vida; ou que, pelo menos, estava iniciando um novo caminhar. Quando esgotamos o tema do sonho, Albert riu e me disse:

– Parabéns! Você analisou o sonho melhor do que eu o faria.

É claro que ele estava me incentivando a continuar descobrindo uma nova visão de mundo, mas foi um "empurrão" decisivo para eu continuar no "caminho certo". Nesse momento, aproveitando-se do meu interesse pela filosofia, Albert me explicou:

– Frankl vê na Logoterapia mais que uma psicoterapia. Ela é também, no seu entender, uma filosofia de vida, uma visão de mundo. Tanto assim que, às vezes, ele a chama de logofilosofia, isto é, uma forma de considerar a vida como um todo, fundada em seus valores e significados.

– Como lhe disse, gosto muito de filosofia, da qual já se falou que é "a mestra da vida". Portanto, a Logoterapia em sua face filosófica me atrai.

– Para dizer a verdade, Max, pouco sei de filosofia, mas você, com o conhecimento que já construiu, certamente fará bom uso da logofilosofia. O que estava dizendo é que, mais que uma psicoterapia, a análise existencial de Frankl também nos dá uma orientação na vida. E fico feliz por você ter se interessado.

– Procurarei estudar essa vertente do pensamento, Albert.

– Permita-me dizer-lhe que, no meu entender, não podemos passar a vida ministrando sedativos, ansiolíticos, antidepressivos, antipsicóticos, enfim, remédios a nossos pacientes e achar que estamos fazendo o máximo que podemos.

Nesse momento, devo ter arqueado as sobrancelhas, pois, afinal, era o que eu vinha fazendo até agora, além de um ou outro conselho a meus pacientes. Por isso, procurando conter a intranquilidade que estava quase a me dominar, apenas disse:

– Não entendi.

– Podemos fazer uso da psicoterapia, aliada às ações estritamente psiquiátricas, Max. E, nesse caso, podemos valer-nos da análise existencial de Viktor Frankl.

Até aquele momento, a conversa estava realmente me fazendo bem, mas agora começava a me obrigar a sair da zona de conforto em que me achava, o que me desagradou.

– Você não quer que eu...

– Eu não quero nada, Max. Apenas desejo convidá-lo a conhecer o professor Acácio, que conhece como ninguém a Logoterapia. Ele lhe dirá dos benefícios da análise existencial nos transtornos emocionais e comportamentais. Se você não se interessar, tudo bem, continuaremos amigos do mesmo jeito.

Nesse momento, pensei em tudo o que ele havia feito por mim até aquela ocasião. E sem exigir nada em troca. Seria, no mínimo, indelicadeza, se não grosseria, recusar o seu convite. Por isso, ensaiei um sorriso e disse com certo fingimento, dando um tapinha no seu ombro:

– Claro que aceito, Albert. Com certeza será um encontro agradável.

– Tudo bem. Você poderá estar comigo no apartamento do professor Acácio no próximo sábado à tarde?

– Estou plenamente disponível.

– Então, estamos combinados. Agora, vamos assistir ao jogo na televisão. Precisamos também nos distrair um pouco.

No final do primeiro tempo, pedi licença a Albert e fui para meu quarto. Quando já estava me acomodando na cama, notei um livrinho, que estava quase caindo do criado-mudo. Peguei-o e, abrindo-o aleatoriamente, dei com os olhos neste pensamento:

"A flor é sempre a esperança de um fruto no porvir. Todavia, o fruto maduro é a realidade presente em nossas mãos".

Dizia o texto que era o pensamento de um espírito desencarnado. Achei estranho, pois nunca me interessara por qualquer obra que fosse catalogada como espiritualista. Tinha esse tipo de literatura na conta do fantasioso e de qualidade inferior. Eu era ateu e materialista. No entanto, reli o pensamento, pois me pareceu verdadeiro. Mais do que isso: fiz uma correlação entre mim e meu amigo Albert. Ele me parecia um fruto já amadurecido para a vida, tanto assim que havia dado o impulso decisivo para que eu me desvencilhasse do vazio existencial e descobrisse um sentido na minha vida atual. Ele parecia conhecer muito mais ainda do que revelara para mim até aquele momento. Sem dúvida, tratava-se de um fruto maduro, capaz de alimentar quem dele se aproximasse. E isso devia acontecer todos os dias no hospital. Foi aí que me senti incomodado, pois, se ele já se tornara um fruto maduro, que fruto seria eu? A comparação chegou a humilhar-me, justamente a mim, que sempre me considerara superior em termos intelectuais. Hoje, começava a notar que não é apenas a inteligência lógica que se conta. O nível de inteligência precisa ser acompanhado do nível emocional. E Albert já demonstrara sobejamente que tinha emoções e sentimentos elevados, que endereçava para aqueles com quem se relacionava, fossem parentes, amigos ou pacientes. E eu? Além da inteligência, o que apresentava aos outros? O que conseguia doar para quem se aproximasse de mim? Encontrei apenas a palavra "nada" como resposta. Eu não tinha nada para doar aos outros. Por certo, eu era um fruto verde, que poderia atrofiar-se em vez de amadurecer se eu não tomasse o devido cuidado. O único pensamento que me asserenou um pouco em relação às palavras que li, foi saber que Albert, seus pais e Leonor certamente me consideravam a flor que antecede o surgimento do fruto, ou seja, uma "esperança". Uma esperança de tornar-me um ser humano integral, algo que eu ainda não era. Havia, portanto, uma esperança em relação a mim. Todavia, era necessário que eu deixasse o conforto em que me instalara e buscasse novos conhecimentos que pudessem levar-me à melhoria interior, que se refletissem nos meus relacionamentos, em particular junto aos pacientes que me procurassem a cada dia. Albert acabara de me indicar uma oportunidade ao convidar-me para conhecer o professor Acácio, de quem eu nada sabia, mas cuja pessoa eu estava agora ansioso por conhecer.

Passei o restante da semana na expectativa do encontro. Finalmente, após uma espera que me pareceu longa, acordei num sábado de muito sol. Logo após o almoço, rumamos para o apartamento do professor, acompanhados de Leonor, que me assegurou que eu iria gostar muito dessa oportunidade. Quanto a mim, esperava que assim fosse.

3

Professor Acácio

Apertamos a campainha e, após breve intervalo, a porta se abriu com vagar. Apareceu um rosto sorridente, que nos convidou a entrar.

– Este é o médico de quem lhe falei: doutor Max.

Corrigi rapidamente:

– Apenas Max. Muito prazer.

O professor Acácio aparentava uns setenta anos. Tinha estatura média e era moreno, com cabelos brancos e compridos que lhe ocultavam as orelhas. Soube que ficara viúvo há poucos anos e conseguia viver equilibradamente na solidão do seu apartamento. Bem, solidão não é o termo apropriado, pois havia um belo gato, que ficava postado em sua perna esquerda quando ele se assentava na poltrona. Era psicólogo e professor aposentado. Lecionara durante uns quarenta anos, primeiramente no ensino médio e depois em algumas faculdades de São Paulo. Não deixara, porém, de clinicar, ainda que tivesse limitado o número de seus pacientes. Dedicava-se também a ministrar aulas de psicoterapia existencial para um grupo restrito que frequentava o seu consultório.

– Então, você é austríaco, Max?

– Sim. Cheguei há pouco tempo em São Paulo.

– Mas fala muito bem o português.

– Bondade sua. Tenho ainda dificuldade para pronunciar certas palavras e escrever corretamente.

– Nós, os brasileiros, também temos muita dificuldade, tanto para falar como para escrever corretamente o português. Portanto, fique à vontade para errar de vez em quando – disse rindo o professor.

A conversa continuou muito animada. Depois de algum tempo, Albert pediu ao professor Acácio, chamado apenas de Professor, que falasse comigo sobre a psicoterapia existencial.

– Conversei com Max um pouco a esse respeito, mas você poderá demonstrar-lhe muito melhor a importância da psicoterapia aliada à psiquiatria. Ele chegou a estudar Freud, Jung e Adler em Viena, mas conhece pouco sobre Viktor Frankl.

Concordei e disse para Acácio:

– Professor, voltei-me muito mais para a neurologia e a psiquiatria, como fazem vários psiquiatras. Porém, dei importância bem menor à psicoterapia. Quem me abriu os olhos foi Albert, que já aplica a análise existencial junto a seus pacientes. Eu ficaria muito satisfeito se você pudesse esclarecer-me a respeito.

– Com muito prazer, Max. Você já sabe que sou psicólogo e professor, mas aposentado. Continuo, porém, exercendo a análise existencial com alguns de meus alunos. Preciso dar uma explicação um pouco mais precisa. Resolvi há poucos anos fundar uma instituição que congregasse psicólogos e psiquiatras interessados na análise existencial. Tomei por espinha dorsal a Logoterapia de Viktor Frankl, embora o curso abranja outras áreas da análise existencial. Temos hoje dois grupos de vinte alunos cada um.

– Interessante. Quais são as disciplinas?

– O curso, que dura dois anos, é dividido em módulos. Iniciamos com um estudo genérico sobre a fenomenologia e a filosofia existencialistas e, daí, vamos ao percurso existencial de Frankl e às bases filosóficas da Logoterapia e da análise existencial em geral, partindo para aspectos fundamentais, como os princípios básicos da análise existencial, a antropologia filosófica na perspectiva existencial, a teoria dos valores, o vazio existencial e espiritual, o sentido da vida, a teoria das neuroses, técnicas e métodos na Logoterapia e outros temas básicos. Ao final do curso, o aluno tem de apresentar uma monografia, que é defendida diante de uma banca na qual se encontram seu orientador, um professor da associação e um professor convidado. Há também aplicação clínica com supervisão.

– A mim pareceu muito bom, Professor.

– Levamos tudo muito a sério. Queremos formar profissionais competentes, Max. Vou dar-lhe um prospecto com mais informações.

Enquanto eu olhava o folheto que tinha em mãos, o professor Acácio perguntou a Albert o que ele queria que fosse conversado comigo.

– Fale da origem dos transtornos mentais e da doença em geral. Depois, de acordo com o interesse de Max, o diálogo seguirá seu caminho natural.

– Muito bem. Max, em nossa associação, que segue as diretrizes da análise existencial em geral e da Logoterapia em particular, dizemos que a maioria das doenças humanas, se não todas, tem como origem a alma. É a desarmonia da alma que leva, com o passar do tempo, à eclosão da doença física ou mental. Essa desarmonia traduz-se por emoções e sentimentos tóxicos cuja repercussão chega ao organismo físico. Isso equivale a dizer que a maioria das doenças tem um componente emocional.

– Já ouvi falar sobre isso, Professor, mas não é um pouco de exagero? Vamos tomar o exemplo do câncer. Sabe-se que suas causas são internas e externas. As externas correspondem ao meio ambiente e aos hábitos ou costumes do paciente. Por exemplo: alguns vírus podem causar leucemia, exposição excessiva ao sol pode levar ao câncer de pele, assim como o hábito do fumo pode ocasionar câncer de pulmão, não é verdade?

– Você tem razão em parte, Max. Melhor que eu, você sabe que uma doença tem início quando o sistema imunológico está deficiente. Durante toda a nossa vida são produzidas células alteradas, todavia a defesa natural do corpo torna possível a interrupção desse processo, com sua posterior eliminação. Entretanto, quando as defesas do corpo estão deficientes, pode instalar-se a doença. Daí a necessidade constante de estarmos com o sistema imunológico funcionando otimamente. E um dos meios de desequilibrar esse sistema é a expressão contínua de emoções e sentimentos deletérios. Por isso o cuidado com a nossa dimensão afetiva.

O professor Acácio continuou o diálogo, fazendo uma breve exposição da psicossomática, das relações mente- -corpo, para encerrar dizendo que as chamadas doenças psicossomáticas têm sua origem na estrutura cognitiva, isto é, pensamentos e sentimentos deletérios geram sofrimento e acabam contribuindo para o surgimento de sintomas físicos. Sem querer ser deselegante e concordando mesmo com muito do que dissera o Professor, concluí:

– Você tem razão, Professor, há mesmo um grande rol de doenças que podem ter origem no estado emocional deletério e contínuo dos pacientes. Penso, entretanto, que isso fica mais claro na psiquiatria, que é minha especialidade. Explico: os transtornos mentais não têm apenas origem orgânica, como você bem sabe. É por isso que falamos, por exemplo, em psicose orgânica e psicose funcional. A psicose orgânica é resultante de uma lesão no cérebro oriunda de um trauma físico, assim como pode ser do tipo degenerativo ou vascular, por exemplo. Trata-se de um distúrbio da anatomia, fisiologia ou bioquímica do cérebro. Já a psicose funcional está associada a alterações psíquicas e a transtornos mentais. Ela diz respeito a uma condição de disfunção mental, por exemplo, a esquizofrenia, tanto quanto a uma doença afetiva maior ou outros distúrbios mentais com características psicóticas. Como você percebe, a psicose funcional tem origem na própria mente do paciente.

– É o desequilíbrio da alma.

– Professor, não falamos em alma na minha profissão. Já é complicado falar em mente, pois o que é realmente aquilo que denominamos mente? Mas, terminologias à parte, você pode ter razão se afirmar que nas psicoses funcionais está presente uma desarmonia afetiva, daí o cuidado com as emoções e os sentimentos que alimentamos.

– Exatamente. Quero, no entanto, ressaltar que, mesmo no campo da psiquiatria e da psicologia clínica, há quem não desconsidere a alma.

– Quem, por exemplo?

– Viktor Frankl não ignora a existência da alma humana.

– E cá estamos nós com Frankl novamente. Estou até arrependido por não tê-lo estudado.

– Lembro-lhe que Carl Jung também não tinha pejo ao falar de alma em seus estudos. Por exemplo, ele fala a respeito da consciência individual, que torna o ser humano consciente tanto de sua vida exterior quanto de sua vida interior. Essa consciência individual, Max, é o que denominamos alma. Uma das frases mais conhecidas de Jung é: "Conheça todas as teorias, domine todas as técnicas, mas, ao tocar uma alma humana, seja apenas outra alma humana".

Isso poderia ser apenas uma forma poética de se expressar, mas, para não parecer rude, silenciei. Contudo, o Professor continuou:

– Jung afirma que a psicologia que satisfaz apenas o intelecto por si só nunca será capaz de abranger a totalidade da alma.

Calei-me de vez. Pareceu-me que o Professor havia lido a minha consideração interior. Passados alguns momentos, quebrei o silêncio, dizendo:

– É verdade: temos um psiquiatra e um psicólogo falando em alma.

O professor Acácio sorriu satisfeito e deu um tapinha em meu braço.

– Gostei de você. Teremos ainda muito a conversar.

Continuamos no apartamento do Professor por mais uma hora, a dialogar sobre outros assuntos. Ao despedir-nos, ele olhou bem para mim e falou com sinceridade:

– Estou à sua disposição, Max. Se precisar de um amigo, pode me procurar.

Voltei para o apartamento ainda refletindo sobre tudo o que escutara do Professor. Li atentamente o folheto que ele me deixara em mãos e, para espairecer, liguei o televisor.

⚜

Eram nove horas da manhã quando revi Albert. Eu lia no sofá quando, após o banho, ele me perguntou:

– Já tomou café, Max?

– Sim. Comprei alguns pãezinhos, muçarela e um bolo de milho.

– Você está saindo melhor que a encomenda, Max.

– O quê?

– É uma expressão brasileira. Significa que a pessoa está se portando melhor do que era esperado.

– Quanto a mim, não exagere. O que fiz não significa coisa nenhuma perto da ajuda que você está me dando.

– Deixe isso pra lá. Diga-me apenas o que achou do Professor.

– A impressão que tive foi a melhor possível. Parecia que ele já me conhecia há muitos anos.

– Pode ser...

– Como assim?

– Algum dia eu converso sobre isso com você.

– Tudo bem. Com relação ao professor Acácio, com certeza ele detém um grande conhecimento. E, além de irradiar simpatia, demonstra uma energia diferente. Assim que entrei em seu apartamento, me senti bem. Parece que até o gato dele sente isso, pois quase não saiu de seu colo enquanto estivemos lá.

– Ricky é esperto. Sabe onde conseguir energia.

– Ricky?

– É o nome do gato.

– Bem, uma coisa é certa: vou procurar conhecer melhor a psicoterapia existencial, particularmente a Logoterapia de Viktor Frankl. Só uma coisa ainda me deixa confuso.

– O quê?

– É o fato de ele falar em "alma". Isso para mim soa como não científico. Sartre não toca nesse assunto, nem Heidegger ou Husserl, entre outros.

– Desculpe-me, Max, mas já li em algum lugar que Heidegger teve uma formação religiosa cristã e uma formação filosófica escolástica. E, nesses dois universos, fala-se constantemente em alma.

– É verdade. Mas sempre li Heidegger de modo diferente.

– De qualquer modo, Jung e Frankl são pensadores de respeito e, como afirmou o Professor, mencionam alma em seus escritos. É um outro modo de enxergar a realidade, Max. Nós precisamos estar abertos a novos conhecimentos.

– Com isso eu concordo.

– Você é materialista. Já Jung, Frankl e o Professor são espiritualistas.

– E você, Albert, o que é?

– Já fui materialista, mas, quando conheci o professor Acácio, fui convencido de que a verdade está com o espiritualismo. Como lhe disse, se você optar por conhecer melhor o tema da nossa conversa, tenho alguns livros que poderá pegar quando quiser.

– Obrigado. Mas me diga uma coisa: onde você aprendeu tudo isso?

– Quando eu cursava medicina, troquei correspondência com o Professor. Eu já havia passado pela terapia com ele.

– Ah! Agora entendo.

– Mas não é só isso. Li vários livros sobre o assunto também.

– E começou a aplicar no atendimento a seus pacientes, não é mesmo?

– É verdade, Max. Entretanto, o que sei é muito pouco. Vou matricular-me na próxima turma que o instituto vai abrir. Caso você venha a interessar-se, poderíamos estudar juntos.

– Vou pensar no caso, Albert. Antes gostaria de, pelo menos, folhear algum dos livros que você tem.

– Combinado. Agora vou tomar café. Mais tarde irei almoçar em casa de meus pais com Leonor. Você é nosso convidado.

– Será um prazer.

– E, por falar em Leonor, como ela é recém-formada em odontologia, fez um curso livre com o Professor no intuito de atender bem os seus pacientes. Converse com ela sobre o nosso assunto.

– Farei isso.

❧∾◦∾❧

Em casa do dr. Oliver e de dona Margret, a conversa estava amena, quando o pai de Albert me perguntou:

– E aí, Max, como foi o encontro com o professor Acácio?

– Melhor do que eu esperava, Oliver. Ele é uma excelente pessoa.

– Então, você vai fazer o curso juntamente com o Albert?

– Vou pensar mais a respeito.

– Isso significa que você não confiou tanto assim no Professor, não é?

Fiquei constrangido. Titubeei para responder.

– Não, não é isso.

– Penso que você deva conversar mais com alguém que conheça tanto o professor Acácio como as disciplinas que leciona. Por que você não aproveita para tirar dúvidas com a Leonor?

– Albert disse o mesmo.

Nesse momento, Leonor, ouvindo a conversa, colocou-se à minha disposição. Combinamos que, após o almoço, conversaríamos tranquilamente a esse respeito. Assim, logo que tomamos o cafezinho, dispensamos o dr. Oliver e dona Margret, que teriam de ir ao supermercado, e nos propusemos a lavar as louças e os talheres. Para ajudá-los, Albert os levou em seu carro. Leonor e eu, depois de cumprir nossa tarefa, voltamos à sala e iniciamos um diálogo esclarecedor.

– Você saiu da visita ao professor Acácio com algumas dúvidas, não é mesmo, Max? – ponderou Leonor.

– Para ser honesto, Leonor, o que me deixou em dúvida foi a espiritualidade que permeia o trabalho do Professor. Conheço um pouco da filosofia existencialista, que inspira a terapia existencial, mas sempre pelo lado do existencialismo ateu, e não pela vertente cristã. Ele falou muito em alma, e isso me soa mais como religião do que psicoterapia.

– Entendo e posso dar meu testemunho, pois, embora não seja psicóloga nem psiquiatra, fiz um curso aberto ministrado pelo Professor.

– E o que você achou?

– Excelente. Está ajudando muito no trato com meus pacientes no consultório odontológico.

– Mas você é espiritualista, certo?

– Certo. No entanto, o curso que realizei foi totalmente embasado na terapia existencial, tendo como centro a Logoterapia de Viktor Frankl. E eu fiz apenas um curso para conhecimento geral dessa psicoterapia. Já o curso que você poderá fazer vai muito mais a fundo, pois é destinado a profissionais da psiquiatria e da psicologia, assim como a alunos do nono e décimo semestres dessas áreas.

— O que mais a conquistou nesse curso, Leonor?

— O humanismo que emana da teoria apresentada. O paciente, para o Professor, não é um mero objeto de análise, um objeto de estudo. Ele não é inquirido apenas para se obter um diagnóstico preciso. Ele é visto como um ser humano integral, com capacidade de superar a si mesmo. Disso, Max, resulta o respeito que o terapeuta tem pelo seu paciente, visto como uma pessoa, com a dignidade que lhe é própria.

Confesso que essas palavras me queimaram por dentro. Quando eu atendia no hospital de Viena, via no ser humano à minha frente apenas um paciente e nada mais. Eu falava o necessário e escutava pouco. Não havia o respeito pela dignidade da pessoa humana, como acabara de dizer a namorada de Albert. Naquele momento, já atendendo em São Paulo, eu tinha melhorado muito pouco. Fiquei envergonhado. Leonor percebeu o que estava se passando comigo, por isso apenas completou:

— Eu tenho certeza de que o curso fará muito bem a você, assim como o curso que frequentei fez bem a mim.

Conversamos muito até a volta de Albert, que, ao chegar, logo me perguntou com seu costumeiro sorriso:

— E então, amigo? Vai fazer a matrícula na segunda-feira? Eu já preenchi a minha ficha.

Depois da conversa tão elucidativa que tivera com Leonor, não demorei a responder:

— Vou sim, Albert. Faremos o curso juntos.

Os dois me abraçaram e fizeram festa pela decisão que tomara. Porém, a minha anuência em fazer o curso não significava que havia me tornado espiritualista, cristão ou o que quer que fosse desse gênero. Apenas me desfizera do preconceito para analisar com frieza a realidade que me esperava nas aulas que teria dali para frente.

Na segunda-feira à noite, fomos até a sala do instituto fundado pelo Professor para realizar a matrícula. Ele nos recebeu com um largo sorriso.

– Fico feliz por tê-los como companheiros neste curso.

Notei que ele não dissera "alunos", mas "companheiros", o que traduzi como um descer do pedestal para *estar com* o outro. Disse-lhe isto e ele retrucou:

– Aqui somos todos estudantes, Max. Muito mais estudantes da vida do que propriamente de um tipo específico de terapia. Espero que vocês gostem.

O curso teria início dentro de quinze dias. Durante esse tempo, li alguma coisa a respeito do assunto, mas apenas superficialmente. O que eu queria mesmo era ver de perto onde estavam os meus erros no atendimento a meus pacientes no hospital, para poder corrigi-los. Mesmo sem um alicerce firme, eu me propusera a mudar o modo de encarar a minha profissão. A experiência que tivera na Áustria fora decepcionante. Eu teria de transformar decepção em gratificação. E, ao que tudo indicava, a oportunidade chegara à minha frente. Eu não poderia desperdiçá-la.

Nos dias que se seguiram, além das leituras esparsas, pouco dialoguei com Albert a respeito do início das aulas. Todavia, à medida que se aproximava a data marcada para o primeiro dia de curso, fui sentindo um friozinho na barriga. Não me era comum apresentar-me desse modo, mas a ansiedade começava a crescer dentro de mim. Parecia um misto de expectativa positiva com o receio pelo desconhecido. É verdade que eu queria melhorar meus atendimentos no hospital, mas também é verdade que a maneira como vinha agindo me dava uma certa segurança, algo que, fatalmente, eu perderia quando tivesse de mudar. Eu conhecia o ditado que diz: "Mudar é crescer". Entretanto, a transição de um modo de vida para outro nem sempre se faz com naturalidade. Aliás, são bastante comuns a reserva e a resistência diante da mudança. Sentimentos há que, em geral, acompanham esse processo, como ansiedade, insegurança, temor e outros mais tranquilos, como curiosidade diante do novo e alegria por sentir-se capaz de novas conquistas.

Dizem, porém, os especialistas que, para haver realmente uma mudança, é necessária a sequência de alguns passos. Em primeiro lugar, temos de reconhecer a necessidade de mudança. Temos de responder à pergunta: por que mudar? Se acharmos que tudo está bem, não vamos querer a mudança. É como se diz muitas vezes: "Em time que está ganhando não se mexe". É verdade que esse pensamento é um tanto duvidoso, pois muitos times já foram à bancarrota por não sentirem a necessidade de mudar. Mas, argumentações à parte, quando concluímos que temos de mudar, precisamos efetuar o segundo passo: iniciar o processo de mudança. A mudança tem de sair da mente e do papel para a ação. Sem isso, a mudança é mera fantasia. É necessário, em seguida, reafirmar o diagnóstico preciso da situação: o que deve permanecer; o que deve mudar; como a mudança deve ser processada; quanto tempo é preciso para que a mudança aconteça. O passo seguinte é planejar a mudança e preparar-se para as ações transformadoras que virão. A próxima etapa é efetivar a implementação do plano, ou seja, pôr em prática o que foi planejado. Por último, temos de prestar muita atenção no retorno que virá com base em nossa mudança, que é o *feedback*. O retorno é tanto interno quanto externo. Internamente, como estamos nos sentindo após a mudança? Quais os resultados que estamos obtendo? Dependendo da resposta, teremos de fazer ajustes no plano e até mesmo, em caso extremo, haverá a necessidade de abandoná-lo para recomeçarmos todo o processo. Quanto ao retorno externo, teremos de prestar muita atenção na reação das pessoas atingidas pela nossa mudança. Como elas estão se sentindo? O que nos estão dizendo? Enfim, mudar nem sempre é fácil, mas, quando ocorre a mudança, deve ser para melhor.

Pensei em tudo isso dias antes de iniciar o curso e procurei aplicá-lo em meu dia a dia. É verdade que estava ainda no início dessa fase de transformação, mas julguei que precisaria, dali para frente, ficar atento a cada uma das fases do processo.

Faltavam apenas três dias para o curso, enfim, para começar, quando fui pego por uma gripe muito forte. Estava trabalhando no hospital quando senti um tremor no corpo e um início de vertigem. O médico-chefe da clínica, notando o meu estado, tomou as providências para que eu fosse atendido por uma colega. Devido à minha insistência em permanecer no atendimento aos pacientes, praticamente recebi ordem de ir para casa e permanecer em repouso também no dia seguinte. Albert cuidaria de mim.

A contragosto, depois de medicado, voltei para o apartamento e ali permaneci até as treze horas do dia seguinte, quando Albert, que cuidava de mim, chegou e perguntou como eu estava me sentindo.

– A febre passou, mas sinto o corpo todo dolorido.

– Continue seguindo a medicação. Trouxe uma sopa da padaria. Vai fazer-lhe bem.

Eu estava desconfortável nessa situação e pedi desculpas ao meu amigo.

– Não se desculpe, Max, isto é natural.

A resposta me soou enigmática. Natural por quê? Fiz-lhe exatamente essa pergunta. Albert sorriu amigavelmente e me falou com espontaneidade:

– Toda mudança essencial gera uma reação oposta.

– Albert, eu passei o fim de semana pensando exatamente nisso. Mas não me venha dizer que...

– A gripe foi a maneira que você encontrou para sabotar a sua participação no início do curso.

– Você está brincando?

– Não. Estou falando sério. Veja bem, não estou acusando-o de nada. Apenas constatei que você está usando um mecanismo de defesa para faltar ao primeiro dia de aula.

Afinal, você é um excelente psiquiatra e faz um trabalho louvável dentro do hospital.

– Não exagere.

– Não estou exagerando. Todos sabem disso. Acontece que, se você aproveitar bem o curso, terá de efetuar algumas mudanças cruciais no seu modo de atender, na metodologia que você utiliza e, principalmente, na maneira de conceber o ser humano que você atende. Estou falando grego?

Senti vergonha, pois entendi com toda a clareza o que meu amigo me dizia. De forma inconsciente, eu estava "criando" a gripe para faltar ao início do curso que poderia mudar radicalmente a minha vida. Senti isso como falta de maturidade e enrubesci, procurando involuntariamente encobrir o rosto. Albert notou e perguntou em tom de brincadeira:

– A febre voltou?

Ri, mas continuei magoado comigo mesmo.

– Não, Albert. É vergonha.

– Não há de que se envergonhar, amigo. Apenas pense no que eu lhe disse e tire as próprias conclusões. Posso estar enganado.

Encontrando coragem no fundo de mim mesmo, respondi com voz baixa:

– Você está certo, Albert. Você está certo. Tomarei as providências para mudar a situação.

– Faça isso – respondeu ele, sorrindo –, mas agora tome a sua sopa ou vai esfriar.

4

Iniciando um novo caminho

Na sexta-feira, eu amanheci completamente livre da gripe. Nem parecia que havia estado de cama, com febre alta. Albert notou a diferença e sorriu, dizendo:

– É assim que se faz, Max.

Atendi vários pacientes durante o dia e, à noitinha, me dirigi ao local do curso pelo qual tanto havia aguardado. Quando entramos na sala, já ali estavam umas dez ou doze pessoas a conversar animadamente. Às oito horas em ponto, entrou no recinto o professor Acácio, sorrindo e cumprimentando a todos. Aos poucos, as vozes foram silenciando e ele, após os cumprimentos, anunciou com voz forte e pausada:

– Estamos iniciando a aula inaugural do curso Introdução à Análise Humanista-Existencial. Denominei-a "O Encontro". Logo vocês saberão a razão de tal título. Lembro, por ora, que a Psicologia Humanista-Existencial enfatiza as forças e virtudes positivas do ser humano e que propõe o respeito à dignidade da pessoa e a sua valorização. Como já afirmou Abraham Maslow, trata-se de uma nova filosofia de vida, de uma nova concepção do homem, senhor dos seus atos e detentor do livre-arbítrio. Entretanto, é bom que se diga logo no início que não comungamos com os filósofos existencialistas que pregam o absurdo da vida humana e a irracionalidade do mundo. A terapia humanista-existencial que pregamos orienta-se pelo espiritualismo proposto por Viktor Frankl em sua Logoterapia. Em vez da gratuidade da vida, cremos no sentido que se insere em seu âmago e nos ilumina os passos para a plenitude existencial.

Tinham sido poucas as palavras ditas pelo Professor, e eu já notava que vinham de encontro ao que dizia o meu materialismo. Fiquei um tanto decepcionado, embora soubesse de antemão qual era a orientação filosófica que iria permear o curso. Depois de pensar um pouco sobre isso, voltei a minha atenção às palavras do orador, que, buscando olhar nos olhos de cada aluno, disse com vigor:

– "Conhece-te a ti mesmo!" As palavras de Sócrates, extraídas do templo de Apolo, em Delfos, mesmo tendo sido ditas há mais de dois mil anos, reverberam em nossos ouvidos ainda hoje. Mas como poderemos nos conhecer se não soubermos quem é o ser humano, quem é o homem? Eu lhes pergunto: quem é o ser humano? Quem é o homem? Quem são vocês? Quem são os seus pacientes? Em 1923, um pensador austríaco, de origem judaica, escreveu um pequeno livro que, no seu entender, revelaria ao mundo a essência do ser humano. Seu nome: Martin Buber. Título do livro: *Eu e Tu*. Lendo a sua obra, refletindo sobre ela, concluímos que o homem é ontologicamente diferente de todos os outros seres, com capacidade para manter a sua vida e para transcendê-la, ultrapassá-la. Não é isto que esperamos no processo psicoterapêutico? Mas como podemos ajudar e assistir aquele ser humano que nos procura se, muitas vezes, nos distanciamos dele? Se não o reconhecemos numa relação Eu-Tu?

A fala do professor Acácio estava um tanto abstrata para mim, embora tivesse cultivado, durante os anos de faculdade, a leitura filosófica. Perguntei-me: "Será que meus colegas estão entendendo o que o Professor está dizendo?". Pareceu-me que ele conseguiu ler meus pensamentos, pois, olhando fixamente para mim, acrescentou:

– Sendo mais claro e colocando os pés no chão: quando se veem diante do paciente, sejam vocês psicólogos ou psiquiatras, como o enxergam? Apenas como paciente, ou como cliente? Como mais um caso clínico que alimentará os seus arquivos? Como um coitado que vem derrapando na estrada da vida? Como um meio para a sobrevivência de vocês? Ou como o próprio Eu refletido no espelho, como um Tu? Meus amigos, a relação entre o terapeuta e o paciente deve expressar-se num encontro primordial entre o Eu e o Tu. Buber nos ensina que há dois tipos de relacionamento: Eu-Tu e Eu-Isso. Eu-Tu é a relação essencial do homem. Quando me relaciono, percebendo no outro o Tu, estou plenamente presente com ele, pondo de lado finalidades e objetivos que me sejam próprios. Na relação Eu-Tu, o paciente não é um objeto, pois se trata de uma relação sujeito-sujeito. O homem converte-se em Eu na relação com o Tu. Quando o terapeuta diz Tu, diz, ao mesmo tempo, o Eu do par verbal Eu-Tu. O Eu não existe isolado do Tu, pois só há Eu quando há Tu, expresso num encontro existencial. Diante do paciente, o terapeuta tem, necessariamente, de ativar um relacionamento Eu-Tu, ou seja, um relacionamento de Pessoa para Pessoa. É apenas quando estamos plenamente concentrados no outro que podemos entrar em contato profundo com a nossa humanidade. O Eu do homem é duplo, por incluir o Tu. Vocês estão me entendendo? Já o Eu-Isso é a relação do Eu com um objeto. Trata-se de uma relação de conhecimento, de experiência.

É válida quando se trata de objetos, como uma árvore, uma pedra, um motor ou um micro-organismo que eu esteja estudando. Mas, quando estou diante de uma pessoa, não devo partir para uma relação Eu-Isso, pois estarei coisificando o outro, alienando-o. Se na relação Eu-Tu ocorre o encontro, na relação Eu-Isso acontece a separação. O terapeuta que se relaciona com o paciente como Eu-Isso está desrespeitando a sua dignidade de pessoa. Como já se disse, o Eu, na relação Eu-Isso, impõe-se diante dele, ordenando-o, estruturando-o, subjugando-o e transformando-o de acordo com a própria vontade. O terapeuta que trata o paciente apenas como "um caso clínico interessante" está utilizando-se dele como um objeto de manipulação, sem personalidade, sem dignidade e sem vontade própria. Nós, adeptos da análise existencial-humanista, não compactuamos com isso.

O professor Acácio, nitidamente emocionado, fez uma longa pausa e concluiu com um tom de convicção profunda:

– Como sabiamente diz Martin Buber: "O Eu se realiza na relação com o Tu; é tornando-me Eu que digo Tu. Toda a vida atual é um encontro". Na minha simplicidade, eu diria: o terapeuta, o Eu, se realiza como pessoa na relação com o paciente, o Tu. O terapeuta só existe na relação pessoal como paciente, momento em que ocorre o encontro primordial. A verdadeira vivência é o encontro, meus amigos. "Toda a vida atual é um encontro", assim como o desencontro entre terapeuta e paciente é a morte da pessoa humana. Afinal, somos pela vida ou pela morte?

Confesso que eu nunca ouvira palavras tão contundentes. Embora Martin Buber tivesse nascido na mesma cidade que eu, não tinha havido interesse da minha parte em estudá-lo. Agora eu sabia o que havia perdido. Se eu me houvesse aproximado de Buber, não teria acontecido o lamentável desencontro com os meus pacientes em Viena, e eu não teria entrado num triste processo depressivo. Pelo menos era o que eu pensava.

Durante o trajeto de volta para o apartamento, Albert e eu conversamos pouco. Porém, assim que chegamos, ele me perguntou:

– O que você achou da aula inaugural, Max?

– Uma bomba! – foi a minha resposta.

– Você não gostou?

– Pelo contrário. Achei ótima. O que quis dizer é que ela estourou em minha mente como uma verdadeira bomba letal, mortífera.

– E por que mortífera?

– Porque uma bomba como essa mata nossa maneira de ver o mundo e introduz uma nova.

– Gostei de ouvir, Max. Essa aula nos faz repensar como tratar o paciente.

– Não é fácil mudar uma visão de mundo, Albert – concluí com sinceridade. – Mas, sem dúvida, neste caso, é necessário. A partir de agora, vou fazer uma revisão mental da maneira como venho atendendo meus pacientes. Em seguida, farei a aplicação dessa reforma em meu dia a dia.

Foi difícil conciliar o sono nessa noite. As palavras de Buber, entremeadas com os conceitos do professor Acácio, ainda ressoavam no meu íntimo. Era preciso mudar já.

Na manhã seguinte, quando cheguei ao hospital, estava decidido a melhorar o meu atendimento. Não sabia muito bem como, apenas me convencera de que teria de melhorá-lo. Chegara rapidamente à conclusão de que o meu atendimento psiquiátrico nunca fora um encontro primordial entre dois seres humanos. Longe disso. Eu estudava o paciente como um laboratorista que examina uma bactéria ao microscópio. O meu relacionamento com o paciente, embora tivesse melhorado desde que chegara ao Brasil, ainda era uma relação Eu-Isso. Ou seja, eu continuava a vê-lo como um objeto posto diante de mim, a fim de que eu pudesse identificar os seus sintomas, elaborar um diagnóstico preciso e receitar o psicotrópico adequado. Dali para frente, porém, isso não poderia mais acontecer. Era preciso passar para um relacionamento Eu-Tu. Era preciso caracterizar o atendimento como um encontro.

Até aí, tudo bem. Mas como efetuar essa virada de 360 graus? Como a resposta prática talvez demorasse a chegar, comecei conversando mais com o paciente, procurando colocá-lo à vontade diante de mim. Só ao fazer isto, pude notar uma primeira diferença: os pacientes passaram a falar mais, expressando-se melhor. Fiquei contente com o resultado e comentei com Albert. Ele escutou e me respondeu:

– Você está de parabéns, Max. A sua vontade de mudar é o estopim da mudança concreta. Continue assim. Com o passar do tempo, você colherá os bons frutos das sementes que está plantando agora.

Por essa época, busquei conhecer melhor o pensamento de Martin Buber, com que o Professor ilustrara a sua bela aula inaugural. Desse modo, convenci-me de que, na prática clínica, era preciso compreender o paciente mais que conhecê-lo intelectualmente. Só assim poderia encontrar um meio de acompanhá-lo em suas necessidades para atendê-lo realmente. Reforcei o aprendizado de que, ao postar-me diante do outro na relação Eu-Isso, estaria desconsiderando-o, pois o tornaria um mero objeto de estudo. Retiraria dele a sua humanidade, a sua condição de pessoa. Promoveria um afastamento da sua pessoa. Todavia, ao abordá-lo na relação Eu-Tu, estaria promovendo um verdadeiro encontro, e o atendimento clínico passaria a ser de pessoa para pessoa. É verdade que não conseguimos manter ininterruptamente um relacionamento Eu-Tu, mas, quando vivenciasse encontros com os meus pacientes, os seus efeitos persistiriam até que conseguisse reatar esse relacionamento Eu-Tu novamente.

A verdade é que, muito lentamente, eu estava mudando para melhor. A minha tristeza depressiva de outrora e o vazio existencial tinham mesmo desaparecido. Havia, porém, ainda muito a aprender e a aplicar.

A expectativa da segunda aula foi muito grande. Pude conversar com Leonor e Albert, que me deram outras coordenadas para o aproveitamento das aulas durante todo o curso. Foi com alegria que me dirigi ao instituto, pronto para receber novos ensinamentos.

– A Psicologia Humanista-Existencial – disse o professor Acácio –, em vez de fixar-se nos transtornos mentais e comportamentais do ser humano, prefere concentrar-se nas suas potencialidades. Daí temas centrais como desenvolvimento, amor, autonomia, autorrealização e transcendência. Entende essa psicologia que o ser humano detém o livre-arbítrio, podendo fazer escolhas e sendo responsável por elas. Por meio dessas opções, pode o homem acelerar ou retardar a sua caminhada para a autorrealização. Entretanto, sempre é possível escolher. Como diz Viktor Frankl, pode-se tirar tudo de um homem exceto uma coisa: a última das liberdades humanas, que é "escolher a própria atitude em qualquer circunstância, escolher o próprio caminho". O que vocês pensam a tal respeito?

Formaram-se equipes para discutir a pergunta do Professor a fim de se chegar a um consenso para a resposta. Depois que cada equipe apresentou a sua conclusão, ele esclareceu mais a respeito da posição tomada pela Psicologia Humanista-Existencial e retomou a sua preleção.

– Quero falar hoje sobre uma das alas do humanismo em psicologia: a Logoterapia de Viktor Frankl. *Logoterapia* quer dizer "terapia pelo significado" ou "psicoterapia pelo sentido da vida". Frankl não crê que o homem seja determinado ou condicionado pelo meio. Cada um de nós, conforme afirma, é consciente e livre para assumir a responsabilidade pela vida. Vida que não é uma gratuidade ou um absurdo, porque possui, em sua essência, significado. Todos nos dirigimos, consciente ou inconscientemente, para esse significado. A motivação básica do ser humano para viver, de acordo com a Logoterapia, não é obter satisfações, prazer, poder ou riqueza material, mas encontrar um significado, um sentido para a vida.

Eu já escutara isso de Albert e de Leonor, porém, as palavras do Professor tinham um poder de penetração sem igual. Eu não conseguia ficar indiferente ao que ele dizia. Ao olhar para as pessoas à minha volta, notava que elas também não ficavam apáticas ao que lhes era dito, pois não tiravam os olhos do Professor, do quadro branco e dos *slides* apresentados. E faziam muitas anotações, assim como eu.

No carro de Albert, de volta para casa, conversamos muito sobre a visão humanista-existencial do ser humano e da vida e, em particular, da de Frankl.

– Uma coisa me deixa perplexo, Albert: é que quase tudo o que ele disse, você e Leonor já me haviam afirmado, no entanto, soava como algo novo para mim.

– A situação, no entanto, é outra, Max, fora o carisma próprio do Professor.

– Deve ser isso. De qualquer modo, pretendo estudar tudo em casa e, o que é mais importante, começar a aplicar esses ensinamentos em minha vida, principalmente no meu trato com os pacientes do hospital.

– Gosto de ouvir isso, pois é o que também irei fazer.

Passei a semana a estudar o que havia aprendido no curso e assim fiz durante as aulas seguintes, em que fui assimilando cada vez mais a terapia existencial desenvolvida por Viktor Frankl e que passaria a utilizar futuramente em meus atendimentos. Mesmo tendo lido filósofos importantes, como Platão, Descartes, Kant, assim como Heidegger e Sartre, e também apesar de ter aprendido psicologia no meu curso de medicina, o meu estudo particular fora sempre muito intelectualista, isto é, ficava encerrado em minha cabeça, sem chegar ao coração. Hoje sei que não há conhecimento verdadeiro sem que o coração tome parte na sua construção. Assim, quando iniciei o curso com o professor Acácio, comecei a aprender realmente e busquei, sempre que possível, aplicar os conhecimentos em minha vida particular e junto aos meus pacientes no hospital. O que mais me tocava, além da aula inaugural sobre o encontro essencial em Buber, era saber, agora de modo definitivo, que a vida tinha um sentido. Disse isso, certa noite, a meu amigo Albert.

– Como é reconfortante saber que a vida não é um amontoado de acontecimentos sem pé nem cabeça, resultantes do acaso. Como é consolador ter consciência de que ela tem um sentido para cada ser humano, sem exceção.

– O acaso não existe, Max. Costumamos dizer no Brasil que *nada acontece por acaso*. Por trás de todos os fatos, permanece a *Lei de Causa e Efeito*. Trata-se de uma lei divina que rege todos os elementos que compõem o universo. Ela diz: "Toda causa tem seu efeito e todo efeito tem a sua causa. Todas as coisas acontecem de acordo com a Lei: o Acaso é simplesmente um nome dado a uma lei não reconhecida. Existem muitos planos de causalidade, mas nenhum escapa à Lei".

– Faz sentido, Albert. Disso posso concluir que, se nada existe por acaso, a vida também não pode ser obra do acaso.

– É isso aí.

– Logo, existe um sentido por trás da vida que possuímos. O que precisamos é descobrir esse mesmo sentido.

– É o que diz Viktor Frankl. O próprio homem é um ser em constante busca de sentido. E, quando consegue descobri-lo, se torna feliz. Porém, se não o alcança, vem o sofrimento, justamente por causa de uma vida sem sentido.

– E como agir para encontrá-lo?

– Frankl aponta três linhas mestras para que possamos encontrar o sentido da vida: *atividades criativas*, envolvendo o trabalho, a devoção a uma tarefa e a dedicação a uma obra útil; *experiências*, englobando o contato com outras pessoas, no qual possa ocorrer o verdadeiro encontro, ou ainda contato com a natureza ou com obras de arte; e, em terceiro lugar, *atitudes*, que abrangem situações de desespero em que essencialmente nada pode ser mudado, mas as quais podemos, com a nossa liberdade interior, enfrentar sem nos deixar abater, podendo desse modo alcançar sentido nelas.

– Albert, consigo entender facilmente que podemos encontrar sentido na execução de um trabalho útil. Por exemplo: atuar como voluntário num hospital, recebendo e orientando doentes que chegam com problemas imensos e mesmo com desesperança. Compreendo também que, trabalhando no atendimento ao público, eu possa achar um sentido, quando vejo nessa tarefa a possibilidade do encontro verdadeiro com o Tu, como fala Buber. Até aqui, tudo bem. Mas não consigo entender como alguém, numa situação desesperadora, também possa encontrar um sentido.

– Já lhe falei sobre a vida de Viktor Frankl, não é mesmo?

– Sim, mas...

– Ele viveu uma situação desesperadora, quando foi vítima do Holocausto, não é verdade?

– Sem dúvida.

– Muito bem. Se a liberdade exterior de que dispunha estava inoperante, pois ele estava confinado num campo de concentração nazista, o mesmo não ocorria com sua liberdade interior. Exatamente ali, entre os muros da prisão, Frankl se convenceu de que, mesmo despojado de tudo o que tinha, ainda permanecia a liberdade de tomar a decisão a respeito do que ele deveria se tornar. Ele escolheu tornar-se o consolador daqueles que estavam por cair no desespero ou que estavam por escolher a morte pela inanição, deixando de comer. Ainda havia uma réstia de luz na lanterna, na alma, daqueles prisioneiros, e ele decidiu não deixar esse fiozinho de luz se apagar. Esse foi o sentido que encontrou naquela situação desesperadora.

Senti-me diminuto e envergonhado por não ter sido capaz de entender sozinho o que Albert acabara de me dizer em poucas palavras. Mas me propus a redobrar os estudos para assimilar da melhor maneira possível os ensinamentos do Professor.

A minha vida em São Paulo estava sendo muito diferente daquela que tinha vivido na Áustria. As pessoas que me cercavam demonstravam um calor humano que nunca havia encontrado em Viena. Isso fez com que também eu, que sempre fora muito fechado e frio, sofresse alguma transformação, mas muito lenta e ainda imperceptível para mim. Quando vivia no exterior, lembro-me de que estranhava os cumprimentos de Albert. Mal eu apertava a sua mão, enquanto ele me abraçava efusivamente. Quando cheguei ao Brasil, notei que isso era muito comum entre todos que se conheciam. Por certo, eles também notavam a minha frieza e introversão, mas em nenhum momento tocaram nesse assunto. Pareciam saber que, mais dia menos dia, eu também me tornaria semelhante a eles. E foi o que aconteceu. Hoje, na terceira idade, quando me vejo na juventude, quase não me reconheço. Mudei muito, graças a esses amigos que, sem nada esperar em troca, transformaram a minha vida.

Eu ainda estava iniciando o curso de psicoterapia e o dr. Oliver, pai de Albert, num almoço em sua casa, iniciou um diálogo muito interessante, que me alertou bastante para a qualidade das lições que receberia dali para frente por parte do professor Acácio:

— O que você está achando do curso, Max?

— Estou gostando muito, Oliver.

– Só isso? – perguntou-me com um riso amigável.

Fiquei encabulado, mas ele me tirou logo dessa situação:

– Eu disse isso porque o Albert me falou que é um "curso genial e inigualável". Fiquei na mesma, pois não sei o que é um curso genial e inigualável. Agora vem você e me diz que "está gostando muito". Fiquei também na dúvida: o que é gostar muito? Estou ficando velho, pois a linguagem dos jovens é indecifrável para mim. Tire-me desta enrascada, Max. Fale-me como você está sentindo o curso.

Mais à vontade, tentei explicar-lhe como estava recebendo as aulas e como me sentia diante delas.

– Eu esperava aprender algumas técnicas para lidar com meus pacientes, Oliver, mas não é isso que o Professor está ensinando.

– Então, ele está ensinando o quê?

– A ver no paciente uma pessoa, com toda a dignidade que isso implica. Estou aprendendo a não desconsiderá-lo, ignorando suas ideias, seus sentimentos, suas aspirações e mesmo a sua tendência para o autodesenvolvimento. Estou aprendendo a ver um Tu diante de mim e não um Isso, um objeto a partir do qual tenho de elaborar um diagnóstico. Venho aprendendo ainda que o núcleo básico da personalidade humana é a tendência à saúde e ao crescimento. O meu papel é ajudar para que isso se concretize, estimulando o paciente a encontrar o sentido da vida.

– Agora sim, Max. Essa era a resposta que eu esperava. Seus olhos lançaram faíscas e isso mostra que você está vivendo aquilo que vem aprendendo.

– É verdade, estou procurando aplicar tudo isso em minha vida.

– Fiz as mesmas perguntas ao Albert. Depois de dar inicialmente uma resposta evasiva, ele acabou por dizer quase a mesma coisa que você. Repito que gosto muito do Acácio, não apenas por seus conhecimentos, mas principalmente pelo modo peculiar com que ele ensina, levando os alunos a vivenciarem o que estão aprendendo.

— Penso o mesmo. Nunca tive um professor como ele.

— Tenho certeza, Max, de que você e Albert terão uma carreira produtiva e ainda colherão bons frutos pela frente. Espero que continuem assim. Talento é o que não lhes falta. Mas agora chega de prosa — falou rindo. — Vamos almoçar. Parece que Margret e Leonor capricharam. No próximo domingo, será nossa vez de mostrar nossos dotes culinários.

Os diálogos com o dr. Oliver eram sempre produtivos; eu gostava muito de me acercar dele para aprender algo. E ele tinha ainda algo incomum: sabia fazer elogios sinceros.

Quando cheguei para uma das aulas do professor Acácio, Albert me falou:

— Hoje ele vai abordar o tema do sentido da vida.

— Como você sabe?

— Ele me disse na semana passada.

Aguardei com alta expectativa até o momento em que o Professor começou a falar.

— Eu já lhes disse que o homem é um ser em busca de significado, não é mesmo? Se há alguma coisa que possa preservá-lo, ainda que em situações extremas, é a consciência de que a vida tem um sentido. Diz Viktor Frankl que a existência humana depende da autotranscendência e a sobrevivência depende de um sentido. Vamos iniciar estudando a autotranscendência, que é a capacidade que tem o homem de ir além de si ao dirigir-se para algo ou alguém diferente dele mesmo. Cada um de nós tem o poder e a liberdade de sobrepor-se ao próprio eu, tornando-se assim um ser humano melhor. Há quem viva fechado, encapsulado em si mesmo, sem estabelecer vínculos com os outros. Há quem dê vida ao egocentrismo individualista, lançando-se a partir daí no precipício chamado *egoísmo*. Disse um grande vulto da humanidade, Allan Kardec, que a fonte de todo mal reside no egoísmo e no orgulho, acrescentando que os abusos de toda ordem cessarão quando os homens se regerem pela aplicação do amor. Pois bem, a autotranscendência, quebrando a cápsula que nos prende em nós mesmos e possibilitando o encontro verdadeiro com o outro, é um meio de nos elevarmos às relações fraternas com os nossos irmãos.

Quando o Professor falou com tal linguagem, achei um tanto esquisito, pois me pareceu o representante de alguma facção religiosa pregando a caridade e a fraternidade entre os homens. Ficou uma interrogação: quem era o "grande vulto da humanidade" de quem falara o professor Acácio? Mas eu não podia ficar refletindo, porque ele continuava com os seus dizeres e eu precisava prestar atenção.

– A autotranscendência, enfim, é uma abertura radical do ser humano à realidade, em que o homem ultrapassa a si mesmo. Eu diria, em conjunto com todo logoterapeuta, que transcender a si próprio é a essência mesma do existir humano.

A essa altura, alguém fez uma pergunta, mas eu estava maturando a ideia nova que o Professor lançava em minha mente, como o semeador que derrama a semente fértil sobre o solo umedecido. Só acordei quando ele retomou a sua preleção:

– Se a existência humana depende da autotranscendência, a sobrevivência depende de um sentido. E, para abordarmos o tema do sentido da vida, é importante que lembremos os três princípios da Logoterapia de Frankl: primeiro – sob quaisquer condições, a vida tem um sentido; segundo – temos o "anseio por um sentido" e tornamo-nos felizes somente quando sentimos que estamos preenchendo esse sentido; terceiro – temos a liberdade, dentro de certas limitações óbvias, de preencher o sentido de nossa vida. Como podem notar, tudo gira em torno do sentido da vida. O sentido é o centro gravitacional da existência humana. Ninguém pode viver plenamente sem ter encontrado o sentido da vida. Mas o que significa a expressão "sentido da vida"? Vocês podem me dizer?

Alguns alunos participaram, dando a resposta que mais condizia com o seu pensamento. O Professor comentou cada resposta e, em seguida, explicou:

– De um modo bastante simples, quero dizer que a expressão "sentido da vida" significa a direção que podemos dar à nossa existência mediante a descoberta do significado que ela possui. Qual é a direção que cada um de nós está dando à vida? A direção escolhida representa o sentido que foi descoberto. Mas a palavra "sentido" significa também intento, propósito ou razão de ser. Neste caso, perguntaríamos: "Qual é a razão de ser da nossa vida?", "Qual é o propósito que temos na vida?". Eis, portanto, os significados dessa expressão. Frankl nos alerta igualmente que há dois tipos de sentido: o sentido maior e o sentido do momento. Para ele, o *sentido maior* é o sentido último da existência. Diz respeito à totalidade da vida. É a busca de propósito e finalidade de cada ser humano. É o que também denominamos *suprassentido*. Já o sentido do momento refere-se às inúmeras situações únicas pelas quais passamos na vida. Cada uma dessas situações ou momentos oferece-nos um sentido próprio em potencial. Quando respondemos à oferta de sentido que tais situações nos mostram, passamos a ter uma vida expressiva. Como cada momento é diferente, o sentido do momento também se modifica de situação a situação e mesmo de pessoa para pessoa. Cabe-nos encontrar o significado único de cada momento, o que nem sempre é fácil, mas não deixa de ser necessário.

Confesso que fiquei um tanto confuso diante da explicação recebida. Quando voltei ao apartamento, conversei rapidamente com Albert, que me propôs que fôssemos fazer uma visita ao professor Acácio no fim de semana. Achei a ideia excelente e fiquei na expectativa do encontro.

5

Conjecturas

A minha nova vida estava mudando para melhor. Eu percebia isso. Mas exigia também de mim novas respostas e uma diferente postura diante do mundo. Talvez eu não estivesse preparado para essa transformação. Em Viena, mesmo passando por uma difícil situação existencial, eu me sentia ambientado, pois sempre vivera naquela cidade, o que me dava certa segurança. No Brasil, apesar da acolhida maravilhosa que tive, percebia-me como deslocado e desambientado. Isso foi se tornando mais nítido à medida que o tempo começou a escoar. Parecia-me estar importunando os outros, particularmente Albert e Leonor, que muitas vezes privavam-se de intimidade apenas para me fazer companhia. Até mesmo o almoço aos domingos na casa do dr. Oliver e dona Margret causava-me certo desconforto. Todavia, eu procurava não demonstrar a minha preocupação. Mas Albert notou que alguma coisa não estava bem comigo. Assim, numa noite, quando cheguei um pouco mais tarde no apartamento, ele me abordou de surpresa:

– O que o está incomodando, Max?

– Incomodando?

– Foi isso que eu falei. O que o está incomodando?

– Nada. Por quê?

– A sua fisionomia não mente. Leonor também já notou. Alguma coisa em que possamos ajudá-lo?

– O que é isso, Albert? Tudo está bem. Eu não poderia ter sido mais bem recebido no Brasil.

– Deixe de lenga-lenga e me diga: o que está havendo?

– Lenga-lenga? O que é isso?

– Às vezes eu esqueço que você é estrangeiro. Lenga-lenga é conversa fiada, enrolação. Ela ocorre quando alguém fala muito e não diz nada ou quando está encobrindo alguma coisa. Entendeu agora?

Olhando para a minha expressão de garoto pego ao fazer algo errado, ele riu e me disse cordialmente:

– Desculpe-me, Max. Não quero forçá-lo a nada. Apenas queria ajudar.

Senti-me embaraçado e resolvi desabafar:

– Então vou falar, afinal você é meu amigo e eu confio plenamente em você.

– Nesse caso, estou atento ao que você tem para me dizer.

– Nós, os austríacos, não temos o mesmo calor humano dos brasileiros. Isso pude comprovar desde o dia em que o conheci. Mesmo quando você emprestou um livro para a minha monografia, nos tempos de universidade, senti uma diferença entre o seu modo de ser e o meu. Pois bem, quando aqui cheguei, procurei, acredite, procurei tornar-me um de vocês, rindo, abraçando calorosamente, beijando a face das moças, sendo mais acessível, enfim, tornando-me um "brasileiro". Mas confesso que intimamente continuo fechado e me sinto um tanto frio no trato com as pessoas, mesmo tendo melhorado muito. Na Áustria, isso seria completamente normal, isto é, eu seria igualzinho aos outros. Mas, no Brasil, devem notar o meu constrangimento, o meu embaraço, a minha *encabulação*, como vocês dizem. E mais uma coisa, a mais grave de todas: estou sendo um estorvo para você, para a Leonor e para os seus pais. Por isso, acabo de tomar a decisão de somente permanecer neste apartamento enquanto estiver procurando um para alugar. E gostaria muito de ressarci-lo pelo tempo em que aqui fiquei, prejudicando a todos. Não serei mais um peso morto para vocês. É isso.

Albert olhou sério para mim e perguntou:

– Terminou?

– Não. Ainda duas coisas: em primeiro lugar, eu seria ingrato se não agradecesse tudo o que vocês vêm fazendo por mim, sem esperar nada em troca. Essa ajuda incondicional é quase incompreensível para mim, mas admiro sinceramente todos vocês. Parabéns por serem o que são. E aceite, Albert, o meu *muito obrigado*. Se eu puder fazer algo em benefício de vocês, creia que eu o farei, custe o que custar. Em segundo lugar: caso, mesmo morando só num apartamento, eu não consiga mesmo adaptar-me ao Brasil, serei forçado a regressar ao meu país, ainda que admirando tanto esta terra e esta gente.

Emocionei-me ao dizer isso e procurei disfarçar uma lágrima que começou a escorrer pela face. Albert ficou pensativo, depois fixou-me com firmeza e disse, demonstrando contrariedade:

– Sabe o que significa tudo isso que você me disse, Max? Orgulho!

Fiquei chocado. Orgulho? Pois eu acabara de confessar o meu fracasso! Como poderia ser orgulho? Entretanto, não respondi nada. Ele continuou:

– Egoísmo e orgulho!

Aí foi que não entendi mais nada. Por que egoísmo, se eu estava querendo deixar de ser um impedimento, um embaraço, um obstáculo, um estorvo para todos com quem convivia?

– Não estou entendendo, Albert.

– Pois vai entender.

Nunca eu vira o meu amigo falar tão sério e de modo tão duro comigo. Fiquei mais uma vez embaraçado. Deixei que ele continuasse, embora estivesse perplexo.

– Você sabe o que é egoísmo?

– Creio que seja a atitude de quem se coloca em primeiro plano, ignorando os demais. Alguém que trata apenas dos seus interesses, ignorando os dos outros.

– Egoísmo é isso e é também um exclusivismo que faz o egoísta referir tudo a si próprio, como se os demais não existissem. O egoísta subordina o interesse dos outros ao próprio. Isso é egoísmo.

– Mas...

– Você perguntou a Leonor se estava sendo um estorvo?

– Não.

– Perguntou a meus pais se estava sendo um embaraço?

– Não.

– E perguntou a mim se eu estava incomodado com a sua presença em meu apartamento?

– Também não.

– Então, Max, você acabou de se declarar um grande egoísta, pois desprezou os nossos sentimentos positivos em relação a sua pessoa e o nosso desejo – meu, da Leonor e de meus pais – de criar e manter uma grande amizade com você.

Não foi possível contra-argumentar. Eu ainda não digerira tudo o que me fora dito com tanta sinceridade. O discurso, porém, não terminara. Albert tomou fôlego e continuou:

– Mas, além de egoísta, você é também uma vítima do orgulho, que nada mais é que ausência de humildade. Orgulho é soberba, presunção. Você vem se presumindo tão acima dos outros que se sente mal em receber ajuda. A soberba, a arrogância também levam à prepotência. Cuidado, Max!

Se eu estava perplexo, passei a ficar estarrecido com tudo o que acabara de ouvir. Ia pedir desculpas e tentar dizer alguma coisa, quando Leonor saiu da cozinha, onde estivera durante todo o diálogo, e rindo falou:

– Não exagere, Albert. Você assustou Max.

Neste momento, o meu amigo riu alto e falou:

– Desculpe-me, Max, mas você precisava passar por isto. Leonor e eu sabíamos de antemão o que você vinha maquinando em sua mente. Nem tudo, é claro, mas o essencial. Entretanto, depois da brincadeira, vamos falar sério. Antes, dê um abraço neste seu amigo. Mas um abraço bem brasileiro...

Num segundo, saí das trevas para a luz. Consegui refazer-me e também ri, mas notei que havia algo de sério naquela brincadeira, por isso, quis continuar o diálogo. Foi Leonor quem me disse:

– Max, nós gostamos muito de você. Sabemos da sua dificuldade de adaptação. No início, era tudo novidade, portanto ficava mais fácil buscar agir como nós. Agora, passado algum tempo, os seus hábitos antigos vêm à tona e você acaba sentindo imensa dificuldade para se adaptar aos nossos costumes. Em primeiro lugar, queremos dizer-lhe que você tem de continuar a ser quem é. Nós gostamos de você assim. Em segundo, se quer adquirir novos hábitos que julgue muito bons, lembre-se do que você nos disse sobre a mudança: quando iniciamos os passos para mudar, sentimo-nos inseguros. Isso é natural, mas justamente nessa fase é que devemos insistir. Com o tempo, as dificuldades diminuem e o novo hábito se instala. Não foi assim que você nos falou?

– Assim mesmo.

– Pois bem, você está na fase da insegurança. Continue insistindo, e os novos hábitos, mais cedo ou mais tarde, estarão instalados.

– Você tem razão, Leonor. Desculpe-me. Também você, Albert, queira me desculpar.

– Você já está desculpado por nós todos – respondeu Leonor. – Na verdade, nem há o que desculpar. Você apenas precisava de um esclarecimento.

Albert, que ficara em silêncio, completou:

– Max, é com prazer que divido este apartamento com você. É também com prazer que meus pais o recebem para o almoço de fim de semana. Eles também o têm em alta estima. Quando você achar que já é possível alugar um novo apartamento só para você, nós o ajudaremos a escolhê-lo. No futuro, não muito distante, também o ajudaremos na compra de um apartamento. Aí, quem sabe? Talvez você já esteja noivo como nós hoje...

Consegui rir e agradeci pelas palavras que me falaram, mas não deixei de me considerar egoísta e orgulhoso. De toda a brincadeira, ficou essa verdade a incomodar-me. Perguntei, então:

– O que você me falou sobre egoísmo e orgulho, eu nunca escutei antes, Albert.

– Embora você não seja egoísta nem orgulhoso, completando os meus conceitos, devo dizer que eles são a chaga da humanidade. Foi o espírito Emmanuel quem disse: "O egoísmo, esta chaga da humanidade, tem de desaparecer da Terra, porque impede o seu progresso moral". E o espírito Pascal acrescenta: "Com o egoísmo e o orgulho, que andam de mãos dadas, a vida será sempre uma competição em que vencerá o mais esperto, uma verdadeira luta de interesses". Ele diz mais alguma coisa de que não me lembro.

– Se não me engano – interrompeu Leonor –, ele termina dizendo que, com o orgulho, nem mesmo as santas afeições e os laços sagrados da família serão respeitados.

– É isso mesmo.

– Palavras duras, mas verdadeiras – aparteei.

Albert entusiasmou-se e completou:

– O espírito Emmanuel também fala nessa passagem de *O Livro dos Espíritos* que precisamos de mais coragem para vencer a nós mesmos do que para vencer os outros. Afinal, esse filho do orgulho, que devora inteligências, é também a negação da caridade. Portanto, converte-se no maior obstáculo à felicidade dos homens. Creio que seja mais ou menos assim o que ele diz.

A princípio, achei muito verdadeiras essas palavras, que eu nunca escutara de quem quer que fosse. Depois pensei um pouco e perguntei a Albert:

– Espere um pouco. Quem foi que disse tudo isso?

– Os espíritos Emmanuel e Pascal.

– Espíritos falam? E qual foi o livro que você citou?

– *O Livro dos Espíritos.*

– Desculpem-me, mas não estou entendendo nada.

Albert e Leonor entreolharam-se com cumplicidade. Depois Albert explicou:

– Até hoje não lhe havíamos dito, porque você poderia estranhar demais. Mas creio que chegou o momento de nos abrirmos inteiramente a você.

Eu não tinha a menor ideia do que eles poderiam me confessar naquele momento. Olhei para ambos e aguardei a confissão.

– Max – começou Leonor –, você já ouviu falar em Espiritismo?

– Quase nada, Leonor. Mas o que tem isso a ver...

– O Espiritismo é uma doutrina que trata da natureza, da origem e do destino dos espíritos, assim como de suas relações com o mundo corporal. No Brasil é bastante difundido e aceito.

– Você fala daquelas pessoas que ficam transtornadas e começam a adivinhar o futuro do consulente? Adivinhos, cartomantes, quiromantes, feiticeiros, que leem a sorte por meio de cartas, mãos, pedras, areia, sei lá?

– Não, não é isso.

– Sei de bruxos que cobram uma taxa e predizem o que vai ocorrer em sua vida dentro de um certo tempo.

– Não é isso, Max.

– Então, não sei o que é Espiritismo. Podem me explicar?

– O Espiritismo – disse Albert – é uma doutrina que foi codificada por Allan Kardec no século XIX. Ele não se presta a adivinhações. É muito mais sério que isso. Kardec, que era um conhecido professor, autor de obras didáticas, codificou o Espiritismo, fundamentado nas evidências da sobrevivência da alma e da comunicação dos espíritos com os homens, por meio da mediunidade.

– Isso está confuso para mim. No entanto, o que vocês disseram sobre o egoísmo e o orgulho é muito correto. Nunca tinha ouvido falar disso da maneira como vocês colocaram. Gostaria de obter mais dados para ver se consigo entender o que vocês estão me informando.

– Tudo bem. Como iremos ao apartamento do Professor no fim de semana, conversaremos lá também sobre este assunto. O que você acha?

– Para mim, ótimo. Mas o professor Acácio também conhece o Espiritismo?

– Ele é espírita, Max.

Eu estava surpreso com o que Albert e Leonor me haviam dito. E a perplexidade aumentou quando soube que o Professor também partilhava dessa doutrina, um tanto mística para a minha cabeça. Achei melhor calar-me e esperar o encontro, que seria realizado no domingo pela manhã. Todavia, fiquei intrigado com os conceitos de egoísmo e orgulho que o casal me havia explanado naquela noite. Naquele tempo eu desconhecia, mas hoje sei que ambos nascem de um sentimento natural, qual seja, o instinto de conservação. É verdade que os instintos têm uma razão de ser e uma utilidade, pois foram criados por Deus, que não cria nada inútil. O excesso é que faz com que o sentimento oriundo do instinto de conservação se torne mau. Ninguém foi criado egoísta ou orgulhoso. Deus nos criou, isto sim, simples e ignorantes, para que fôssemos construindo paulatinamente o conhecimento das coisas, podendo tornar-nos sábios mais tarde. Assim, fomos nós que nos fizemos egoístas e orgulhosos, levando ao extremo o instinto que Deus nos outorgou para nossa conservação.

É desse modo que fala Kardec, mas, naquela época, eu não tinha nenhum conhecimento a tal respeito. Ficou, porém, um peso na minha consciência, pois eu havia pensado apenas em mim mesmo, desconsiderando os sentimentos dos demais. E isso é uma forma de egoísmo. Também demonstrara orgulho, pois me senti mal ao ser ajudado pelos outros de modo tão abnegado. Senti-me "por baixo", e meu orgulho e minha arrogância reagiram. Fiquei pior quando identifiquei esse pensamento a permear tudo o que dissera: "Onde já se viu eu, Max, ser ajudado pelos outros? Eu posso virar-me sozinho. Ninguém precisa dar-me a mão. Não sou um pobre coitado". Foi por isso que havia resolvido sair do apartamento de Albert para um outro alugado por mim.

Abatido diante da constatação da minha fraqueza moral, na manhã seguinte, voltei a pedir desculpas a Albert, que se mostrou afável, como se nada houvesse acontecido. Apenas perguntou-me se eu não queria ficar mais alguns meses no apartamento, assim poderia juntar dinheiro para o depósito, sobrando-me mais para comprar os móveis. Achei que ele tinha razão. Até nisso ele se mostrava mais "pé no chão" do que eu. Uma coisa, entretanto, deixei bem clara para mim mesmo: teria de eliminar o mais rápido possível esses dois sentimentos perniciosos, o egoísmo e o orgulho. Nesse momento, me veio à mente a pergunta de se eu não estaria agindo de modo orgulhoso e arrogante com os meus pacientes no hospital. Procurei visualizar como me postava diante deles. Analisei por algum tempo e depois concluí que realmente eu estava me colocando de *cima para baixo*, o que é característico da arrogância e da prepotência. O que me doeu mais foi o fato de ter aprendido, dias antes, com o Professor o que significa a relação Eu-Tu e o verdadeiro encontro, preconizados por Martin Buber. Na época, eu me entusiasmara com as ideias do filósofo, procurando levar os conceitos à prática psiquiátrica. Mas depois fui me esquecendo e voltando à postura rígida, insensível e arrogante de muitos médicos. Agora, após as palavras de Albert e Leonor, tinha resolvido instalar de vez o comportamento receptivo diante dos pacientes, sem situar-me degraus acima, colocando-me no topo de uma torre de marfim. Era preciso pôr em prática os ensinamentos do Professor e não apenas considerá-los muito bons.

❧

Albert levou a sério o meu desejo de me mudar para um apartamento alugado, mesmo depois de ter-me feito ver a ilha de egoísmo e orgulho em que me havia instalado. Assim, lá pelo meio da semana, ele me falou:

– Gostaria muito que você permanecesse aqui por mais tempo, como já lhe disse. Entretanto, como sei que logo você desejará ter o próprio espaço, entrei em contato com um conhecido do meu pai, que é corretor de imóveis. Hoje ele me ligou, dizendo que há um apartamento próximo do hospital cujo proprietário está fazendo uma reforma, mas dentro de quatro meses estará pronto. Você gostaria de vê-lo?

Nessa hora eu titubeei, mas, como estava recebendo mais uma vez a ajuda do meu amigo, não poderia recusá-la sob pena de parecer ingrato ou mal-agradecido, como se costuma dizer. Marcamos a visita para sábado pela manhã. No restante da semana, conversei muito com Albert, fazendo um recorrente pedido de desculpas pela minha atitude anterior. Ele sempre recusou as desculpas, pois dizia que eu não havia ofendido ninguém. Chegou até a dizer:

– No seu lugar, eu teria agido da mesma forma. Quem não o faria? O importante é que você poderá morar num apartamento confortável sem ninguém a importuná-lo a todo momento, não é mesmo?

– Nem me fale isso, Albert. Já estou pensando que irei sentir falta de nossos diálogos todas as noites.

– Bem, espero que você convide a mim e Leonor para um bom bate-papo de vez em quando.

– Não precisarei convidá-los. Vocês poderão chegar lá na hora em que bem entenderem.

Albert não mudara. Continuava a ser o grande amigo de sempre, a mão salvadora que me havia tirado do fundo do poço. E tudo sem exigir nada em troca. Aliás, eu estava pensando nisso ao lavar as xícaras do café, na manhã de sábado, quando ele chegou em casa e me disse:

– Acabo de receber uma ligação do corretor. Ele nos espera em uma hora no apartamento.

Quando chegamos ao prédio, já me senti bem. A rua era calma e o edifício tinha uma bela entrada, com um jardim muito bem cuidado. Subimos pelo elevador até o andar em que nos aguardava o corretor. Ao entrar no apartamento, notei que a sala era ampla, apesar da desordem em que se achava pela reforma em andamento.

– Não repare na sujeira – disse o corretor. – Em quatro meses, isto aqui estará um brinco. Como você vê, a sala é muito boa. Há três dormitórios, sendo um deles suíte. O banheiro da suíte é amplo e o outro não é pequeno. A cozinha é espaçosa, assim como a área de serviço. Os armários embutidos estão novos e a cozinha é toda planejada. O apartamento é de frente para a rua, bem arejado, e toma sol em dois lados. Veja como é bonita a vista aqui da sacada.

Realmente, gostei muito do apartamento assim que entrei nele, mas fiquei com medo do aluguel e do condomínio do prédio, que tinha amplo espaço comum, grande salão de festas, uma bela piscina e uma sala para ginástica. Porém, quando me foram ditos os valores do aluguel e do condomínio, respirei aliviado. Cabiam no meu orçamento. Ao dizer do meu interesse, ficou combinado que, dentro de exatos quatro meses, o apartamento estaria pronto para morar.

❧◉◉⟩✦

Após comer uma suculenta feijoada com Albert e Leonor num restaurante da região, deixei-os à vontade e voltei para o apartamento. Eles iriam passar a tarde no Parque do Ibirapuera, aproveitando para visitar o Museu de Arte Moderna.

Já deitado em minha cama, comecei a pensar em tudo o que acontecera naquela semana, desde a descoberta de meus defeitos íntimos até a visita ao meu futuro apartamento. Na manhã seguinte, iríamos até o Professor para escutar dele esclarecimentos sobre o sentido da vida e também sobre aquela doutrina estranha de que haviam falado Albert e Leonor. Fiquei meditando sobre esse último assunto. Lembrei-me de que na Europa havia pessoas que se autodenominavam espíritas. Em geral, trabalhavam com adivinhações, astrologia, leitura de cartas, quiromancia, geomancia e coisas desse tipo. Em geral, atendiam em pequenos espaços fechados, cobrando pelas sessões. Leonor dissera taxativamente que o Espiritismo de que estavam falando não tinha ligações com essas pessoas. Todavia, como materialista, não me soava bem esse nome: Espiritismo. Mas, por outro lado, eu não havia encontrado nada na vida desse casal que o desabonasse. Pelo contrário, além de inteligência refinada, eles tinham uma conduta moral acima de qualquer suspeita. E não era só isso. Como me haviam dito, também o professor Acácio era partidário dessa doutrina. É verdade que sempre eu o havia achado espiritualizado demais, mas talvez fosse porque eu fora até ali um intransigente materialista. Agora não era bem esse o caso, mas eu permanecia com certo temor. Não me passava pela mente o que poderia escutar na manhã seguinte. Tentei antecipar alguma coisa, mas, sem nenhum fundamento, isso não era possível.

Passei, então, a pensar noutro assunto, que também já começava a me incomodar. Eu estava muito solitário em São Paulo. Além de Leonor e Albert, não havia ninguém da minha faixa etária com quem pudesse conversar fosse o que fosse. Não fizera amizades no hospital nem no curso do Professor. Qual o motivo disso? "Provavelmente", pensei, "é porque estou vendo os outros de cima para baixo ou de baixo para cima. No primeiro caso, estou sendo orgulhoso, soberbo, arrogante. No segundo, estou sendo passivo, submisso, tímido. Em que caso me situo?". Não foi fácil responder a essa pergunta. Mas pensei muito e notei que, desde o tempo em que morava na Áustria, eu sempre evitara o contato com outras pessoas. Cheguei a ser considerado arrogante por alguns colegas de universidade. Lembrei-me, porém, de que a arrogância é um sintoma de timidez. É um mecanismo de defesa para encobrir o temor ou o embaraço diante dos outros. A presunção, a insolência e a prepotência demonstradas pelo arrogante são apenas a fachada de uma pessoa com sérios sentimentos de inferioridade. "Isto quer dizer", concluí, "que, não importa o rótulo que eu me der, tenho mesmo me sentido inferior aos demais. Daí a minha reclusão, o meu pavor de aproximar-me dos outros. Tenho de me ver no mesmo nível dos demais, sem necessidade de armas para defesa ou ataque. Para isto, tenho de colocar em prática o conceito de *encontro* proposto por Martin Buber. Quando isso acontecer, estarei vendo os outros como semelhantes". Depois dessa reflexão, procurei realmente mudar. Não foi nada fácil, mas iniciei a minha transformação no mesmo momento, sem deixar para depois.

✎✿✎

O professor Acácio – como eu soube depois – já havia tomado conhecimento, por intermédio de Albert, do que iríamos conversar em seu apartamento no domingo. Por isso, ficou a conjecturar a respeito do que diria sobre a doutrina espírita. Afinal, eu me confessara materialista e até aquele momento não demonstrara nenhum recuo dessa posição. Talvez fosse muito cedo para tocar nesse assunto, mas Albert e Leonor já haviam deixado vazar a informação, de modo que era preciso planejar muito bem o que seria dito numa primeira vez e o que deveria ainda permanecer oculto por mais algum tempo.

Depois de muito ponderar, concluiu que falaria de modo superficial, sem demorar-se em detalhes, a menos que fossem solicitados por mim. Haveria ainda muitos encontros entre nós, de modo que ele não precisaria descarregar todo o conhecimento que tinha num único diálogo.

A argumentação pareceu-lhe razoável. Assim, ele escolheu alguns princípios da doutrina, releu-os e aguardou serenamente o momento da nossa visita.

Quanto a mim, passei a sentir um certo desassossego com a aproximação do domingo. Não identificara a causa com exatidão, mas sabia que se referia de algum modo ao diálogo sobre o Espiritismo, que soava muito nebuloso para a minha convicção materialista. Todavia, de qualquer forma, era necessário esperar a hora certa para desfazer dúvidas e – quem sabe – sentir-me tranquilo novamente.

6

A visita

O domingo amanheceu ensolarado. O azul-claro que o céu ostentava parecia sugerir a paz, a harmonia, a tranquilidade... Levantei-me cedo, pensando na conversa que teria logo mais com o Professor. Não demorou muito e eu já seguia, no carro de Albert, para a casa de Leonor, que nos aguardava com um café da manhã completo. Bem alimentados, seguimos para o apartamento do professor Acácio. Quando lá chegamos, ele nos recebeu solícito e nos encaminhou a seu escritório. O gatinho Ricky começou a miar diante da nossa presença e nos seguiu calmamente.

A princípio, conversamos, de modo geral, sobre as aulas. Depois, o Professor focou a conversa no esclarecimento sobre a expressão "sentido da vida", como havia ensinado em sala de aula.

– O que Frankl chama de *sentido maior* pressupõe a existência de uma ordem na vida, da qual nós fazemos parte. Assim, tal sentido corresponde a agirmos de acordo com essa ordem e não contra ela. Nessa acepção, e esta é a minha interpretação, o sentido maior da nossa vida é agirmos em consonância com a ordem estabelecida por Deus. Devemos encontrá-la com o nosso próprio esforço. É por isso que Frankl nos ensina que devemos encontrar o sentido da vida, e não criá-lo de acordo com a nossa própria vontade. O sentido maior, porém, não pode ser encontrado em sua totalidade. Isso pode parecer confuso, frustrante mesmo. Entretanto, além desse sentido maior, há outros, de acordo com os momentos por nós vividos. Por exemplo, o momento que Leonor está vivendo agora oferece um sentido específico em potencial. Quando ela responde a esse *sentido do momento*, encontra também uma razão para vivê-lo. Vou dar um exemplo: digamos que ela tenha uma tia em estado terminal. Diante dessa situação, ela decide que dará todo apoio possível a essa tia, inclusive sacrificando muitos momentos de lazer. Essa escolha corresponde ao sentido do momento para ela. A sua vida, neste momento, torna-se expressiva pelo sentido que encontrou para esta passagem de sua existência.

– Agora creio que entendi – eu disse contente. Leonor e Albert concordaram com um sinal de cabeça.

– Ótimo! Agora vocês sabem que o *sentido maior* permanece o mesmo, todavia, o *sentido do momento* varia de situação para situação e também de pessoa para pessoa. Assim, se a tia de Leonor vier a falecer, esse sentido já terminou e surge outro, de acordo com a nova situação. Também entre vocês três, há uma situação específica para cada um, logo, um sentido do momento diferente.

– Entendi – disse Leonor. – Agora tudo ficou bastante claro.

Albert e eu também concordamos que a nova explicação clareara a nossa mente. No entanto, o Professor ainda não terminara:

– Tenho a minha própria maneira de entender o que acabo de dizer na perspectiva de Viktor Frankl. Mas, para isso, tenho antes de responder a outra dúvida de Max.

Fiquei muito atento, pois agora viria a explicação sobre o tal de Espiritismo. Afinal, o que seria isso?

– Max, você ainda se confessa materialista?

– Em certo sentido, sim. No entanto, depois de ter lido um pouco de Frankl, deixei as minhas convicções materialistas entre parênteses. Acho que esta é a minha melhor resposta.

– Vou, então, começar dizendo que há duas tendências básicas do pensamento: uma que caminha pelo Materialismo e outra que segue pelo Espiritualismo. Podemos conceber o Materialismo como a doutrina que admite apenas a matéria. Para ele, a única coisa que se pode afirmar é a existência da matéria. O Materialismo afirma a precedência da matéria sobre o espírito ou a mente. Podemos ainda dizer que ele aponta a matéria como substância primeira e última de qualquer ser, coisa ou fenômeno do universo. Enfim, a doutrina materialista admite como única realidade a matéria, negando a existência da alma, de outra vida e de Deus.

– É isso mesmo – eu disse convicto.

– Negando a imortalidade da alma, pois nem considera sua existência, o materialismo induz à incredulidade, ao desespero, ao aniquilamento e até mesmo à lassidão moral, em muitos casos.

Após dizer isso, perguntou-me o Professor:

– Estou certo, Max? Você já passou pelo desespero devido à incredulidade?

Fiquei constrangido e, com voz muito baixa, respondi:

– Já, Professor. Cheguei a pensar no suicídio.

– No campo dos valores morais, sei que você foi sempre exemplar. Portanto, o mal que o materialismo lhe fez foi no tocante à própria vida.

Senti-me um pouco melhor, mas resolvi escutar em silêncio dali para frente. O Professor tomou de um livro[1] que

---

1 KARDEC, Allan. *O Livro dos Médiuns*, Primeira Parte, Capítulo III – Método. Catanduva, SP: Edicel, 2017.

deixara estrategicamente sobre a mesa, folheou-o e, em seguida, continuou:

– Allan Kardec, de quem falarei mais tarde, distingue duas classes de materialistas. Vou ler alguns trechos para vocês: "Na primeira estão os que o são por sistema. Para eles não há dúvida, mas a negação absoluta, segundo a sua maneira de raciocinar. Aos seus olhos o homem não passa de uma máquina enquanto vivo, mas que se desarranja e depois da morte só deixa o esqueleto. (...) A segunda classe de materialistas, muito mais numerosa, compreende os que o são por indiferença e, podemos dizer, *por falta de coisa melhor*, já que o materialismo real é um sentimento antinatural. Não o são deliberadamente e o que mais desejam é crer, pois a incerteza os atormenta. Sentem uma vaga aspiração do futuro, mas esse futuro foi-lhes apresentado de maneira que sua razão não pode aceitar, nascendo daí a dúvida e, como consequência da dúvida, a incredulidade. Para eles, pois, a incredulidade não se apoia num sistema. Tão logo lhes apresenteis alguma coisa de racional, eles a aceitarão com ardor. Esses podem nos compreender, porque estão mais próximos de nós do que poderiam supor. Com os primeiros, não faleis de revelação, nem de anjos ou do Paraíso, pois não compreenderiam. Mas colocai-vos no seu próprio terreno e provai-lhes, primeiro, que as leis da Filosofia não podem explicar tudo: o resto virá depois. A situação é outra quando não se trata de incredulidade preconcebida, pois nesse caso a crença não foi totalmente anulada e permanece como germe latente, asfixiado pelas ervas daninhas, que uma centelha pode reanimar. É o cego a que se restitui a vista e que se alegra de rever a luz; é o náufrago a que se atira uma tábua de salvação."

O professor Acácio parou a leitura e olhou para seus amigos, que permaneceram calados. Eu, particularmente, desviei os olhos e me propus a nada comentar. Aquelas palavras estavam a me incomodar. Eram como agulhas a penetrarem em minha mente. Esperei ansiosamente que o Professor retomasse a leitura, de modo que respirei aliviado quando ele prosseguiu:

– "Ao lado dos materialistas propriamente ditos, há uma terceira classe de incrédulos que, embora espiritualistas, pelo menos de nome, não são menos refratários ao Espírito: são os *incrédulos de má vontade*. Esses não querem crer, porque isso lhes perturbaria o gozo dos prazeres materiais. Temem encontrar a condenação de sua ambição, do seu egoísmo e das vaidades humanas, com que se deliciam. Fecham os olhos para não ver e tapam os ouvidos para não ouvir. Só podemos lamentá-los."

O Professor fechou o livro[2], olhou para mim e disse:

– Kardec fala ainda de uma quarta categoria: a dos *incrédulos interesseiros* ou *de má-fé*. Esses conhecem muito bem o Espiritismo, mas o condenam de modo ostensivo por motivos de interesse pessoal. Nada ele tem a dizer dessa classe e nada a fazer com eles. E esclarece: se o materialista puro se engana, ao menos tem a seu favor a desculpa da boa-fé. Podemos corrigi-lo, provando-lhe o erro. No entanto, em relação aos de má-fé, há uma firme determinação, contra a qual se chocam todos os argumentos. O tempo irá encarregar-se de lhes abrir os olhos e lhes mostrar, talvez à custa de sofrimento, onde estavam seus verdadeiros interesses, porque, não podendo impedir a expansão da verdade, eles serão arrastados pela torrente, juntamente com os interesses que pensavam proteger.

Ele ainda falou sobre os *incrédulos por covardia*, os *incrédulos por escrúpulo religioso*, os *incrédulos por decepções* e os *vacilantes*. E nos exortou:

– Leiam essa passagem de *O Livro dos Médiuns*[3]. É muito importante.

---

2 KARDEC, Allan. *O Livro dos Médiuns*, Primeira Parte, Capítulo III – Método. Catanduva, SP: Edicel, 2017. (Trecho adaptado pelo autor).
3 KARDEC, Allan. *O Livro dos Médiuns*, Primeira Parte, Capítulo III – Método. Catanduva, SP: Edicel, 2017.

Depois, olhou mais uma vez para mim e perguntou sem nenhum preâmbulo:

– A que classe de materialismo você pertence, Max?

Eu nunca tinha ouvido falar sobre o materialismo de modo tão completo. Pensei que ele falaria sobre o materialismo científico, materialismo utópico e coisas do tipo, mas ele, de forma inteligente, escolheu o outro lado da questão. Fiquei sem resposta. Apenas pedi que ele me desse tempo.

– Fique à vontade, meu amigo – ele completou. – Apenas quis chacoalhar um pouco a sua mente. Isso, porém, não significa que você não deva pensar com seriedade a esse respeito. Mas preciso ainda dizer o que é o Espiritualismo e o Espiritismo, não é verdade?

– Por favor, continue – eu disse mais aliviado.

– Para Kardec, Espiritualismo é a crença na existência de uma alma espiritual, imaterial, que conserva sua individualidade após a morte. O Espiritualismo admite a independência e o primado do espírito com relação às condições materiais; ele tem por base a existência de Deus e do espírito. O Espiritualismo é a base de todas as religiões. Entretanto, o que deve ficar bem claro é que nem todo espiritualista é espírita. Já todo espírita é necessariamente espiritualista.

– Então, o que é o Espiritismo? – perguntei interessado.

– Denominamos Espiritismo a doutrina baseada na crença da existência dos espíritos e em sua comunicação com os homens. Esclarecendo: trata-se da doutrina codificada por Allan Kardec, fundamentada nas evidências da sobrevivência da alma e da comunicação dos espíritos com os homens, por meio da mediunidade.

A minha ideia era de que o Espiritismo fosse apenas mais uma forma de adivinhação, como existem outras por aí. Mas o Professor logo pôs por terra o meu conceito, ao abrir novamente o livro que tinha em mãos e ler:

– "Muitos, aliás, só veem o Espiritismo como uma nova forma de adivinhação e pensam que os Espíritos existem para ler a *buena-dicha*. Ora, os Espíritos levianos e brincalhões não perdem a oportunidade de se divertirem à sua custa: é assim que anunciarão casamentos para as moças; honrarias, heranças e tesouros ocultos para os ambiciosos, e assim por diante. Disso resultam, frequentemente, desagradáveis decepções, de que o homem sério e prudente sabe sempre se preservar."[4] Deixando por um momento o livro de lado, preciso esclarecer que o Espiritismo tem três faces interligadas: ele é ao mesmo tempo ciência, filosofia e religião.

Com tamanha afirmação, o professor Acácio estilhaçou definitivamente o meu conceito sobre o Espiritismo. Mas eu queria saber melhor o que ele queria dizer com tal afirmação. Não pude deixar de perguntar, com incredulidade:

– Você disse: ciência, filosofia e religião? Pode explicar melhor?

– Claro, Max. Primeiramente, definamos ciência como toda forma de obter o conhecimento por meio de métodos já existentes. Ou melhor, ciência é a modalidade de saber constituída por um conjunto de aquisições intelectuais que tem por finalidade propor uma explicação racional e objetiva da realidade. Assim a definimos hoje. Pois bem, no tocante à ciência espírita, Kardec fez uso do método experimental e assim analisou as experiências realizadas por pesquisadores. Duas grandes conclusões a que chegou. Primeiro: algo sobrevive no ser humano depois da morte física. Esse algo é o espírito. Segundo: o espírito, já desencarnado, pode comunicar-se conosco por meio de um médium, que é uma pessoa acessível à influência dos espíritos e dotada da faculdade de receber e transmitir suas comunicações. Posso citar dois pesquisadores que se debruçaram pacientemente sobre os fenômenos espíritas: William Crookes, químico e físico inglês que descobriu o elemento químico tálio e fez célebres

---

4 KARDEC, Allan. *O Livro dos Médiuns*, Primeira Parte, Capítulo III – Método. Catanduva, SP: Edicel, 2017.

pesquisas sobre os raios catódicos. O outro é Alfred Russel Wallace, naturalista inglês que propôs sua própria teoria da evolução por seleção natural, ao mesmo tempo que Darwin. Ambos concluíram que, do exame positivo dos fenômenos espíritas, ressalta claramente que a alma é imortal e que pode comunicar-se com os encarnados. Não citarei outros pesquisadores para não me tornar cansativo. Concluo brevemente com Kardec: o Espiritismo é uma ciência que trata da natureza, da origem e do destino dos espíritos, bem como de suas relações com o mundo corporal.

Nada falei. Eu nunca tivera conhecimento dessa doutrina que agora me era explicada pacientemente pelo Professor. Ele continuou:

– O Espiritismo também possui uma face filosófica. Se, como ciência, ele abrange o relacionamento estabelecido entre encarnados e desencarnados, como filosofia, compreende as consequências morais que provêm de tais relacionamentos. Como filosofia, o Espiritismo fornece uma coerente e verdadeira interpretação da vida, fundamentada na razão.

Nesse momento, eu tomava consciência da minha total ignorância em torno dessa doutrina, para mim desconhecida. Mas, enquanto eu assim pensava, o Professor virou-se para mim e me disse particularmente:

– Você tem algum conhecimento de filosofia, não é mesmo?

– O mínimo – respondi, para livrar-me de qualquer questionamento.

– Pois bem, um dos conceitos que se têm sobre ela é que se trata de uma *visão de mundo* ou, como às vezes se diz, uma *mundividência*. Ora, o Espiritismo, nos dando uma interpretação própria da vida e nos apresentando uma peculiar visão de mundo, não pode deixar de ser considerado uma filosofia; uma filosofia espiritualista. Aliás, numa das obras fundamentais do Espiritismo, *O Livro dos Espíritos*, Kardec escreveu sobre o título: "Filosofia Espiritualista", deixando claro que a obra se referia a uma filosofia. Não, porém, a uma filosofia encerrada num sistema, mas livre e aberta. Hoje costuma-se falar em "sistema aberto" e "sistema fechado"; o Espiritismo é um sistema aberto, isto é, livre e dinâmico. Enfim, como visão de mundo, o Espiritismo nos dá a sua interpretação, fornecida pelos espíritos superiores, e, ao mesmo tempo, nos aponta qual deva ser a nossa conduta perante essa visão.

Confesso que, apesar de ser um amante da filosofia, fiquei com algumas dúvidas, que somente seriam retiradas com o estudo posterior das obras de Kardec. Mas o professor Acácio ainda tinha de me esclarecer por que o Espiritismo tem igualmente uma face religiosa.

– Max, o Espiritismo também pode ser considerado uma religião. Sei que este é um tema polêmico, mas, se entendermos por religião a busca da transformação moral do homem, podemos aceitar o Espiritismo como religião fundamentada nos ensinamentos de Jesus Cristo. Ele busca tais ensinamentos na sua fonte, procurando reviver o que foi pregado pelo Cristo em suas parábolas, em seus ensinamentos e em seu exemplo de vida. E tudo isto com o objetivo de transformar moralmente o ser humano, favorecendo a sua autorrealização. Mas você não vai encontrar na religião espírita sacerdotes, pastores, ministros, cerimônias, cultos materiais, dogmas, vestes especiais ou sacramentos, como acontece com as religiões em geral. A religiosidade espírita está no interior do homem, e não em seu exterior. E mais: não há no Espiritismo fé cega, e sim fé raciocinada.

– O que você quer dizer com fé raciocinada? – perguntei.

– Meu amigo, *fé cega* é aquela em que aceitamos um ponto, um princípio, sem nenhuma análise, sem nenhuma reflexão a tal respeito, podendo até mesmo admitir o falso por verdadeiro. Já a *fé raciocinada* é fruto de reflexão, de raciocínio, de exame, buscando comprovar o que é afirmado, de modo a compreendê-lo racionalmente.

– Entendo.

– Como você mesmo pode concluir, quando falamos em Espiritismo, não nos referimos a uma seita irracional, a um tipo de sectarismo ou a uma crendice supersticiosa. Trata-se, isto sim, de uma doutrina que se estabelece na explicação científica, no questionamento filosófico e na conduta moral exemplar, tendo por modelo Jesus Cristo.

A partir da explicação sucinta do Professor, passei a ter uma outra visão a respeito da doutrina espírita, embora ainda faltasse muito para poder compreendê-la em seus grandes fundamentos. Assimilando o que me fora dito, apenas perguntei:

– E onde eu encontro tudo isso que você acaba de me dizer?

Sabendo de antemão que eu faria essa pergunta, ele tomou de um exemplar de *O Livro dos Espíritos*, que depositara sobre a mesa, e me falou calmamente:

– Max, ninguém está pedindo para você tornar-se espírita. Todos têm o seu tempo. Mas não deixe de ler este livro, que lhe dará as bases da doutrina. Depois conversaremos melhor.

Dialogamos mais um pouco a respeito da doutrina que me soava como algo verdadeiramente novo. Depois, Leonor perguntou:

– Professor, você disse que, após a explicação inicial sobre o Espiritismo, continuaria a falar-nos sobre o sentido da vida.

– Claro. Está faltando dizer como adaptei os conceitos de *sentido maior* e *sentido do momento*. Isso é feito com base no Espiritismo. Disseram os espíritos superiores a Allan Kardec, Codificador dessa doutrina, que o homem não é o corpo que apresenta. O corpo físico não passa de vestimenta da essência humana. Essencialmente o homem é espírito, e espírito imortal.

– Platão já dizia algo semelhante – acrescentei, para não ficar apenas calado.

– É verdade. Esse é um dos motivos pelos quais ele é chamado de precursor do Espiritismo. Mas, voltando à explicação, nós, como espíritos, fomos criados simples e sem conhecimentos. À medida que fomos vivendo, em muitas existências, fomos também construindo o conhecimento que hoje possuímos. O nosso objetivo é atingir todo conhecimento possível à criatura de Deus. E é também alcançar toda a perfeição que nos seja possível. O conhecimento que construímos nos auxilia a evoluir, a progredir. E temos aqui a finalidade do nosso existir. A dirigente de um grupo espírita muito sério, aqui da cidade, costumava dizer que não encarnamos para participar de piqueniques ou para fazer viagens de turismo. E qual é, então, a finalidade da vida? Para o Espiritismo, o sentido maior da nossa vida, isto é, aquele que abrange todos os homens, é o aprendizado que temos de empreender para aplicar os conhecimentos adquiridos em nosso próprio benefício e em benefício do semelhante. Assim, o *sentido maior* da vida é crescer, desenvolver-se, progredir espiritualmente. É, portanto, a evolução espiritual por meio do serviço ao próximo. Foi por isso, creio, que Kardec afirmou categórico em *O Evangelho segundo o Espiritismo*: "Reconhece-se o verdadeiro espírita pela sua transformação moral, e pelos esforços que faz para dominar suas más inclinações"[5]. Quem apenas se ocupa das coisas materiais perde o foco da existência, que é o espírito. Entendeu, Max?

Eu estava perplexo. Nunca havia pensado nisso, embora, mesmo me declarando materialista, soubesse agora que ia além disso, preocupando-me com o conhecimento verdadeiro e mesmo com o auxílio à vida dos meus pacientes.

Ficamos um tempo em silêncio. Albert e Leonor, que já conheciam o conteúdo do nosso diálogo, pouco disseram, permitindo que eu me envolvesse mais com o que dizia o professor Acácio. Depois de refletir por algum tempo nas palavras ouvidas, perguntei:

– E como você adapta o *sentido do momento*, de que fala Frankl?

---

5 KARDEC, Allan. *O Evangelho segundo o Espiritismo*. Cap. XVII – n. 4. Catanduva, SP: Edicel, 2016

– Cada um de nós tem oportunidades diferentes, de acordo com suas habilidades, competências ou dons. Explico-me: um tem habilidade para escrever, outro para falar em público, para cuidar do cabelo dos outros, para a marcenaria, mecânica, jardinagem, culinária, medicina, pintura, música, arquitetura, enfermagem e tantas outras coisas. É valendo-nos das habilidades que nos sejam peculiares que podemos também encontrar o sentido pessoal para a nossa vida. Falo, assim, em *sentido geral* e *sentido pessoal. O sentido geral* abrange todos os seres humanos e o *sentido pessoal* é próprio de cada um de nós. Usando bem o sentido pessoal, além de nos sentirmos gratificados, podemos, principalmente pelo nosso exemplo, auxiliar no progresso espiritual dos outros. Vocês, por exemplo, Max e Albert, como psiquiatras, quanto bem podem levar a seus pacientes, assim como Leonor como dentista e eu como professor e psicólogo clínico. Se fôssemos cozinheiros, faxineiros, garis ou ajudantes gerais, também poderíamos, dentro das nossas competências, encontrar o nosso sentido particular de vida. Essas profissões seriam os instrumentos de que nos serviríamos para promover o bem à nossa volta e, com ele, o progresso moral. Mas não se trata só de profissões e sim de dons, que variam de acordo com as pessoas. Costumo também usar a minha própria terminologia, chamando de *sentido último* o que Frankl denomina *sentido maior* e *sentido intermediário* o que ele chama *sentido do momento. O sentido último* é comum a todos nós, filhos de Deus. E o sentido intermediário varia de pessoa para pessoa, de acordo com as circunstâncias da vida e conforme os dons de cada um.

– Agora ficou muito claro – respondi, já sem nenhuma dúvida a esse respeito. Nesse momento, Albert pediu ao Professor que me explicasse por que Kardec escrevera, sobre o título de *O Livro dos Espíritos*, a expressão *Filosofia Espiritualista*, e não *Filosofia Espírita*.

– É verdade, Acácio já esclareceu a diferença entre os termos *espiritualista e espírita*. Então, por que Kardec não escreveu logo *Filosofia Espírita* sobre o título do livro?

– Gostei do seu interesse e da sua perspicácia, Max – disse o Professor, demonstrando satisfação. – Vou explicar. Quem criou a palavra *Espiritismo* foi Kardec. Ele diz na Introdução de *O Livro dos Espíritos* que, para coisas novas, precisamos de palavras novas. Se ele tivesse escrito sobre o título do livro a expressão *Filosofia Espírita*, ninguém saberia do que se tratava. Porém, ao ler a Introdução, todos saberiam que a filosofia espírita faz parte das doutrinas espiritualistas, assim como outros pensamentos não materialistas. É na Introdução que ele esclarece: qualquer pessoa que acredite ter em si alguma coisa além da matéria é espiritualista. Porém, para ser espírita, é necessário que tenha por princípio as relações do mundo material com os espíritos ou seres do mundo invisível. Ele vai mais além e explica que *O Livro dos Espíritos*, como generalidade, liga-se à *doutrina espiritualista*, da qual apresenta uma das fases. Mas, como especialidade, contém a doutrina *espírita*.

Olhei para o relógio e verifiquei que já passava muito do meio-dia. Agradeci os esclarecimentos do Professor e concluí:

– Além de entender as explicações sobre o sentido da vida em Frankl e a maneira como você o concebe, já tenho outra visão do Espiritismo, que desconhecia completamente. Comprometo-me a buscar novas lições, para poder fazer um justo juízo de seu conteúdo.

– Sobre isso – aparteou o professor Acácio –, tomei a liberdade de presenteá-lo com um exemplar de *O Livro dos Espíritos*. Leia-o quando puder e sem nenhum compromisso.

Agradeci e me preparava para sair quando o Professor concluiu:

– Não pude falar a respeito de Kardec nem da maneira especial como *O Livro dos Espíritos* foi escrito. Marcaremos, porém, novo encontro e poderemos discorrer com tranquilidade sobre esse assunto.

Estava encerrada a visita. Na ida para a casa dos pais de Albert, conversamos todo o tempo sobre os esclarecimentos que o Professor nos havia dado.

– Vocês já sabiam de tudo isso, não é verdade? – perguntei. Leonor respondeu:

– Sobre o Espiritismo, sim. Porém, quanto ao sentido da vida, ele nos ofereceu mais explicações além daquela que já tínhamos, não, Albert?

– Sem dúvida. Ficou tudo muito claro. Agora, o que nos resta é aplicar em nossa vida os conceitos que aprendemos.

Para mim, era ainda mais verdadeiro, pois, além das informações recebidas sobre o sentido da vida, havia igualmente os ensinamentos iniciais sobre uma doutrina que me era totalmente desconhecida. A primeira pergunta que me assomou à mente foi: "Por que um materialista precisa de conhecimentos espiritualistas?". A resposta me surgiu rápida e espontaneamente, com outra pergunta: "Depois de todas as lições que venho recebendo, será que ainda sou materialista?". Assustei-me, pois jamais teria pensado nisso. No entanto, não podia negar que já não estava tão convicto a respeito do materialismo como alguns meses atrás.

Notando meu silêncio reflexivo, Leonor perguntou:

– Alguma dúvida, Max?

– Toda dúvida, Leonor. Até pouco tempo atrás, eu pensava saber quem eu era. No entanto, hoje não consigo dar nenhuma resposta satisfatória. Nem sei se ainda sou materialista, embora tenha certeza de que espiritualista ainda não sou.

– O que acabo de escutar mostra – ponderou Albert –, sem sombra de dúvida, que você está passando por um período de transição. Lembra-se da nossa conversa sobre o processo de mudança? Você não estaria passando por ele?

Um medo estranho tomou conta de mim. Estaria eu mudando? Mas em que me transformaria se a mudança de fato ocorresse? Nesse momento, me lembrei de que o temor do desconhecido é também um indício de transformação. E respondi:

– Estou tomando uma decisão, Albert. A partir de agora, e até terminar a leitura do livro que recebi do Professor, coloco entre parênteses qualquer julgamento sobre o confronto entre materialismo e espiritualismo. Creio que ainda seja prematuro tomar qualquer decisão.

Com isto, fiquei mais tranquilo e resolvi iniciar naquela noite a leitura que agora me soava como extremamente necessária.

À noite, criei coragem e liguei para o professor Acácio. Ele havia me perguntado que tipo de materialista eu era, segundo a classificação feita por Allan Kardec. Disse-lhe que a resposta iria levar algum tempo, até eu terminar a leitura de *O Livro dos Espíritos*. Enquanto isso não acontecesse, o assunto ficaria entre parênteses.

– Sábia decisão – falou-me o Professor. Em seguida, lembrou-me de que ainda ficara um tema pendente em nossa conversa. Ele não me dissera quem fora Allan Kardec.

– É verdade. E quando poderemos conversar a esse respeito?

– Poderá ser após a nossa próxima aula.

Concordamos e, após desligar o telefone, tomei um agradável banho de água morna, deitei-me e abri a primeira página do livro que se tornara prioridade em minha vida. Não podia esperar mais...

7

Um certo professor

Na aula seguinte, o professor Acácio tratou do tema dos valores, tendo iniciado com a afirmação de que, para Viktor Frankl, cada pessoa pode responder apenas pelo sentido da própria vida, e não pelo sentido da vida em geral. Para ele, portanto, a busca de sentido é pessoal e intransferível. Há, porém, sentidos que são universais.

– Você pode explicar melhor? – pediu uma aluna.

– Claro. Frankl faz distinção entre sentido e valor. Sentido é aquilo que é significativo para uma pessoa.

– É o que você qualificou de pessoal e intransferível, certo?

– Exatamente. Já os sentidos universais ele os denomina valores.

– Sentidos únicos e valores universais?

– Você conseguiu entender muito bem. O sentido é único e sempre unido a uma situação singular e irrepetível. Os valores são possibilidades gerais de sentido ou sentidos universais.

Eu procurava entender tudo o que era dito, mas não conseguia me desprender da conversa que teria com o Professor após a aula. Fiz, portanto, um esforço para não me distrair e escutei, quando ele considerou:

– Vivemos hoje uma era de esgotamento e desaparecimento das tradições, diz Frankl. Desse modo, valores universais estão em declínio. É por isso que vem aumentando o número de pessoas abatidas por um sentimento de falta de propósito, ou de vácuo, a que ele chama "vazio existencial". Todavia, ainda que desaparecessem todos os valores universais, a vida permaneceria plena de sentido, pois os sentidos únicos conservam-se intactos, mesmo com a perda das tradições. Aliás, quando o próprio Frankl se tornou prisioneiro em campos de concentração, imperava entre seus companheiros de infortúnio o vazio existencial. Para ele, entretanto, a vida estava plena de sentido. Foi por isso que ele escolheu viver ali, auxiliando os seus semelhantes.

O professor Acácio falou-nos também sobre os tipos de valores que permeiam a nossa vida:

– Há três tipos básicos de valores: valores criativos, valores vivenciais e valores de atitude. *Valores criativos* são aqueles pelos quais damos algo ao mundo. Pode ser um trabalho, um livro, uma obra de arte. Por meio dos valores criativos, o ser humano compromete-se com o próprio projeto de vida, doando ao mundo a realização de alguma coisa que lhe seja importante, que o faça sentir-se útil e que lhe traga prazer e satisfação. *Valores vivenciais* são aqueles por meio dos quais o indivíduo recebe algo do mundo. Estão presentes quando conseguimos fruir a beleza que existe na vida. Pode ser a contemplação do mar ao pôr do sol, o deleite diante de uma obra de arte, o êxtase perante uma sinfonia, o carinho recebido dos familiares etc. *Valores atitudinais* correspondem às posturas que assumimos perante a vida, particularmente diante dos sofrimentos inevitáveis. É quando nos valemos da liberdade interior para nos defrontarmos com um acontecimento que seja imutável. No tocante aos valores atitudinais, notamos a importância de o ser humano posicionar-se de modo a encontrar sentido nas dificuldades. Três são os tipos de dificuldades que Frankl denomina a tríade trágica: sofrimento, culpa e morte. Ele chega mesmo a propor que adotemos uma posição de otimismo trágico perante as dificuldades da vida. Assim podemos transformar o sofrimento numa oportunidade de progresso pessoal. Enfim, o valor, meus amigos, é o caminho concreto para a realização do sentido. O valor se torna sentido.

A cada aula, eu aprendia mais a respeito do sentido da vida e neste momento já não pensava mais na ausência de significado para a existência humana. Falar em gratuidade e absurdo da vida, que eu tanto defendera, soava-me – isto sim! – como um verdadeiro absurdo. Até pouco tempo atrás, eu afirmava com os existencialistas ateus que todo ser humano está condenado, não restando nenhuma esperança diante do absurdo da vida sem Deus. Chegara a pensar que a vida não tinha nenhum sentido objetivo, não tinha nenhum valor e, consequentemente, não valia a pena ser vivida. Desse modo, entrara num vazio existencial e caíra num franco desespero. Não era de admirar que tivesse entrado em estado depressivo e tivesse até mesmo pensado em suicídio.

Quase imperceptivelmente, eu passava a me transformar, relegando ao esquecimento antigas crenças e aceitando como verdadeiros os novos conhecimentos que ia construindo com o auxílio dos meus dedicados amigos. Os alunos já haviam deixado o recinto, quando notei a presença do Professor à minha frente, perguntando a mim e a Albert:

– Vocês têm ainda meia hora para conversarmos sobre o Codificador da Doutrina dos Espíritos?

– Sim, claro – respondeu Albert. Eu fiz o mesmo.

– O que vou dizer já é do conhecimento de Albert, mas talvez seja novidade para você, Max.

Depois de poucas palavras sobre a aula que se encerrara, iniciou o Professor a fala que eu estava aguardando:

– O nome de batismo de Allan Kardec é Hippolyte Léon Denizard Rivail. Ele nasceu em Lyon, no ano de 1804, vindo a falecer na capital francesa em 1869. Era descendente de uma antiga família que se notabilizou pela magistratura e pela advocacia. Todavia, ele não deu sequência a tais pendores. Estudou em Yverdum, na Suíça, no famoso educandário de Johann Pestalozzi, o célebre pedagogo e educador pioneiro da reforma educacional. Não foi à toa que esse notável mestre afirmou: "O amor é o eterno fundamento da educação". Talvez tenha sido esse o motivo pelo qual foi denominado "O Educador da Humanidade". Pois bem, o jovem Rivail tornou-se um solo fértil em que as sementes lançadas por Pestalozzi podiam germinar e se desenvolver, tornando-se árvores adultas de bons frutos. Com o passar do tempo, Rivail se tornou um dos mais célebres discípulos de Pestalozzi e um grande divulgador do seu sistema de educação. Conhecido como professor Rivail, passou a escrever livros sobre educação e moral, divulgados por toda a França. Consta que ele publicou por volta de vinte e um livros e opúsculos referentes à educação. Traduziu alguns livros, com destaque para as obras do teólogo, poeta e escritor François Fénelon, que, entre outros livros, escreveu o *Tratado da Existência e dos Atributos de Deus*. Desde que retornou à França, o professor Rivail passou a ministrar gratuitamente, em sua residência, cursos de química, física, astronomia, fisiologia e anatomia comparada. Participou também de movimentos em prol da melhoria do ensino oficial francês, tendo mesmo sido premiado pela qualidade das suas ideias.

– Pelo visto, tratava-se de um intelectual de grandes recursos – cheguei a ponderar.

– É verdade, mas este foi apenas o começo. O professor Rivail casou-se com Amélie Boudet, professora, artista plástica e também escritora. Ela foi a grande companheira que sempre o apoiou em suas empreitadas futuras. Daí para frente, a sua vida começa a mudar. Em 1854, ele passou a ouvir muitos comentários sobre o fenômeno das "mesas girantes e falantes", que vinha fascinando a sociedade francesa, sedenta de novidades. Sua primeira reação foi de descrença. Todavia, um ano depois, ele aceitou presenciar algumas dessas experiências e também as de escrita mediúnica. Foi quando tomou a decisão de pesquisar as causas de tais fenômenos e concluiu que eles expressavam inteligência própria e, em várias circunstâncias, superior à dos médiuns. Nessa época, participou ativamente de reuniões mediúnicas, fazendo perguntas aos espíritos que diziam estar dialogando com as pessoas presentes e respondendo às suas questões. Como as mesmas perguntas foram respondidas por diferentes espíritos em localidades também diferentes, ele passou a comparar tais respostas obtidas por vários médiuns e foi paulatinamente concluindo pela veracidade dessas intervenções espirituais. Foi desse modo que também se certificou da sobrevivência da alma após a morte do corpo físico, chegando gradualmente aos princípios da doutrina espírita. Com paciência e discernimento, o professor Rivail codificou os ensinamentos, escolhendo aqueles em que havia concordância entre diferentes espíritos e também diferentes médiuns. A doutrina que começou a nascer não foi, pois, uma concepção puramente humana, mas fruto da revelação de espíritos superiores que participaram desse momento ímpar na história da humanidade. Depois desse esforço, baseado na observação, na lógica e no bom senso, tomou corpo *O Livro dos Espíritos*, que contém as linhas básicas da doutrina espírita. O livro foi lançado em 1857, mais exatamente, em 18 de abril de 1857, data que sinaliza o nascimento do Espiritismo.

– Você está dizendo que não foi o professor Rivail quem lançou as ideias desse novo movimento espiritualista?

– Na verdade, não. Os princípios da doutrina foram revelados pelos espíritos superiores, por meio de mais de dez médiuns, em grande parte jovens e sem respaldo intelectual para elaborar uma obra de tamanha envergadura. É por isso que se fala de Kardec como o Codificador da doutrina, e não fundador.

– Espere um pouco. Até agora você estava falando em um certo professor Rivail. De repente, passa a falar em Kardec. Explique-me o porquê dessa mudança.

O professor Acácio sorriu levemente, como se tivesse feito isso de propósito.

– Bela pergunta, Max. Lembra-se de que, ainda jovem, o professor Rivail escreveu vários livros sobre moral e educação?

– Sim.

– Pois bem, um dos motivos dessa mudança de nome foi a distinção entre o educador e o divulgador da doutrina espírita. A partir desse primeiro livro espírita, ele se dedicaria exclusivamente aos ensinamentos do Espiritismo, encerrando a fase anterior e, portanto, encontrando um novo nome, um pseudônimo, para tudo que surgisse daí para frente.

– E por que ele foi buscar um pseudônimo tão diferente?

– Isso faz parte do segundo motivo da mudança de nome. Em certa sessão espírita, na casa dos Baudin, de que o professor Rivail participava, o espírito Zéfiro, guia espiritual da família, saudou-o assim: "Salve, caro Pontífice, três vezes salve!". A mensagem foi lida em voz alta e os integrantes da sessão riram, pensando ser uma brincadeira do espírito comunicante. Sorrindo, o professor Rivail respondeu: "Minha bênção apostólica, prezado filho". Porém, Zéfiro respondeu que havia feito uma saudação respeitosa, porque se tratava de um verdadeiro pontífice, dado que Rivail havia sido um chefe druida nas Gálias, no tempo de Júlio César. O nome dele dessa época, Allan Kardec, foi então escolhido por Rivail, pois queria que o Espiritismo se distinguisse e fosse divulgado pelos próprios méritos, e não devido ao nome do professor, que era conhecido e respeitado em meio à intelectualidade francesa.

– Agora está muito claro.

– O professor Rivail, agora como Allan Kardec, ainda escreveu *O Livro dos Médiuns*, *O Evangelho segundo o Espiritismo*, *O Céu e o Inferno* e *A Gênese*, que constituem com o primeiro o que se chama "Pentateuco Espírita", isto é, os cinco livros básicos da doutrina. Após o seu desencarne, foi lançado o livro *Obras Póstumas*. Escreveu igualmente *Instrução Prática sobre as Manifestações Espíritas*, *O Espiritismo em sua Expressão mais Simples*, *Viagem Espírita em 1862*, *O Que É o Espiritismo*, *O Principiante Espírita* e alguns opúsculos. Mas ele também fundou e escreveu uma revista mensal no ano de 1858, que durou até março de 1869, quando desencarnou. Foi ainda fundador e diretor da Sociedade Parisiense de Estudos Espíritas. Como você pode notar, Max, depois que Kardec passou a codificar o Espiritismo, dedicou toda a sua vida à divulgação dessa doutrina.

– Dá para se aquilatar a seriedade das suas pesquisas e a sua convicção na doutrina espírita. Não fosse assim, ele não teria doado todo o seu tempo à divulgação de seus ensinamentos.

– Desde que se interessou pelo fenômeno das "mesas girantes e falantes", Kardec passou a sua vida a divulgar a existência da alma e da vida futura, assim como o princípio da pluralidade das existências, que explica as aparentes anomalias da vida humana, como as desigualdades intelectuais, morais e sociais. É devido ao ensino dos espíritos, Max, e à codificação de Kardec que podemos saber indubitavelmente, por meio da filosofia espírita, quem somos, de onde viemos, qual a nossa missão terrena e para onde iremos.

Depois de ligeira pausa, concluiu o Professor:

— Depois de muito trabalho e devotamento, enquanto preparava um número da *Revista Espírita* em 31 de março de 1869, Kardec desencarnou, certamente com a percepção do dever cumprido. Pois bem, meu caro amigo, este homem laborioso e dedicado à causa espírita é o autor do livro que você tem em sua bolsa. Leia com vagar, espírito de análise e ausência de preconceitos. Mas não se esqueça de me fazer um comentário. Eu gostaria que me desse o seu parecer.

O professor Acácio ainda falou mais um pouco sobre Kardec e, como eu estivesse satisfeito com as informações, deu o encontro por encerrado.

Na volta, vim dialogando com Albert a respeito da aula e as explicações sobre Kardec.

— O curso está me dando uma nova visão do mundo, do homem e da vida, Albert. Preciso assimilar tudo muito bem e aplicar em meu trabalho.

— Venho procurando fazer isso e posso lhe garantir que os resultados são positivos. E sobre Kardec? O que você achou?

— Uma coisa é certa: não se tratava de alguém voltado ao misticismo e à superstição. Kardec, valendo-se dos conhecimentos científicos da época, como disse o Professor, partiu da observação dos fenômenos, pondo de lado a investigação meramente teórica. Bem, é isso que pretendo encontrar no livro que lerei por inteiro.

Durante a semana, recebi no hospital um paciente que se queixava de dores de cabeça frequentes, resultantes, segundo ele, de desavenças constantes com a esposa, os filhos e colegas de trabalho, que eram uns "cabeças-ocas". Pedi-lhe que me descrevesse com pormenores o que vinha ocorrendo. Ele simplesmente respondeu:

– Posso resumir com poucas palavras: todos eles são uns cabeças-ocas.

– O que significa para você cabeça-oca?

– Oco é o que não tem nada dentro, não é verdade? Cabeça-oca é alguém sem miolo. Deu para entender?

Pedi-lhe mais uma vez que descrevesse o que vinha acontecendo entre ele e essas pessoas, mas a recusa era total. Ele apenas queria um analgésico bem forte. Aliás, ele foi bastante enfático:

– Quero um analgésico que cure dor de cabeça de elefante!

Se fosse antigamente, eu teria respondido apenas que, sem o relato do que vinha acontecendo, não poderia atender ao seu pedido. E, se ele insistisse em nada dizer, seria dispensado, pois havia outros pacientes a serem atendidos. Mas, lembrando-me da aula sobre Martin Buber, busquei fazer daquele atendimento um verdadeiro encontro. Disse para mim mesmo que aquele seria um diálogo Eu-Tu. A minha decisão deve ter transparecido em minha atitude, pois o paciente, um senhor de 71 anos, mudando inclusive sua postura corporal, achegando-se mais a mim, disse com demonstração de ansiedade:

– Doutor, eu estou pedindo um analgésico bem forte porque a dor de cabeça é também bastante forte. A minha idade indica que tenho poucos anos de vida pela frente. Nem mesmo eu pensava que chegaria a tanto. Mas, acredite-me, se eu morresse agora, não sei o que seria de mim, pois não fiz quase nada de bom nesta existência. Apenas *vegetei*, como costumam dizer. Se eu não acreditasse em Deus, tudo bem.

Tudo bem, porque eu teria a crença de que, após a morte, não resta mais nada. Afinal, a morte seria para mim o próprio nada. Entretanto, para minha angústia, eu creio em Deus e sei que após a morte não é o fim. É apenas a continuidade de uma vida eterna.

Fiquei estupefato, pois um homem que até há pouco apenas queria um forte analgésico agora filosofava, no bom sentido do termo. E filosofava sobre o mais importante tema a respeito do qual podemos refletir: a vida e a morte. É verdade que o fato de ele ter 71 anos não significava que estivesse à beira da morte. Nunca sabemos quando ela vai chegar. Há pessoas que falecem com 85, 90, 99 anos, assim como há as que morrem com um, três meses de vida, ou com dois, quinze, vinte ou trinta anos. Mas o importante a respeito do que ele dizia era que estava sentindo a vida esvair-se sem que tivesse feito algo de bom. Pensei logo nas aulas do Professor sobre o sentido da vida e, como se ele tivesse entendido o meu pensamento, continuou:

– Se a vida não tem significado nada para mim, como agirei quando estiver diante do trono de Deus para prestar contas?

Tentei dizer-lhe que não era bem assim. Deus (em cuja existência eu nem acreditava) não iria julgá-lo. O julgamento seria dele próprio. Falei assim apenas para aliviá-lo, pois eu ainda não me convencera a respeito de vidas sucessivas nessa época. No entanto, quando assim falei, aquele senhor me retrucou:

– Não sei qual é o pior julgamento, se o de Deus, se o dos homens, ou seja, da nossa consciência.

– Pense no seguinte: você está bem vivo, não é verdade?

– Não posso negar.

– Então, daqui para frente, você pode mudar a sua vida, conferindo-lhe um significado e agindo de acordo com ele.

– Também não posso negar.

Nesse momento, ele silenciou e ficou introspectivo. De repente, abriu os olhos, sorriu e disse com grande euforia:

– Já sei! Minha esposa é voluntária há dez anos em um hospital. Por que eu não posso fazer o mesmo? Sabe, doutor, devo confessar que a minha vida tem escorrido na suavidade do meu sofá. Eu passo os dias deitado, assistindo a todo tipo de programa na televisão. Se procuro fazer alguma coisa, não tenho ânimo. Quando não estou vendo televisão, estou pensando sobre a morte e como certamente ela me pegará de "calças curtas". Antes eu dizia que havia trabalhado muito e que agora tinha mesmo é que descansar. No entanto, passar o dia deitado no sofá não me tem dado nenhuma satisfação. Como tenho saúde, com exceção da dor de cabeça, creio que possa oferecer algum tipo de trabalho a quem não tem a satisfação de estar saudável. Vou meditar melhor sobre isso, mas acho que a decisão já está tomada. Uma coisa, entretanto, já é certa: o cabeça-oca do meu caso sou eu mesmo. Oca porque o que a televisão me tem fornecido não tem servido para preencher o meu vazio.

Escutei pacientemente o resultado de outras reflexões desse senhor que, após ter desabafado, levantou-se, apertou a minha mão, agradeceu-me por tê-lo ajudado e saiu, dizendo:

– Acho que não preciso mais de analgésico, doutor. Preciso mesmo é tirar as costas do sofá.

Foi a primeira situação que vivi buscando realmente colocar em prática os ensinamentos do professor Acácio. E como deu certo. Eu praticamente não havia dito quase nada ao paciente. As conclusões foram dele mesmo. No entanto, como notei, eu consegui escutá-lo integralmente, e essa foi a diferença em relação aos outros atendimentos que vinha fazendo. Até ali, eu mais falava do que ouvia. Agora, mudando a estratégia, havia conseguido em poucos minutos um resultado que me pareceu fantástico.

À noite, não pude deixar de contar a Albert o que havia acontecido pela manhã. Depois de me dar os parabéns, ele completou:

– Há pessoas, Max, que vão ao médico ou ao psicólogo porque necessitam de alguém que as escute. E isso não é fácil. Para que possamos escutar o outro, precisamos primeiro interessar-nos por ele. Se nos interessamos apenas por nós mesmos, não temos capacidade para escutar o outro. Bem, dado que estejamos de fato interessados nele, a primeira coisa a fazer é dar-lhe atenção. Temos de eliminar as distrações, para ter em consideração apenas a sua pessoa. Diretamente ligada à atenção é a dedicação que precisamos oferecer-lhe. No momento em que ele começar a dizer alguma coisa, temos de colocar entre parênteses todos os nossos problemas, inquietações, necessidades e desejos, centrando-nos apenas em sua pessoa. Temos de estar atentos ao que ele diz, à maneira como ele diz, à tonalidade da sua voz, à sua postura corporal e ao que permanece nas entrelinhas da sua fala. A dedicação precisa ser total naquele momento, pois ele é o nosso foco.

– Foi isso que tentei fazer hoje.

– E conseguiu, Max. Esteja certo de que a qualidade do seu atendimento aos pacientes vai melhorar muito. Os pacientes irão sair da consulta muito aliviados. Afinal, a medicina, e também a psicologia, não são apenas disciplinas técnicas, científicas, mas, acima de tudo, humanas. É pena que muitos médicos não passem de "receitistas" burocráticos. E, o que é pior, são indiferentes, arrogantes e pernósticos!

– Pernóstico? Nem sei o que isso significa, Albert.

– Pernóstica é a pessoa pretensiosa, presunçosa, pedante e – por que não? – vaidosa e narcisista. Desculpe-me por me referir assim a uma parte dos nossos colegas. Mas estou cansado de topar no hospital e fora dele com médicos desse tipo. Fico feliz por você ter enveredado pelo caminho oposto.

Eu também luto muito comigo mesmo para manter esse padrão de atendimento. Creio que esse seja o "bom combate" de que fala Paulo numa de suas cartas.

– Aí você entra por um caminho que desconheço.

– Vou explicar: Paulo de Tarso, apóstolo do Cristo, escreveu várias cartas aos primitivos seguidores de Jesus. Uma delas foi a segunda carta a Timóteo, um discípulo e companheiro de Paulo que o acompanhou em algumas de suas viagens missionárias. Diz a tradição cristã que Timóteo foi ordenado sacerdote e sagrado bispo de Éfeso. Morreu anos depois ao ser apedrejado por pagãos, cuja procissão ele tentara impedir. Nessa segunda carta, Paulo, intuindo que seu fim está próximo, afirma a Timóteo que combateu o bom combate, tendo terminado a sua carreira e guardado a fé. A partir daí, costuma-se dizer que combater o bom combate é lutar para que o bem prevaleça sobre o mal. Mas, sem dúvida, o bom combate é também aquele pelo qual lutamos contra os nossos próprios defeitos.

– Bem, nesse caso, devo dizer que estou mesmo lutando contra vários de meus inúmeros defeitos. Creio que possamos chamar essa prática de "bom combate".

– Você é rápido no raciocínio, Max. Gosto disso. Lembro também que, além de Paulo de Tarso, Lao-Tsé falou algo semelhante, quando afirmou que "forte é quem os outros vence; poderoso é quem vence a si mesmo".

– Gostei. Lao-Tsé consegue em poucas palavras nos dar uma grande lição.

– Max, estou com sono, portanto, vou encerrar este bate-papo saudável dizendo também poucas, mas verdadeiras palavras: parabéns! Continue assim.

Fui dormir em estado de graça naquela noite. Mas antes li várias páginas do livro com que o Professor me presenteara. Parecia-me, cada vez mais, que eu estava sendo jogado contra a parede. Mas não podia desistir. Só parei a leitura quando não consegui mais segurar o livro.

ᘐᕴᕲᕵᘏ

O caso ocorrido com o paciente que se queixava de cefaleia me pôs em alerta. Apesar de todos os ensinamentos que vinha recebendo no curso do Professor, na prática, pouco tempo atrás, eu ainda continuava a atender meus pacientes mais como "receitista" e burocrata do que como um ser humano que busca ajudar outro ser humano, não apenas como paciente, mas principalmente como pessoa. Esquecemo--nos muitas vezes de que o outro é uma pessoa ou um "Tu", como diz Buber, e acabamos por tratá-lo como objeto, como "Isso". Fiquei animado por perceber que estava começando a mudar. Albert, durante a semana, chegou a falar de novo sobre a transformação que ocorria em mim.

– Desde que chegou aqui, noto a diferença positiva que vem se instalando em seu comportamento, Max. Inicialmente, você era polido, cortês, mas bastante fechado. Estava sempre só, no hospital e fora dele. Sei que no local de trabalho quase não sobra tempo para conversas entre colegas, mas também no curso do Professor você ficava muito isolado, sem contato humano com as pessoas. Agora tenho percebido outra realidade. Ainda ontem, vi você num agradável bate-papo com a doutora Lucimar. E, na sala de aula, você tem conversado bastante com Sofia e Ruiz. Mesmo em casa de meus pais, você está conversando naturalmente, sem o formalismo de outrora. Estou gostando, Max.

Fiquei ainda mais motivado a promover a minha melhoria no trato com as pessoas, assim como o meu aperfeiçoamento interior. Aliás, os dois caminham de mãos dadas. Quando assim raciocinei, procurei vigiar-me nos dois sentidos, a fim de conseguir uma vida melhor.

Eu tinha em quem espelhar-me: Albert e Leonor, duas pessoas muito extrovertidas e extremamente interessadas no outro. Lembrei-me de um dia em que Leonor estava num restaurante em animada conversa com Albert e comigo, quando uma de suas conhecidas aproximou-se e lhe disse com evidente tristeza que sua mãe havia desencarnado há um mês. Leonor pediu licença e foi com a conhecida até a mesa em que ela estava com a irmã. Passaram-se mais de vinte minutos e eu notei que ela escutava atentamente o que as irmãs diziam, como se fosse um assunto de grande importância para ela. Depois, voltou à nossa mesa, desculpou-se pelo tempo em que estivera com as conhecidas e disse com muita naturalidade:

– Eu não poderia deixá-las remoendo a tristeza que lhes vai na alma. Elas conseguiram botar para fora emoções que estavam trancadas na sua alma e, quando me despedi, já principiavam a sorrir, principalmente por saberem que a morte é apenas um breve tempo de ausência para novo encontro em futuro próximo com o ente amado.

Fiquei emocionado com o interesse e a dedicação de Leonor em relação àquelas pessoas que, como soube, eram simples conhecidas que ela não via há mais de três anos. Entretanto, algo me deixou intrigado: ela se referira à morte como "breve tempo de ausência", o que me soou completamente fora da realidade. Nunca ouvira alguém dizer isso. Fiquei de indagar a esse respeito em outra oportunidade, pois tínhamos ali um assunto importante a discutir: a minha mudança para o novo apartamento.

8

Confabulações da doutora

Uma semana antes da mudança, eu já me achava em estado de grande ansiedade. Afinal, desde que me transferira para São Paulo, estivera morando com Albert, o que me dava muita tranquilidade, pois ele resolvia tudo e eu apenas o acompanhava. Agora, estaria só, habitando um condomínio onde não conhecia ninguém. É verdade que o meu português a essa altura já era fluente. Dispensara há poucos dias o professor, que fora de grande valia para o conhecimento da língua que até pouco tempo atrás eu desconhecia por completo. Albert e Leonor me ajudaram muito, pois só falavam em português comigo, o mesmo ocorrendo com os meus colegas e pacientes do hospital. Isso me fez aprender muito rapidamente a língua estrangeira, que agora se tornara a minha segunda língua. Mas o problema não era esse. Eu estava com medo do desconhecido. Nesse momento, de nada valiam meus conhecimentos de psicologia adquiridos no curso de psiquiatria. Nem mesmo os ensinamentos do professor Acácio iriam me ajudar. Eu teria de enfrentar a nova situação com os meus próprios recursos. Se fosse em Viena, por certo eu não teria tantos problemas, pois, além de conhecer bem a cidade, conhecia também a cultura do povo ao qual eu pertencia. Aqui no Brasil, porém, tudo se me afigurava diferente. Como seriam os moradores do condomínio? Meus vizinhos teriam algum tipo de preconceito com estrangeiros? Até os funcionários do condomínio me deixavam inseguro, pois eu não sabia se os entenderia perfeitamente, embora conhecesse as gírias que eram mais comuns naquela época.

Olhando hoje para aquele momento da minha vida, percebo que o meu temor, na verdade, não era em relação aos outros, senão que dizia respeito a mim mesmo. Eu estava com medo de fracassar no trato com as outras pessoas. Eu estava com medo do novo. Mas, de qualquer modo, recebi todo apoio possível de Leonor e de Albert. Foi assim que, na manhã de um sábado, eu segui para o novo apartamento, onde já estavam todos os meus pertences, inclusive os móveis e utensílios domésticos que havia comprado. Dr. Oliver fizera questão de contratar uma transportadora, que levara tudo para o meu apartamento. Meus amigos haviam ajudado a colocar ordem no caos em que ficara o apartamento. Desse modo, somente levei comigo na manhã do sábado alguns pertences pessoais.

Fiquei muito feliz com a pintura e a decoração. Havia ali muito das mãos de Leonor e dona Margret, que também se empenhou para que o meu novo lar fosse bastante bonito e aconchegante. Depois de muita correria, enfim me vi só, estendido na maciez do sofá. Tinha início uma nova etapa da minha existência.

Era noite e eu liguei o televisor, a fim de me distrair. Porém, com o passar do tempo, fui me desinteressando do programa a que assistia e resolvi pegar na estante o livro com que o Professor me presenteara. O capítulo começava falando sobre a origem e natureza dos espíritos. Como materialista, eu tinha sérias dúvidas a respeito da noção de espírito. Em todo caso, já me acostumara a escutar essa palavra quase todos os dias, dita pelas mais diferentes pessoas. Para mim, o homem simplesmente fora lançado no mundo fortuitamente e teria de se virar nele até que ocorresse a morte e tudo tivesse acabado. Depois disso, haveria apenas o nada. Mas, depois das aulas do professor Acácio, essa crença começava a ser abalada, embora eu não quisesse me dar conta dessa verdade. Dizia o livro que "os espíritos são os seres inteligentes da Criação". E mais: "povoam o universo, fora do mundo material". Lembrei-me de que, no início do livro, se afirmava que Deus criou os espíritos. Isso fazia com que eu tivesse de crer: a) que Deus existe; b) que Deus criou os espíritos; c) que há algum lugar fora do mundo material, ou seja, que deve haver outro mundo além do mundo material. Assimilar esse conhecimento não era fácil para mim, mas me fazia muito bem, pois me obrigava a raciocinar. Albert já me falara em *fé raciocinada*. Aí fiquei a pensar: "Quer dizer que, se eu ficar aqui refletindo sobre esses assuntos, poderei chegar a crer por meio da lógica insofismável?". Nesse caso, eu estaria caindo nessa tal de *fé raciocinada*. Seria mais uma das suas "vítimas".

Fiquei de sobreaviso, mas continuei a leitura. Quanto mais eu lia, mais notava que tudo estava encadeado por um raciocínio que não dava margem a dúvidas. Havia uma clareza cristalina nas dissertações que ali eram feitas. Uma pessoa racional, como eu era, só poderia gostar de fazer uma leitura em que a lógica prevalecia. Foi o que me moveu a continuar.

Todavia, o cansaço tomou conta de mim e tive de parar a leitura e ir para o quarto. Caí como uma pedra sobre o colchão novo. Adormeci e somente acordei às dez horas do domingo. Depois de um banho refrescante, fiz um café brasileiro, como eu dizia, bem diferente do café europeu. Bem mais saboroso. Foi Albert que me levou ao hábito do cafezinho, desde os tempos em que eu clinicava no hospital em Viena. E agora, em São Paulo, depois de ter acompanhado meu amigo a vários cafés espalhados pela cidade, tomar um cafezinho bem quente já se tornara um costume arraigado.

Acabara de trocar de roupa quando a campainha tocou. Pelo olho mágico, vi os rostos sorridentes de Leonor e Albert. Abri rapidamente a porta.

– Surpresa! – disse ela, me oferecendo um embrulho.

Abracei longamente meus primeiros visitantes e perguntei, curioso:

– O que é isto?

– Um presente – falou Albert. – Abra e verá. Foi Leonor quem comprou para você.

Comecei a abrir o presente e, quando consegui me desvencilhar do papel, vi na minha frente um belo quadro onde fora pintado um gato estilizado.

– Que beleza, amigos! Muito obrigado. Vocês perceberam que as paredes estão nuas, não é?

– Sim, e quisemos que o seu primeiro quadro fosse um Aldemir Martins.

– Quem?

Leonor riu e respondeu:

– Você está precisando de um banho de galerias de arte. Deixe isso comigo. Eu e o Albert faremos uma programação. Aldemir Martins é um dos mais talentosos pintores do modernismo brasileiro. Artista plástico premiado, pintou muitos quadros tendo por tema cangaceiros e gatos. Como você adorou Ricky, o gatinho do Professor, nada melhor do que ter um gato de Aldemir Martins em sua sala.

– Mas isto deve ter custado uma fortuna, Leonor.

– A gente sempre dá um jeito. Você gostou?

– Que pergunta! Eu adorei. Como europeu, eu diria que é de um fulgor que lembra o sol brasileiro. Muito obrigado, amigos. Muito obrigado mesmo.

Passamos parte do dia juntos, mas à tardinha quis deixá--los à vontade e voltei para o apartamento. Quando entrei, vi logo o quadro do belo gato de Aldemir Martins pendurado na parede. Enquanto o admirava, pensava no valor da amizade verdadeira. Há pessoas que buscam a companhia de outras apenas para lamentar-se do seu emprego, das suas dores de coluna ou da falta de sorte em algum aspecto da vida. Isso não é amizade. Na verdadeira amizade há união, cumplici-dade, respeito e desejo de ajudar. Quem procura o outro ape-nas para falar, falar, e nada ouvir, não está sendo amigo, mas um aproveitador. Aproveita-se do tempo precioso da outra pessoa e da sua bondade. Noto, particularmente em mesas de restaurante, que, se há quatro pessoas juntas, muitas ve-zes é apenas uma quem fala. Parece que as outras estão ali somente para escutar. Em tal caso, na verdade, não há diálo-go, não há encontro nem amizade. Com Albert e Leonor era bem diferente. Às vezes, eu até me envergonhava, pois me parecia que falava demais, enquanto permaneciam aten-tos, como se fosse um ser espiritual elevado quem estivesse a falar com eles. Mas, na maioria das vezes, o nosso encontro parecia um monólogo a três, tal a união que se elevava daquelas almas unidas pela amizade sincera. Eles estavam sempre dispostos a me ajudar em qualquer tipo de necessi-dade que eu estivesse vivendo, fosse material ou espiritual. Da minha parte, eu procurava fazer o mesmo, embora me pa-recesse que a dedicação maior partia deles.

Passei a noite vendo televisão, depois fui para a cama. Peguei o livro de Kardec e retomei a leitura. Na manhã seguinte, quando saía do elevador para dirigir-me à padaria próxima, a fim de tomar café, deparei-me com uma senhora cujo rosto me pareceu familiar.

– Bom dia, doutor Max. O senhor também mora neste condomínio?

Tentei lembrar-me de quem se tratava, mas a memória me traiu, justamente quando mais precisava dela. Quem era aquela senhora sorridente? De onde a conhecia? Não conseguindo me lembrar, apenas respondi ao cumprimento:

– Bom dia. Sim, estou morando aqui. Mudei-me sábado para cá.

Olhando para mim com um largo sorriso, a senhora quase sussurrou, para que ninguém percebesse a minha falha:

– Eu sou a doutora Júlia, cardiologista. Trabalhamos no mesmo hospital. O senhor é psiquiatra e, como trabalha noutra ala, nem sempre nos vemos. Um de meus pacientes foi também atendido pelo senhor e lhe fez rasgados elogios. Parabéns pela sua grande competência.

Fiquei ainda mais envergonhado. Ela me conhecia e até me fizera um elogio, e eu... nem sequer a reconhecera.

– Desculpe-me, doutora. Eu sou um tanto desmemoriado. Não poderia ter-me esquecido da senhora pela simpatia que transmite.

– Muito obrigada. E não se desculpe. Comigo acontece o mesmo em várias situações. Mas me diga: o que está achando deste condomínio?

Ela ainda conversou comigo mais um pouco e, ao despedir-se, falou que qualquer dia iria fazer-me uma visita. Fiquei contente por estar conhecendo pelo menos uma moradora do mesmo prédio.

A dra. Júlia era uma senhora aparentando seus sessenta a 65 anos, de estatura mediana, cabelos aloirados e um sorriso sempre estampado no rosto. Não era possível não sentir simpatia por ela. Por isso, foi com afetuosidade que, mais tarde, contei a Albert o acontecido.

– A doutora Júlia é muito conhecida aqui no hospital, não só pela sua simpatia como pelo desejo perene de ajudar quem quer que seja. Você vai gostar muito dela, tenho certeza. Ela já fez várias cirurgias sem nada cobrar de pacientes que não tinham dinheiro suficiente para pagar-lhe a sua parte. Hoje, ela não opera mais, mas dirige com muito carinho uma equipe de cirurgiões. Faça amizade com ela. Você só tem a ganhar.

✧◈✧

Lá pelo meio da semana, depois de um dia estafante, voltei para casa pensando em logo deitar-me. Assim, tomei banho, vesti-me, fui comer alguma coisa na padaria e voltei rapidamente ao apartamento. Quando pegava meu pijama no armário, a campainha soou. Pensei em ficar quieto até o intruso ir embora. Antes, porém, quis saber de quem se tratava. Pé ante pé, aproximei-me da porta e, pelo olho mágico, tive uma surpresa: ali estava a dra. Júlia, esperando que a porta se abrisse. Devo ser sincero e dizer que não aprovei uma visita justamente num dia em que eu queria mesmo era descansar. Contudo, procurando não demonstrar a minha insatisfação, abri a porta e forcei um sorriso.

– Felizmente o senhor está em casa. Boa noite, doutor Max. Vim visitá-lo, como havia prometido.

– Boa noite, doutora Júlia. Fico feliz que a senhora tenha vindo.

Procurei parecer o mais sincero possível ao fazer esse cumprimento. Pedi que ela entrasse e a conduzi até o sofá.

– Bela decoração, doutor.

– Ainda faltam algumas coisas. Mas, com o tempo, a gente vai concluindo a arrumação.

Em seguida, entregando-me um embrulho, ela falou que me trouxera um bolo e duas caixinhas de chá. Agradeci e fui até a cozinha, a fim de preparar o chá e cortar algumas fatias de bolo. Quando voltei à sala, dra. Júlia falou, como se já tivéssemos conversado sobre isso:

– Pois é, doutor Max, sei que o senhor está passando por um período de transição e, nesse momento, nada melhor do que uma amiga que more no mesmo prédio, não é mesmo? Primeiro foi a mudança da Áustria para o Brasil, depois um novo hospital e agora uma nova residência. Sem falar nas mudanças interiores, que têm maior peso.

De início, achei que ela estava se intrometendo na minha vida. Depois, olhando melhor para o seu rosto e notando o tom de suas palavras, julguei que realmente ela estava ali para me ajudar. Embora a informalidade seja mais característica do brasileiro do que do austríaco, procurei tornar o diálogo mais informal:

– Doutora, por favor, me chame de você. Aqui sou apenas seu vizinho, e não médico. Não precisa chamar-me de doutor.

– Só se você fizer o mesmo comigo.

– Combinado.

Pensei que a partir daí não teríamos muito a conversar, por isso fui logo à cozinha para providenciar o chá. Mas, quando voltei, Júlia olhou carinhosamente para mim e disse:

– Vejo-o como se fosse meu filho. Devo dizer-lhe que não tenho filhos, talvez por isso o esteja enxergando dessa forma. E também, talvez por isso, esteja querendo ajudá-lo. Neste condomínio – aliás, não é só neste – as pessoas não fazem amizade entre si, nem mesmo se cumprimentam, em muitos casos. Somos estranhos uns aos outros. Por esse motivo, fiquei feliz quando soube que você estava se mudando para cá. "Estarei diante de mais um amigo", pensei.

– Sinto-me honrado, Júlia, por ser digno da sua amizade. Ouvi falar muito bem de você. O seu trabalho no hospital, segundo me disseram, vai além da profissão. Converteu-se em uma missão pessoal.

Ela riu e disse, deixando transparecer sua humildade:

– Falam muitas coisas da gente. Faço apenas o que penso que deve fazer um verdadeiro médico de corpo e alma. Aliás, eu soube que você também está interessado nisto, a ponto de ter iniciado um curso de análise existencial. Isto é muito bom, Max.

– É verdade. E tenho um excelente professor.

– Lá no hospital, já ouvi alguém falar muito bem dele. Nós temos mesmo de ir além da medicina burocrática. Vejo no hospital 'médicos burocratas', que não têm sentimento nem mesmo respeito pelos pacientes. Fico triste quando noto que alguns jovens médicos também estão enveredando por esse caminho adulterado. Por outro lado, ao ver-me diante de alguém que quer compreender o ser humano que está diante de si, mais que ministrar drogas, torno-me otimista em relação ao futuro da medicina.

Conversamos mais um pouco, até que ela anunciou:

– Bem, acho que já é hora de eu me retirar. Muitas pessoas gostam de ir cedo para a cama, a fim de se preparar para o dia seguinte. Precisamos de muita energia para o trabalho, não é mesmo?

Se eu me aborrecera quando a vira pelo olho mágico, agora me sentia frustrado por ter de me despedir. A presença daquela senhora me dera mais ânimo, me infundira otimismo e até me fornecera energia.

– Cumpri minha promessa, Max; vim visitá-lo. Agora espero que, num desses próximos dias, você conheça o meu apartamento e possa travar comigo um diálogo tão bom quanto o de hoje. Boa noite. Nós nos veremos amanhã pelos corredores do hospital.

Notei depois que, sem que eu o percebesse, Júlia me ajudara muito. Já não me sentia só naquele condomínio e algo de bom permanecera em meu apartamento depois que ela se retirara.

❧

Passados uns dias, resolvi retribuir a visita que Júlia me fizera. Comprei um vaso com lindas flores amarelas e, após a vinda do hospital, toquei a campainha do seu apartamento. Foi com um largo sorriso e um amplo abraço que Júlia me recebeu.

— Que flores lindas, Max. Você tem bom gosto. E muita delicadeza.

Entrei e, enquanto ela colocava o vaso sobre um móvel, virou-se para mim e disse:

— Flores amarelas simbolizam o sol, o verão e também o sucesso e o calor da amizade. Você já sabia?

— Não, Júlia, mas então acertei na escolha.

— As flores amarelas também expressam satisfação e alegria. E devo dizer que estas tulipas amarelas são lindas, maravilhosas. Muito obrigada, Max. Adorei. Ah! Ia me esquecendo: a tulipa amarela simboliza especialmente a felicidade.

— Devo confessar que não sabia nada do que você está me dizendo. Comprei-as por achá-las bonitas.

— Foi uma escolha inconsciente, que revelou a sabedoria que você tem em seu íntimo.

— A única coisa que sei é que a Holanda é a terra natal dessas flores.

Júlia riu, pegou em meu braço e disse:

— Max, me desculpe. As tulipas não são originárias da Holanda.

— Não?

— A Turquia é o berço natal destas lindas flores. Foi um naturalista suíço que, no século XVI, levou-as para a Holanda.

O próprio nome "tulipa" vem da palavra turco-otomana *Tul-bend*, que significa "turbante", por ser semelhante a esse adereço muito usado pelos turcos.

– Você é uma enciclopédia ambulante, Júlia.

– Não, não. Eu li tudo isso num cartão que veio junto de um vaso com tulipas, que comprei no ano passado.

A conversa continuou muito informal e alegre. Júlia preparou um chá, que serviu acompanhado de sequilhos feitos por ela mesma.

– Estou conhecendo mais um quitute brasileiro. É muito gostoso, Júlia. Parabéns.

Depois de algum tempo, Júlia mudou o rumo da conversa, ao perguntar-me inesperadamente:

– E o que você está achando de *O Livro dos Espíritos*, Max? Você me falou que havia iniciado a leitura.

Nesse momento, saí da zona de conforto. O que dizer? Falar simplesmente que o estava achando muito bom ou... responder que ainda não sabia bem o que dizer? Afinal, às vezes, achava o livro muito interessante, mas em outras ficava resistente ao conteúdo lido. Decidi pela sinceridade:

– Não sei muito bem o que dizer, Júlia. Estou confuso.

– Isso é muito bom.

– Bom?

Ela sorriu, depois respondeu com tranquilidade:

– Antes da mudança vem a dúvida, não é mesmo?

Lembrei-me dos passos da mudança, a respeito dos quais lera há algum tempo. Mesmo depois que sentimos necessidade de mudar, tememos o desconhecido e, por tal motivo, sentimo-nos temerosos. A dúvida começa a nos assaltar.

– É verdade; antes da mudança vem a dúvida. Mas pode ser igualmente que ela nos leve a decidir por não mudar.

– Isso também é correto. E o que você acha que está acontecendo em seu caso?

– Creio que ainda seja cedo para responder.

– Não quero forçá-lo a nada. Apenas pergunto: há algum ponto específico que esteja suscitando a sua relutância em aceitar o conteúdo do livro?

Há pouco tempo, eu concluiria que aquela senhora à minha frente estava invadindo a minha privacidade. Qual o interesse dela em saber coisas que diziam respeito apenas a mim? Por que bisbilhotar assim a vida do outro? Mas agora, sem perceber, já estava me modificando, pois aceitei com naturalidade as suas interrogações, embora realmente não soubesse o que responder.

– Não sei muito bem o que possa estar causando uma certa resistência que tenho ao ler esse livro. Talvez seja o fato de falar em outra vida, em alma, em reencarnação, em...

– Em Deus?

– É, Júlia, em Deus.

– Você foi sempre um materialista, um ateu, não é verdade? E agora, mesmo com as evidências de que o materialismo seja falso, as suas certezas anteriores impedem que a verdade seja assimilada em sua plenitude.

Nesse momento, fiquei num beco sem saída. A resposta saiu maquinalmente da minha boca:

– Você acertou em cheio.

– Não farei nenhuma doutrinação ou catequese. Não sou propensa a isso. Como você me disse de sua predileção por leitura de obras filosóficas, apelarei à própria filosofia. Penso que você conheça Edmund Husserl, estou certa?

– Um pouco. Foi ele que introduziu o método fenomenológico na filosofia.

– Exatamente. Mas não falemos aqui em palavras de difícil entendimento, como essa. Digamos apenas que ele orientou seus seguidores a colocarem as suas certezas entre parênteses ao deparar-se com uma nova realidade. Colocar entre parênteses, para ele, significa suspender o julgamento. Não é isso?

– Sem dúvida. Eu não sabia que você conhece filosofia.

– Pois não conheço. No entanto, aprendi com Husserl a maneira correta de ler um livro. Quando iniciamos a sua leitura, precisamos pôr de lado a herança que tenhamos recebido, isto é, as crenças, as opiniões, as teorias, assim como o julgamento. Se você lê uma obra com um julgamento preconcebido, não poderá chegar à essência do que o autor está dizendo, pois o *pré-conceito* inviabiliza o entendimento. Eu falei *pré-conceito*, isto é, iniciar a leitura com um julgamento já formado. É claro que, após ter tomado consciência do conteúdo apresentado pelo autor, você confrontará as verdades por ele apresentadas com as verdades que tem em mente. É desse confronto posterior à leitura que você chegará à concordância com o autor ou à discordância dele. É a evidência dos fatos que determina essa concordância ou discordância. Se você não colocar entre parênteses as suas certezas, ao abrir o livro, elas impedirão que você apreenda integralmente o que o autor estiver apresentando. Faça isso com a leitura de Kardec, Max.

Fiquei pensando na maneira como vinha lendo *O Livro dos Espíritos* e concluí, para meu desconforto, que me interessara mais em buscar objeções do que em entender o que ali estava escrito. Não vinha fazendo isso maldosamente, mas, de forma inconsciente, tinha estado a colocar barreiras na compreensão do livro. Agora, depois do alerta que recebera de Júlia, isso não poderia mais acontecer.

– Você falou tudo com clareza cristalina. E acertou em tudo o que disse. O que me resta senão prometer a mim mesmo que, a partir de hoje, colocarei as minhas crenças e convicções entre parênteses? E mais, Júlia, reiniciarei a leitura a partir da introdução. É isto o que farei.

Júlia ainda me fez um elogio, ao dizer que eu era uma pessoa honesta e responsável.

– Não é qualquer pessoa que reconhece os seus deslizes, Max. A maioria, ao ouvir o que acabei de dizer, teria investido contra mim com os mais estranhos argumentos. Faria de tudo, menos aceitar as evidências. Parabéns. Como é bom conhecer uma pessoa como você.

Ainda conversamos por mais tempo, mudando o assunto para o hospital, para a economia do país, para os costumes brasileiros e outros temas que foram surgindo naturalmente. Depois, olhando para o relógio e vendo o avançado das horas, me predispus a encerrar a visita.

– Ainda é cedo, Max.

– Não, não. Amanhã teremos de levantar cedinho. Já estou de saída, Júlia. Você não sabe como foi bom ter vindo até aqui. Pode estar certa de uma coisa: esta não foi apenas uma visita de cortesia.

– Fico feliz por ouvir isso.

Encerrada a visita, voltei a meu apartamento e, ao deitar-me, fiz o que prometera: abri *O Livro dos Espíritos* na introdução e recomecei a leitura.

9

Uma visita inesperada

A vida em meu novo apartamento foi se tornando cada vez mais agradável. Às vezes sentia ainda falta das boas conversas com Albert. Mas eu o visitava com frequência, assim como ele – só ou acompanhado por Leonor – também me visitava regularmente. Dr. Oliver e dona Margret também me deram a honra de uma visita, que se prolongou até altas horas. Enfim, já não me sentia tão só. Mas, numa noite, quando acabara de comer alguma coisa, a campainha soou. Espiei pelo olho mágico e, surpreso, vi o rosto do professor Acácio. Abri logo a porta e recebi um longo abraço.

Fiquei abismado porque, mesmo já tendo ido à sua casa, julgava-o um patamar acima de mim, pelos conhecimentos, pela cultura e estatura moral. Notando que eu ficara paralisado diante da porta, ele sorriu e perguntou em tom de brincadeira:

– Posso entrar?

– Desculpe-me, Professor. Claro, claro! Entre, por favor.

– Trouxe-lhe esta pequena escultura de que, acredito, você vai gostar.

– Que maravilha!

– Albert me falou que você admira obras de arte, de modo que escolhi uma peça de escultor brasileiro.

– É linda, Professor. E quem é este escultor?

– Maurino de Araújo. Quando fui a Belo Horizonte, onde ele reside, não pude deixar de comprar esta peça. Maurino vai buscar inspiração no barroco mineiro, de modo que só podem surgir obras de conteúdo elevado.

Agradeci comovido. Adorei aquela pequena escultura feita com a maestria de quem domina a arte de esculpir. Enquanto, ainda absorto, admirava a belíssima peça, escutei vagamente o professor perguntando:

– E aí? Como vão as coisas?

Respondi entusiasmado:

– Cada vez melhores, Professor.

– Eu tenho certeza disso. Desde o dia em que o vi pela primeira vez até nossa última aula, você mudou bastante... para melhor. Com certeza vem aplicando em sua vida os conhecimentos que os nossos mestres nos passaram.

– É o que venho tentando fazer. Não é fácil. Às vezes me pego numa postura doutoral e nada humana. Nesses momentos, procuro mudar para o relacionamento Eu-Tu, de que fala Buber.

– Todos nós, mesmo com o conhecimento que construímos, ainda escorregamos e às vezes batemos com a boca no chão. Afinal, ainda não somos perfeitos.

– E seremos algum dia?

– No mundo, como se encontra hoje, certamente não.

– Anotei um pensamento do ensaísta Logan Smith, que diz: "A infatigável busca de uma perfeição inatingível... é que, em si mesma, dá sentido às nossas vidas".

– Essa é uma frase conhecida. E Logan tem razão quando afirma que o sentido da nossa vida passa pela busca do progresso, isto é, da perfeição.

– Mas ele diz que a perfeição é *inatingível.*

– Nesta única existência, certamente não conseguiremos atingi-la, Max. Mas um dia chegaremos à perfeição possível à criatura de Deus. Não teremos a perfeição divina, mas alcançaremos a nossa própria perfeição.

– E cá estamos nós às voltas com Deus, não é mesmo?

– Deus deve ser o centro das nossas reflexões.

– Para você é fácil dizer isso, Professor. Mas para mim é mais complicado.

– Por quê? Você é uma pessoa tão lógica, tão racional.

– E é exatamente pela lógica que estou sendo encurralado no canto da parede. Afinal, filósofos do porte de Platão, Aristóteles, Tomás de Aquino, Descartes e Kant já concluíram pela existência de Deus, buscando provas lógicas para isso. E agora tenho nas mãos um livro com que você me presenteou, que também afirma logicamente essa existência. São muitas mentes contra uma só, Professor.

Professor Acácio riu e respondeu:

– Não pensemos numa queda de braços em que um ou outro irá necessariamente vencer. Não é preciso ser assim. Apenas nos despojemos de nossas convicções anteriores e reflitamos sinceramente sobre aquilo que estamos lendo. Se a conclusão for pela existência de Deus, admitamo-la com naturalidade. Se não o for, descartemos essa possibilidade. É simples assim.

– Você está dizendo para eu pôr entre parênteses minhas convicções, não é mesmo? Parece combinado. Afinal, uma de minhas vizinhas, que é médica no hospital em que também presto serviços, disse o mesmo. Não falamos sobre o Espiritismo, mas ficou patente que ela é espírita. Algum dia poderemos nos reunir os três para uma longa conversa sobre o tema do sentido da vida. Aliás, os cinco, pois quero a presença de Leonor e Albert.

– Será um prazer, Max. Quero apenas dizer que o pensador que criou a expressão "colocar entre parênteses" não era espírita. Como você deve saber, foi Edmund Husserl. Afinal, você conhece mais filosofia do que eu.

– Quisera eu deter o seu conhecimento, Professor. Mas sei que Husserl aconselha que suspendamos qualquer juízo, para que possamos ter acesso aos objetos da consciência livres de preconceitos. Colocando isto em nosso assunto, creio que possamos dizer: ao ler as obras fundamentais do Espiritismo, é necessário colocar entre parênteses nossas crenças e convicções anteriores, a fim de que possamos ter acesso ao pensamento de Kardec, e dos espíritos que responderam às perguntas que formulou, livres de preconceitos.

– Você explicou melhor do que eu poderia fazê-lo. Mas serei mais simples ainda: sempre que formos ler alguma obra literária, não sejamos preconceituosos; busquemos entender o que o autor está dizendo sem buscar contestá-lo. Só após termos entendido é que poderemos julgar se é verdadeiro ou falso. Se for verdadeiro, aceitamos; se for falso, rejeitamos.

– Foi o que a minha amiga, doutora Júlia, disse.

– E você está agindo assim com a leitura de *O Livro dos Espíritos?*

– Logo que comecei a lê-lo, confesso que guardava ainda preconceito contra a existência da alma e, principalmente, contra a existência de Deus. Porém, depois da conversa com a doutora Júlia, recomecei a leitura e agora estou até entendendo melhor.

– Então, não preciso dizer mais nada a esse respeito.

A partir daí, a conversa prosseguiu com novos temas até voltar-se para o curso que eu estava realizando e que muito me agradava. Aproveitei para pedir ao Professor que me falasse sobre o tema de uma das aulas passadas.

– Você falou sobre a busca da felicidade. Poderia fazer um resumo para mim?

– Claro! Eu disse que, segundo Viktor Frankl, a busca de sentido para a vida é mais do que um direito inalienável do ser humano; é a própria essência da humanidade. Quando essa busca é reprimida, ocorre a terrível situação do vazio interior.

– Passei por isso, Professor. Eu sei o que é.

– Todavia, se você parte decidido para essa busca, a vida torna-se plena de sentido e dos benefícios provenientes dessa plenitude, tais como a felicidade, a estabilidade mental, a segurança, além da autorrealização.

– Então, a felicidade é um benefício decorrente do sentido que descobrimos em nossa vida?

– Essa é uma verdade que leva a outra: a felicidade não deve ser buscada diretamente pelo homem. Isto é, a felicidade não é algo que se busque, não é algo que se persiga. Ela é, por assim dizer, um subproduto da realização de sentido na vida. Quanto mais perseguimos a felicidade, menor a chance de alcançá-la.

– Será por isso que não adianta pensarmos que, alcançando a prosperidade, nos tornaremos felizes?

– É verdade que o dinheiro é um meio para satisfazermos necessidades que não satisfaríamos se não o tivéssemos. Quanto a isto não há dúvida, mas o dinheiro em si não traz necessariamente a felicidade. Se isto fosse verdade, todos os ricos seriam felizes, o que não acontece.

– Ouvi aqui no Brasil a frase: "Dinheiro não traz felicidade, mas ajuda".

– Talvez sim, talvez não. O certo, Max, é que o dinheiro, por si mesmo, não torna ninguém feliz. Vou dar-lhe dois exemplos que me vêm à memória: quando faleceu a milionária Doris Duke, um jornal norte-americano estampou a seguinte manchete: "Morre Doris Duke, oitenta anos, herdeira cuja grande riqueza não pôde comprar a felicidade". Dizia o artigo que, com apenas trinta e três anos, ela confessou a um amigo que a sua enorme fortuna em certo sentido era um obstáculo à sua felicidade. Afirmava ainda o jornal que as palavras ditas por Doris Duke naquela noite mostravam uma vida profundamente afetada e até mesmo prejudicada pela fortuna. Ela não podia confiar em ninguém. Quando algum jovem lhe dizia que a amava, logo surgia a pergunta terrível: "Será que ele ama a mim ou meu dinheiro?". Outro milionário também se viu às voltas com a falta de felicidade relacionada ao dinheiro. Paul Getty, considerado no passado o homem mais rico do mundo, chegou a afirmar: "O dinheiro não tem necessariamente nenhuma vinculação com a felicidade. Talvez com a infelicidade". Dizem ainda que é de Paul Getty esta frase: "Infelizmente só posso comprar o que está à venda, senão há muito tempo teria comprado um pouco de felicidade". Enfim, não é o dinheiro, não é o *status* social, não são as posses materiais nem as honrarias que tornam o homem feliz.

– Você tem razão, Professor.

– Eu dizia que, quanto mais perseguimos a felicidade, menor a chance de alcançá-la.

– Nesse caso, como consegui-la?

– O ser humano só pode desfrutar da felicidade como resultado indireto de sua busca de sentido. A felicidade surge como uma consequência natural do alcance do sentido da vida, da relação com o outro e da vivência da autotranscendência, inerente ao ser humano. Lembro-lhe, Max, que autotranscendência é a capacidade de o indivíduo elevar-se acima do próprio ego, aproximando-se do outro para um verdadeiro encontro. Quanto mais alguém se esquece de querer ser feliz e se dedica a uma causa ou a outros seres humanos, mais essa pessoa poderá ser feliz. É por isso que Frankl afirma que, para viver uma vida feliz e bem-sucedida, não devemos perseguir o sucesso, mas dedicar-nos a algo maior que nós mesmos e deixar que a felicidade nos alcance como consequência inevitável dessa dedicação. A nossa felicidade é equivalente à felicidade que proporcionamos aos outros.

– Creio que podemos resumir o que estamos falando numa pequena frase: "Se você quer ser feliz, trabalhe pela felicidade dos outros".

– Você falou tudo, Max.

Ficamos um tempo em silêncio e, depois de alguma reflexão, tomei a palavra:

– Eu estava aqui a pensar: creio que os filósofos estoicos, na Roma antiga, também tinham um conceito interessante sobre a felicidade. Diziam eles que a virtude é necessária e suficiente para a felicidade. Isto é, se eu for virtuoso, serei também feliz. Estou certo?

– Está, Max. Segundo o estoicismo, a virtude é o bem máximo que almejamos em nossa conduta. Sêneca, um dos grandes estoicos, que viveu entre o ano 4 antes de Cristo até o ano 65 da nossa era, afirmava que a verdadeira felicidade consiste na virtude. A felicidade seria, então, o prêmio de uma vida honesta.

– Belo raciocínio.

– Com esse pensamento, concluo que, segundo Sêneca, a felicidade não depende das coisas externas, como até hoje muita gente pensa. Mas posso lembrar ainda um outro representante do estoicismo que dizia a mesma coisa. Epicteto foi um escravo liberto que viveu por volta do ano 55 até o ano 135. Ele afirmava que a autêntica felicidade é sempre independente de condições externas. Ela só pode ser encontrada internamente. E assegurava também algo de que já tratamos em nossa conversa, Max.

– Estou interessado, Professor.

– Os pensamentos de Epicteto foram reunidos em duas obras que receberam os títulos: *Manual de Epicteto* e *Discursos*. Foi seu discípulo, Lúcio Flávio Arriano, quem se deu ao trabalho de organizar esses dois livros do mestre. Pois bem, numa das suas meditações, diz Epicteto que não devemos cometer o erro de supor que os famosos, as figuras públicas, os líderes políticos, os ricos ou as pessoas com grandes dotes intelectuais ou artísticos são necessariamente felizes. Na verdade, há muitos deles que passam longe da felicidade. E ele ainda nos aconselha a pararmos de aspirar a ser algo além do melhor de nós mesmos. Isso porque a fama, o sucesso, o dinheiro, a beleza escapam de nossas mãos, ao passo que a virtude está sob nosso controle.

– Professor, fico estarrecido de saber que ainda hoje muitos perseguem lá fora com unhas e dentes a felicidade, quando ela pode estar dentro de nós mesmos.

– Apenas uma observação: com todas estas reflexões, pode parecer que eu esteja querendo dizer que, para sermos felizes, precisamos ser pobres. Longe de mim essa afirmativa. Apenas quis dizer, como fizeram os estoicos, que a felicidade independe dos bens materiais. Apenas isso.

Aquela conversa estava superando a minha expectativa, pois me fornecera novos dados para a continuação de um diálogo que iniciara com um paciente e que terminaria quando ele voltasse para nova consulta. Percebendo que o professor Acácio denotava certo cansaço, busquei encerrar a conversa, dizendo:

– No início de nosso bate-papo, desculpe-me chamá-lo assim, você disse que a felicidade é decorrente do alcance do sentido da vida.

– É essa a conclusão de Frankl.

– Então, apenas para encerrar, você poderia resumir para mim como podemos agir para obter o significado da nossa própria vida?

– Creio que ainda falaremos mais sobre isso, mas posso dar-lhe três dicas, que servem de esclarecimento: a primeira delas é o autoconhecimento. Realize autoanálises que lhe permitam ter um conhecimento mais preciso de você mesmo. É necessário que você identifique quem é por trás dos "rótulos" que usa no cotidiano. Carl Jung fala em *persona*, a máscara, que corresponde à aparência ou à face que mostramos por fora, mas que, encobrindo-o, não representa o íntimo do nosso ser. Ele refere-se também ao termo "sombra" para se referir ao nosso lado oculto. Ela representa os nossos desejos reprimidos ou o que passou despercebido, nossos defeitos, medos, complexos, aquilo que acreditamos ser feio e escondemos dos outros. A sombra inclui aquelas tendências, desejos, memórias e experiências que são rejeitados por nós como incompatíveis com nossos princípios e contrários aos padrões e ideais sociais. Diz Jung que precisamos primeiro aceitar a *sombra* para, depois, podermos mudar.

– Está certo, pois não podemos mudar o que desconhecemos, não é mesmo?

– Sem dúvida. A sombra é, pois, aquilo que negamos em nós. Ela encerra o que julgamos inferior, o que descuidamos e aquilo que desejamos ocultar ou negar. O que pretendo dizer é que a primeira dica para alcançarmos o sentido da vida é a autodescoberta, o autoconhecimento que ultrapassa a máscara, a sombra, e nos revela o que somos realmente em nosso íntimo. Certa vez, um aluno me disse ter lido que o autoconhecimento é o primeiro passo na mudança evolutiva consciente. Concordo totalmente com essa afirmação.

– Mais uma vez, Sócrates estava certo: "Conhece-te a ti mesmo".

– Exatamente. A segunda dica é a responsabilidade perante as situações em que temos o livre-arbítrio. Por outro lado, termos consciência das situações que não podemos mudar, não nos sentindo responsáveis pelo que escapa à nossa ação. Isso me lembra a oração da serenidade, atribuída a Francisco de Assis: "Deus, dai-me a serenidade para aceitar as coisas que eu não posso mudar, coragem para mudar as coisas que eu possa e sabedoria para que eu saiba a diferença".

– É por isso que se chama "Oração da Serenidade".

– A terceira dica, Max, é o exercício da autotranscendência, de que já falamos. Precisamos ir além do nosso pequeno ego, lançando-nos em direção ao próximo. O egocentrismo nos prende, nos limita, nos asfixia. Somente quando saímos de nós mesmos e nos dirigimos ao próximo, a fim de servi-lo e amá-lo, temos a oportunidade de encontrar o sentido da vida.

– Valeu mesmo, Professor. Agora as coisas começam a ficar mais claras para mim.

– Frankl nos diz que há três vias pelas quais podemos encontrar um sentido para a nossa vida: primeira, executando um trabalho, realizando um feito notável ou sentindo-nos responsáveis por concluir um trabalho que dependa basicamente de nossos conhecimentos ou de nossa ação; segunda, incorporando um novo valor moral em nossa vida ou estabelecendo um novo relacionamento interpessoal significativo ou, ainda, sentindo-nos responsáveis em relação a quem nos ame e espere por nós; e, terceira via, pelo sofrimento, ao adotarmos certa atitude em relação a um sofrimento inevitável, com a consciência de que a vida ainda espera muito da nossa contribuição para com os demais.

Pensei que nossa conversa havia terminado, mas ainda ouvi da boca do Professor:

– Ninguém pode ser verdadeiramente feliz, Max, se não encontrar o sentido da sua vida. E, sobre a felicidade, afirmou um espírito de grande sabedoria, Joanna de Ângelis: "Podes e deves ser feliz. Esta é a tua liberdade de escolha". Você pode estabelecer a ligação desse pensamento com o sentido da vida para Viktor Frankl. Deixo que você mesmo faça isso.

Quase não conversamos mais, afinal, havia muitas ideias sobre as quais eu teria de refletir por vários dias. Fiquei bastante grato pela inesperada visita do professor Acácio, que me honrou com uma aula particular. Mas não foi uma exibição de conhecimento. Eu sentia nas suas palavras o desejo ardente de ajudar um irmão que ainda tateava as paredes do quarto escuro da sua existência. Cada frase que ele dizia era uma pequena lanterna que ajudava a iluminar o ambiente ainda oculto na penumbra da alma. Ainda mais que grato, senti-me emocionado ao cerrar a porta e iniciar a minha meditação sobre tudo o que faláramos naquela noite.

A aura do Professor era tão vívida e luminosa que, mesmo ele tendo deixado o recinto, eu ainda sentia a leveza do ar e o brilho fluorescente dos objetos que compunham a decoração do apartamento.

Permaneci por um bom tempo sentado na poltrona, tentando repassar na memória os ensinamentos recebidos, pois temia esquecê-los se retomasse logo os últimos afazeres desse dia inesquecível. Pensei em ligar para a dra. Júlia, a fim de repassar-lhe tudo o que escutara em seus mínimos detalhes. Mas, ao olhar para o relógio, notei que era tarde. Talvez ela já estivesse dormindo. Resolvi deixar para depois.

Fiz uma pequena arrumação na sala, tomei um banho morno e fui para a cama. Ali, com o quarto iluminado apenas pela luz do abajur, comparei-o com a situação da minha alma naquele momento. Quando ainda estava em Viena, a minha alma era um quarto envolto em densa neblina. Depois que passei a morar em São Paulo, o "quarto" começou a ser iluminado pela tênue luz de uma pequena vela, como essas de aniversário. Depois ela foi trocada por uma vela maior, permitindo que eu enxergasse melhor o ambiente interior em que me encontrava. Mas, após essa visita inesperada, a última vela fora substituída pelo abajur, de modo que eu começava a ver o quarto da minha alma com mais precisão, delineando com mais clareza os objetos dispostos à minha volta. Nesse momento, notei que havia usado mais de uma vez a palavra "alma", o que era inusitado em minha vida até aquele momento. De início, fiquei indeciso. Depois, sorri tranquilamente e virei-me para dormir... sem apagar a luz do abajur...

10
Ana Maria

Na semana seguinte, tive muitas consultas, o que me cansou tanto, que chegava em meu apartamento, tomava um banho morno e me atirava na cama, lendo apenas umas duas páginas de *O Livro dos Espíritos* para, em seguida, cair em sono profundo. Encontrei uma única vez a dra. Júlia. Ela me cumprimentou num dos corredores do hospital, trocamos umas poucas palavras e seguimos, cada um para seus afazeres.

Mesmo com Albert, pouco pude conversar. Mas, num desses breves encontros, ele estava com uma jovem sorridente que me foi apresentada, também às pressas. Seu nome era Ana Maria, uma psicóloga recém-contratada pelo hospital.

– Conversaremos melhor mais tarde – disse-me ele, enquanto desaparecia com a jovem em meio às pessoas a transitar pelo corredor. Mas, nesse dia, não consegui vê-lo.

No dia seguinte, ele apenas me falou:

– Passe em meu apartamento no sábado à noite, Max. Faz tempo que não jogamos conversa fora.

Eram oito horas da noite quando, no sábado, fui recebido com muita alegria pelo meu amigo, em seu apartamento.

– Entre, Max. Estou com saudade de você. Agora ficou importante, não é? Já não conversa com qualquer um.

– De modo algum. Parece que, nesta semana, todo mundo resolveu consultar o mesmo neuropsiquiatra. Vir aqui é sempre uma alegria.

– Então, entre logo. Vamos começar tomando um suco de melancia.

Em pouco tempo, estávamos à vontade, pondo a conversa em dia. Ríamos de fatos engraçados ocorridos no hospital ou lamentávamos pela situação difícil de algum colega.

– E a doutora Júlia? Não consegui vê-la nesta semana.

– Ela falou que vai visitar-me na quarta-feira. Por que você e Leonor também não dão uma chegada lá?

– Vamos ver. Depois acertamos isso.

– Você falou que estamos com uma nova psicóloga, não é isso?

– É verdade. Ela é formada há pouco tempo, mas convenceu o selecionador pela sua competência.

– E é muito simpática, também.

A essa altura, Albert olhou-me fixamente e me apontou o dedo, dizendo:

– Espere aí! Você está interessado nela, não é, seu velhaco?

– Eu?

– Não disfarce.

– Falei apenas profissionalmente.

– Além de velhaco é mentiroso.

Nesse momento, a campainha tocou. Albert levantou-se com ar maroto e me disse:

– Você está com sorte.

Ao abrir a porta, entrou Leonor, que o abraçou e beijou e, em seguida, veio cumprimentar-me. Foi justamente quando a cumprimentava que notei a presença de outra pessoa.

– Esta é Ana Maria, a nova psicóloga do hospital.

– É a Ana Maria, Max – disse Albert, fazendo trejeitos ocultos.

Enrubesci. Não havia acontecido nada de anormal, mas perdi o jeito e, procurando disfarçar a minha timidez, sorri e disse:

– Já fomos apresentados. Tudo bem, Ana Maria?

Quem falara da vaga para Ana Maria fora justamente Leonor, que soubera numa conversa com Albert.

– Ela é minha paciente há dois anos, Max. Fez especialização em Psicologia Hospitalar e se prepara para iniciar o mestrado.

– É isso mesmo. Eu estava querendo trabalhar num hospital e foi minha amiga aqui quem me indicou esse belo emprego.

– Se eu não soubesse das suas qualidades, não teria feito isso.

Sentamo-nos e começamos uma longa conversa. Eu reparava discretamente em Ana Maria. Gostei imediatamente da sua voz, dos seus gestos, da sua simpatia, do seu sorriso, enfim, ela me agradou mais do que poderia imaginar.

– A sua fisionomia lembra um gringo – disse ela rindo –, mas a sua pronúncia quase não demonstra que é estrangeiro. Você fala muito bem o português.

– Obrigado. Devo, porém, confessar que meus melhores professores foram Albert e Leonor.

Conversamos sobre vários assuntos, sempre com muito bom humor. Fiquei sabendo que ela participaria de reuniões com os psiquiatras do hospital, o que me agradou muito.

– Temos de trabalhar em uníssono, não é mesmo, Max?

– É exatamente o que penso. Não podemos imaginar o ser humano como um composto de órgãos separados entre si. Temos de olhar para o homem como um ser integral. E, para isso, nada melhor do que a interdisciplinaridade. Lembro-me de um caso ocorrido no hospital de Viena, em que eu trabalhava. Um psicólogo atendia um paciente que também era atendido por um psiquiatra. A fim de trocarem informações e poderem ter uma visão mais ampla e completa desse paciente, o psicólogo ligou para o psiquiatra, que, após ouvi-lo, respondeu secamente: "Não troco informação com leigos".

– Que horrível, Max – disse Ana Maria.

– Fiquei estarrecido com a ignorância desse psiquiatra. Felizmente, logo depois vim para o Brasil e não sei o que foi feito dele. Hoje, quando se fala tanto em atendimento multidisciplinar, como é que ele fica? Deve estar parecendo um dinossauro no meio de intelectuais.

Eram onze horas da noite e ainda dialogávamos com muito ânimo e bom humor. Ana Maria me parecia uma amiga de vinte anos, tal a facilidade com que se entrosara comigo. Falamos a respeito do filme *Oito e Meio*, que estava sendo reapresentado num cinema de arte da cidade, e, apesar da minha timidez, convidei-a para irmos juntos ver essa obra-prima de Federico Fellini. Ela respondeu com naturalidade:

– Vamos, sim. Quando deixarmos o hospital, iremos diretamente ao cinema.

Depois de meu convite ter sido aceito, voltou-me a timidez e fiquei preocupado com a maneira como deveria portar-me. Assim que Albert foi à cozinha pegar alguma coisa, fui atrás e contei o que havia feito. Ele respondeu, rindo:

– Nada de timidez, rapaz. Você vai ficar com idade para ser avô e ainda não saberá portar-se diante de uma mulher se não aproveitar a chance que surgiu. Seja apenas natural e tudo irá arranjar-se.

Voltei para a sala mais seguro e retomei o diálogo com o grupo. Mais tarde, já em meu apartamento, fiquei a pensar sobre tudo o que acontecera naquela noite. "Preciso conhecer melhor Ana Maria, mas já deu para notar que é uma moça diferente das outras com quem tive oportunidade de travar algum diálogo, mesmo as que frequentam o curso do professor Acácio. Não posso ainda prever nada sobre o nosso futuro, mas sei que devo ampliar esse conhecimento inicial. Depois, bem depois, a gente vê o que faz..."

Na segunda-feira, Albert deu um jeito de ir almoçar comigo e não perdeu tempo:

– Max, Leonor conhece muito bem Ana Maria e só fala coisa boa dessa garota. Quando lhe disse que você está interessado nela, Leonor ficou muito feliz. Ela chegou a dizer: "É um par perfeito!". Se você tem mesmo interesse por ela, e eu sei que tem, não perca tempo. Ao sair do cinema, dê um jeito de marcar novo encontro. Não deixe escapar essa oportunidade.

Isso me deu novo ânimo, de modo que esperei pelo encontro com muita ansiedade.

❧❦

Quando acordei na quarta-feira, notei que uma leve garoa caía sobre a cidade. Logo pensei: "Será que essa garoa vai estragar o meu encontro?". Depois ri de mim mesmo e continuei a me preparar naturalmente para o novo dia de trabalho. Cheguei muito animado no hospital. Logo me encontrei com a dra. Júlia, que me abraçou carinhosamente e perguntou se poderíamos almoçar juntos. Concordei e fui para o meu consultório. Ao meio-dia, encontrei-me com ela e fomos almoçar numa cantina bastante simples que havia nas redondezas.

– Faz tempo que não nos vemos. Como você está?

– Bem, Júlia. Muito satisfeito com meu trabalho e com o curso do professor Acácio. Ah! Antes que você me pergunte:

estou gostando também de *O Livro dos Espíritos*. Depois que parei de fazer prejulgamentos, passei a entender com grande clareza o pensamento que os espíritos levaram a Kardec.

– Fico feliz ao ouvir isso. Aliás, eu quis vir almoçar com você justamente porque tenho um convite a lhe fazer, que se relaciona com o que acabou de me dizer. Esteja à vontade para aceitar ou recusar. Não ficarei aborrecida se você declinar do convite. Continuaremos os mesmos bons amigos.

– E qual é o convite, Júlia?

– No próximo sábado, haverá uma palestra no centro espírita que frequento. O tema é exatamente "*O Livro dos Espíritos*".

– Interessante – respondi, apenas para ganhar tempo. Afinal, eu nunca entrara numa instituição espírita e, para dizer a verdade, ainda guardava um certo preconceito no fundo da minha alma.

– O palestrante é um dos grandes representantes da doutrina espírita no Brasil: Divaldo Pereira Franco.

Eu nunca tinha ouvido falar dessa pessoa, de modo que para mim não significou muita coisa. Entretanto, eu tinha de responder ao convite. Pensei um pouco e perguntei:

– Qual o horário dessa palestra?

– Será das vinte às vinte e uma e trinta. O que você acha?

Fiquei sem saber o que dizer, pois o meu pensamento estava muito mais voltado para Ana Maria do que para Divaldo Franco. Mas Júlia estava tão empolgada com a palestra, que julguei até desconsideração recusar o convite, feito com tanto carinho.

– Está bem, Júlia, eu irei. Encontramo-nos na porta do local?

– Você pode chegar trinta minutos antes? Uma palestra como essa atrai sempre muita gente.

– Posso, claro. Pode contar comigo. Mas e o endereço?

– Aqui está o convite. E você pode levar acompanhante.

Fiquei estarrecido, pois parecia que Júlia lera em minha mente o que se passava com meus pensamentos. Fingi nada ter notado. Almoçamos falando sobre nosso trabalho e voltamos ao hospital. Assim que nos separamos, ela apenas disse:

– Nos vemos no sábado – e desapareceu em meio a profissionais da saúde e pacientes, que transitavam pelo corredor.

∿୨◦୧∿

Preparava-me para deixar o meu consultório quando escutei a voz de Ana Maria:

– Boa noite, Max. Está pronto?

Saímos logo e nos dirigimos ao cinema onde estava sendo exibido o filme *Oito e Meio*, de Federico Fellini. Havia muita gente, principalmente jovens. Conversamos um pouco e logo as luzes foram se apagando lentamente. Após um documentário e uns dois *trailers*, enfim teve início a projeção do filme. Reinava silêncio absoluto na sala. Começavam a ser exibidas as primeiras cenas. Ana Maria cochichou em meu ouvido:

– A música de Nino Rota é maravilhosa!

Prestei mais atenção e achei o mesmo. Depois de quase meia hora de exibição, escutei o rapaz a meu lado comentar:

– Esse filme está tão confuso como a minha cabeça hoje em dia.

De vez em quando, eu tirava os olhos da tela e, disfarçadamente, olhava para Ana Maria. Num desses momentos, ela percebeu e sorriu para mim. Não tive mais coragem de observá-la.

Após os 135 minutos de exibição, encerrou-se a última cena do filme. Um fato estranho aconteceu: a sala de projeção continuou num silêncio geral, sem ninguém ousar levantar-se. Somente após alguns segundos, começaram-se a ouvir vozes, e a plateia foi se retirando lentamente. Convidei Ana Maria para comermos alguma coisa num restaurante árabe e comentarmos a respeito do que havíamos assistido. Ela aceitou e fomos até esse local. Depois de acomodados e de termos pedido alguns quibes e esfirras, acompanhados de um tabule, perguntei:

– O que você achou do filme, Ana Maria?

– É digno do alarido que se criou em torno de seu conteúdo. No começo, confesso que fiquei um tanto perdida. Não sabia o que o diretor queria com aquela sequência de cenas, que mais pareciam sonhos desconexos. Depois lembrei que, logo após o lançamento, li o comentário de um crítico de cinema que dizia haver uma mistura de passado, presente e futuro na mente do protagonista, tão bem vivido por Marcello Mastroianni. E mais: havia também a mistura entre ficção e realidade. Quando passei a ver o filme sob essa perspectiva, tudo mudou e achei genial.

Senti-me uma pequena ostra sobre a mesa, pronta a ser devorada. Eu, que me achava tão intelectual, não havia percebido nada disso. Mas foi como uma chave para eu poder apreciar o filme a que acabara de assistir.

– É verdade, Ana Maria. Você me colocou nos trilhos. Agora consigo apreciar a genialidade de Fellini.

– Ele mesmo chegou a comentar que não acreditava ser possível distinguir com clareza o passado, o presente e o futuro, o imaginário e as lembranças daquilo que verdadeiramente aconteceu. Pois esse é o problema que ele aborda em *Oito e Meio*.

Depois desse comentário, a ostra em que eu me transformara procurou esconder-se sob o guardanapo excepcionalmente branco. Ana Maria percebeu meu desconforto e adiantou-se em considerar:

– Tudo isso que acabo de dizer só percebemos depois de ter lido alguma crítica, Max, ou escutado algum comentário de quem entende de cinema. Em compensação, passamos a ter o direito de entrar na imaginação do criador e de tirarmos as próprias conclusões.

– Gostei de ouvir isso, pois já me considerava um molusco embrutecido.

Ana Maria riu muito e depois, séria, considerou:

– Enquanto as cenas misturavam passado, presente e futuro, ocorreu-me um pensamento: seria a eternidade algo semelhante a essa mistura? Nela não há nem passado, nem presente, nem futuro, ou será que tudo passa a integrar uma coisa só? Enfim, o que será a eternidade? Estamos acostumados a repetir que Deus é eterno, mas somos ainda tão diminutos e tão iniciantes no processo de evolução, Max, que nem sequer podemos vislumbrar o que possa ser a eternidade.

Saímos do restaurante ainda envolvidos pelo universo de Fellini. Mas um grande desânimo abateu-se sobre o meu coração. Uma moça tão evoluída culturalmente iria interessar-se por mim? Senti-me constrangido na sua presença. Pensei que falaria sobre meu trabalho e minha competência como neuropsiquiatra, a fim de causar boa impressão, mas, à moda do personagem de Kafka que se transforma em inseto, eu me convertera num reles molusco mudo e tosco. Esses eram meus pensamentos quando o táxi que nos conduzia parou diante do condomínio em que ela morava. Desci para acompanhá-la até a portaria. Antes de fechar o portão, Ana Maria me surpreendeu mais uma vez, ao dizer com ar de sinceridade:

– Há muito tempo eu não tinha uma noite tão agradável, Max. Eu não sabia que você era tão culto e sabia escutar tão bem. Desculpe-me se falei demais. Amanhã, retomamos nossa conversa no hospital.

Pensei que seria eu a dizer essas frases, de modo que entrei no táxi completamente perplexo. Mas, por outro lado, estava feliz, pois, a julgar pelas palavras de Ana Maria, de algum modo ela gostara de mim. Deixei que as coisas transcorressem naturalmente, sem nada forçar.

Conversamos alguns minutos na quinta-feira, mas o trabalho contínuo no hospital deixava pouco tempo para diálogos íntimos. Na sexta, convidei-a para almoçar. No pequeno restaurante, voltamos a falar do filme de Fellini e das reflexões que deixou em nossa mente.

– Gosto de filmes que instiguem o nosso raciocínio, Max. Cinema não é só distração, não são apenas tiros, lutas ou aventuras. O bom filme faz com que meditemos nas suas mensagens, faz com que saiamos do cinema a refletir sobre o conteúdo que ele expressou.

– Não posso deixar de concordar com você, Ana Maria. Digo o mesmo do teatro.

– Adoro teatro, Max.

– Fiquei sabendo que está sendo representada uma adaptação da novela de Dostoiévski: *Memórias do Subsolo*. Se você aceitar, poderemos ir numa sexta-feira. Compro ingressos para nós dois. O que você acha?

– Adorei. Dostoiévski aborda o interior do ser humano como ninguém. Ele antecipa o conceito de inconsciente, estudado depois por Freud na psicanálise. Você tem bom gosto, Max. Mas quero ser sincera: nunca li *Memórias do Subsolo*.

– Você vai gostar. Nessa obra ele penetra o interior do ser humano, dissecando-lhe a alma.

– Então, está combinado.

Parecia-me estar no caminho certo, caso minha pretensão fosse namorar Ana Maria, que estava agora me fascinando. Meu receio foi fazer o outro convite: assistir a uma palestra de Divaldo Franco. Nada disséramos ainda sobre espiritualidade, de forma que eu não sabia qual seria a reação da minha amiga. O tempo de almoço era curto, então teria de abordar o tema o mais rápido possível. Pensei com cuidado e disse:

– Esquecendo momentaneamente Dostoiévski, você gosta de temas espiritualistas?

– Gosto, Max. Principalmente temas espíritas.

– Queira, então, perdoar-me, mas tenho mais um convite a fazer-lhe: aceita ir comigo amanhã assistir a uma palestra de Divaldo... Divaldo...

– Divaldo Franco?

– Exatamente. Tenho aqui um convite.

– Você é espírita?

– Não, mas recebi este convite da doutora Júlia e não quero fazer desfeita.

– Irei, sim. Com certeza, deixaremos o recinto conhecendo um pouco mais do Espiritismo.

Acertamos o horário de nos encontrarmos e, na noite seguinte, entramos concentrados no centro espírita, onde haveria a palestra. A dra. Júlia já nos esperava. Como chegamos cedo, conseguimos um bom lugar. Às vinte horas em ponto, começava a oração introdutória ao evento muito esperado. Feita a apresentação do palestrante, Divaldo Franco, após os cumprimentos, iniciou a sua palestra[1] :

Foi no ano de 1946 que o espírito Manuel Viana de Carvalho exortou-me a ler *O Livro dos Espíritos*. Mais que isto: ele me informou que, por meio da leitura dessa obra básica da Doutrina Espírita, eu estaria diante dos elementos fundamentais para tornar-me, de fato, espírita. Eu era médium, mas o desconhecimento desse livro basilar dificultava-me a compreensão da existência terrena, do sentido da vida e mesmo da imortalidade. Foi assim que o tomei entre as mãos e o li não uma, mas diversas vezes. Na verdade, continuo a estudá-lo. E, quanto mais o estudo, mais me encanto com os seus ensinamentos, com a propriedade das perguntas, com a lógica das respostas

---

1 Texto baseado em uma das entrevistas concedidas por Divaldo Franco, e do livro Diálogo com dirigentes e trabalhadores espíritas, Edições USE (USE-SP). Trechos adapatados pelo autor.

e com a sabedoria dos comentários de Allan Kardec. E foi isto que culminou com a modificação de metas em minha presente existência. Não fosse o conhecimento dessa obra primorosa e eu estaria ainda a tropeçar nas sombras da ignorância e da perturbação, comprometendo-me cada vez mais com o erro.

Fiquei atento às palavras de Divaldo Franco, principalmente porque, logo no início da palestra, ele tocou no tema que agora era central para mim: o sentido da vida. Apesar de me considerar relativamente culto, não conseguira até aquele momento entender que o estudo desse livro também me orientaria sobre o sentido da minha existência. Esse foi, sem dúvida, o impulso derradeiro para que eu me pusesse a ler com interesse redobrado o livro que estava sempre sobre o meu criado-mudo. Nesse momento, Divaldo continuava:

O período que medeia entre o lançamento de *O Livro dos Espíritos*, em 18 de abril de 1857, e a atualidade confirma a excelência da doutrina que os guias da Humanidade ofertaram à Terra e da qual Allan Kardec se fez o Codificador. Isto particularmente porque, embora as importantes conquistas do pensamento científico, filosófico e tecnológico houvessem alcançado patamares jamais antes imaginados, nenhum dos seus ensinamentos foi ultrapassado, nenhum dos seus paradigmas sofreu qualquer alteração. Pelo contrário, os seus postulados têm recebido confirmação dos mais diferentes ramos do conhecimento, mantendo-se perfeitamente atuais. O Espiritismo, meus amigos, tem conseguido avançar com as doutrinas científicas e filosóficas que nele encontram as explicações necessárias para a perfeita compreensão dos fenômenos que vêm estudando.

Mais resquícios de preconceitos começavam a ser derrubados pelo poder das palavras sinceras que saíam da mente e do coração daquele palestrante, de quem eu nunca tivera notícia, mas que naquela noite me parecia tão familiar.

Outra coisa que me intrigou: ele afirmou que em 1946 era médium, mas não espírita. Na minha ignorância, eu pensava que todo médium era necessariamente espírita. Por isso, prestei mais atenção.

Ao iniciar o exercício da mediunidade, eu conseguia ver e sentir os espíritos, mas não compreendia o fenômeno. Foi assim que, certo dia, um espírito me disse: "Divaldo, você é médium, mas não é espírita, não é mesmo?". Respondi afirmativamente. "Pois bem – continuou ele –, não é, mas deve sê-lo. E a única maneira de ser espírita é começar pelo começo: estudar *O Livro dos Espíritos*".

Até aquele momento, eu não sabia que livro era esse, mas procurei-o e o encontrei. Era um livro volumoso. Fiquei preocupado e pensei: "Meu Deus, será que eu vou aguentar ler este livro todo até o fim?". Mas, como o livro fora recomendado pelo espírito, decidi lê-lo. Defrontando-me com a letra miúda da "Introdução", comecei a saltar trechos que não me pareciam interessantes, tal a minha ignorância. Depois, casualmente fui pulando diversas páginas. Terminei a leitura da "Introdução" em alguns minutos. Ao iniciar o capítulo "Prolegômenos", por ignorar o significado da palavra, perguntei ao espírito amigo e ele me disse: "Compre um dicionário. Espiritismo também é doutrina de cultura. À medida que você estudar o Espiritismo, melhorará o seu vocabulário, o seu conhecimento". Comprei um dicionário, mas não havia nele a palavra "prolegômenos". Tive de comprar outro. Terminei de ler o livro em dois dias. Perguntei, então, ao espírito: "E agora, qual o livro que devo ler?". Resposta: "Leia novamente *O Livro dos Espíritos*". Argumentei que já o havia lido, mas o espírito insistiu para ler novamente. Voltei a ler a extraordinária obra. Fui descobrindo tesouros valiosos. Demorei dois meses, ou mais, e o li até a última palavra. Disse, pois, ao espírito: "Agora o li de ponta a ponta. Qual é o livro que deverei ler em seguida?". A resposta chegou rápida: "Volte a ler com mais atenção *O Livro dos Espíritos*". Obedeci. Durante a leitura, eu tinha de parar para meditar, porque as respostas, de tão extraordinárias, me conduziam a demoradas reflexões. Demorei-me quase um ano na leitura. Memorizei questões e detive-me a pensar. Posteriormente, indaguei ao benfeitor espiritual: "E agora? Que livro deverei ler?". Ele me orientou a ler *O Livro dos Médiuns*, mas deixou claro que eu continuasse a estudar *O Livro dos Espíritos* até além da morte. E frisou: "Se você aplicar cem anos de sua vida a examinar o conhecimento geral à luz de *O Livro dos Espíritos*, os cem anos serão insuficientes para penetrá-lo em sua totalidade, já que ele é como a seiva e a síntese da cultura universal, que só daqui a muito tempo o homem entenderá em toda a sua profundidade".

Cada vez mais me ficava claro que o livro que tinha em meu apartamento não poderia ficar recebendo pó sobre o criado-mudo. Era imperioso lê-lo. E lê-lo com todo o cuidado e com toda a atenção. De vez em quando, eu olhava para Ana Maria a meu lado, absorta nas palavras ditas por Divaldo Franco. O mesmo acontecia com a dra. Júlia. Por meu turno, também me voltava para o conteúdo precioso da palestra, que me abria os olhos da alma, como a luz matinal que se estende todos os dias, vagarosamente, sobre o nosso lar.

Divaldo falou também sobre a estrutura do livro e sobre a abrangência do seu conteúdo, deixando-me automotivado a chegar em casa e reiniciá-lo, agora com um novo olhar. Muito mais escutei naquela noite memorável de que nunca me esquecerei. Mas registro o final, que ficou gravado nos recônditos da minha memória. Olhando com ternura para o público que lotava as dependências do salão, assim encerrou Divaldo Franco a lição que deixou no coração de cada um dos seus ouvintes:

> Conclamo a cada um de vocês, meus irmãos, a estudar essa obra basilar da doutrina espírita, iluminando-se interiormente e traçando rotas de felicidade para sua vida futura. Auguro a esta obra memorável, esteio da Codificação Espírita, uma vida longa e iluminação de vidas, ampliando os horizontes do mundo na construção de uma sociedade feliz.

Mais algumas poucas e inspiradas palavras, e estava encerrado aquele encontro de almas sedentas de Amor e Vida, entre elas, minha pequena alma, sedenta de um sentido para a vida...

Ao sairmos do centro espírita, fomos até um café próximo ao prédio em que morava Ana Maria. Ali conversamos muito sobre tudo o que ouvíramos naquela noite dos lábios do palestrante iluminado, Divaldo Pereira Franco. E conversamos também a respeito da sua mentora espiritual, o espírito Joanna de Ângelis, que vem brindando a humanidade com obras de elevada inspiração, particularmente no campo da filosofia e da psicologia. As suas obras, psicografadas por Divaldo Franco, são um farol a iluminar os nossos caminhos, demonstrando-nos os erros em que incorremos e como saímos deles para as sendas iluminadas do Amor Divino.

Em seguida, deixei a dra. Júlia em nosso condomínio e acompanhei Ana Maria até a portaria do prédio em que morava, lembrando antes que já conseguira os ingressos para a peça de Dostoiévski. Antes de entrar, ela me disse com um ar enigmático:

– Você é muito rápido em suas ações.

Fiquei confuso. Seria isso um elogio ou uma reprimenda? Se fosse elogio, ela estaria dizendo que eu não era procrastinador, que não adiava interminavelmente o que devia fazer. Mas, se fosse uma reprimenda, ela estaria dizendo que eu estava sendo muito apressado no afã de conquistá-la. Nesse caso, isso poderia significar uma recusa a qualquer investida sentimental. Realmente, fiquei um tanto desanimado. Ela havia jogado um balde de água fria em minhas nobres intenções. Voltei ao meu apartamento com as ideias desordenadas. Assim que me deitei, lembrei-me das palavras elevadas de Divaldo Franco a respeito de *O Livro dos Espíritos.* Tomei do volume que jazia sobre o criado-mudo, comecei a lê-lo atentamente e o meu bom ânimo começou a voltar.

11
No subsolo

No transcorrer da semana seguinte, não vi nenhuma vez Ana Maria. Para ser sincero, consegui vê-la uma única vez. Ela seguia apressada pelo corredor, em meio a alguns pacientes que entravam ou saíam do hospital. Nem sequer pensei em segui-la, a fim de convidá-la para o almoço. Conforme ela dissera, eu estava sendo muito afobado. Não foi bem assim que ela falou, mas foi desse modo que registrei a sua frase em minha memória.

Encontrei-me logo na segunda-feira com Albert, que me contou ter viajado com Leonor para Serra Negra na sexta-feira ao anoitecer, de modo que, mesmo tendo tomado conhecimento da palestra de Divaldo Franco, não pudera comparecer.

– O que você achou, Max?

– Nunca tinha ouvido falar desse palestrante, mas, depois de escutar uma vez as suas palavras, não vejo a hora de poder assistir a uma outra. Ele transpôs totalmente as minhas expectativas. Confesso que sou um cabeça-dura. Mesmo depois de tudo o que escutei de você, de Leonor, do Professor e da doutora Júlia, ainda havia um resquício de preconceito com a doutrina espírita em geral, e com *O Livro dos Espíritos* em particular. Mas, após ouvir Divaldo Franco, tudo se dissipou. Quando voltei para casa, tomei do livro e reiniciei pela enésima vez a sua leitura. Ontem, passei a tarde em minha cama, lendo tranquilamente as suas páginas. Tenho aprendido muito. Minha arrogância tem diminuído, Albert.

Almoçamos juntos nesse dia e fiquei sabendo que o noivado de Albert e Leonor seria no próximo sábado.

– Uma cerimônia muito simples, Albert. Não somos espalhafatosos. Você não poderá faltar. Será em casa de meus pais, com meia dúzia de convidados.

– Fico feliz por vocês e honrado pelo convite.

– Saiba que você faz parte da nossa família. Meus pais não se cansam de elogiá-lo.

Não pude evitar uma comparação. De um lado, estava recebendo elogios e, de outro, reprimendas. Afinal, eu era digno de quê? De elogios ou de reprimendas? Ana Maria fora clara quando me dissera que eu era muito afobado. Por outro lado, dr. Oliver e dona Margret viam em mim um "não sei que" de positividade. Quem era eu?

De qualquer modo, agradeci o convite de Albert e Leonor, e me comprometi a estar em casa de seus pais no sábado às vinte horas.

No restante da semana, nada aconteceu de incomum. Trabalhei bastante durante o dia, consagrando a noite à leitura de *O Livro dos Espíritos*. Todavia, um friozinho incômodo subia pela minha coluna quando me lembrava da sexta-feira, que se aproximava rapidamente. Ana Maria teria desistido do convite? Seria por isso que desaparecera todos aqueles dias? Como eu deveria agir ao encontrá-la novamente? Eram muitas perguntas para a minha pobre cabeça.

Enfim, raiou a sexta-feira, quando talvez eu fosse acompanhado de Ana Maria ao teatro. Talvez...

⁓⊙⊱

– Oi, Max! Há quanto tempo.

Era ela! Fiquei sem ação. Uma parte importante do meu futuro iria desenrolar-se agora. Ana Maria vinha fazendo parte intrínseca das minhas meditações diárias, de modo que qualquer desculpa que ela desse para não me acompanhar ao teatro à noite seria, fatalmente, um gesto de recusa do meu amor. Aí eu teria de amargar por muito tempo ainda as fantasias que meu coração vinha acalentando naqueles últimos tempos.

– Oi, Ana Maria! Por onde tem andado?

– Vamos almoçar na cantina? Contarei o porquê do meu sumiço.

Pronto! Fosse o que fosse, o que eu iria escutar, certamente não seria do meu agrado. Se ela não respondera no momento a uma pergunta tão simples, era porque precisava de um pequeno tempo para inventar uma desculpa qualquer. Ou, ainda pior, ela já arquitetara um plano para se desfazer de mim e iria colocá-lo em prática durante o almoço. Esperei ansiosamente pela sua explicação.

– Max, sabe por que andei sumida nesta semana?

"Porque queria fugir de mim", respondi mentalmente.

– Gostaria muito de saber.

– Eu fiz um curso intensivo de Psicologia Hospitalar. Era preciso que eu dominasse melhor certos conceitos e outras tantas técnicas, a fim de me aprimorar no trabalho que estou iniciando no hospital.

Respirei um pouco mais aliviado. Só um pouco, porque, por conta de seus estudos, ela ainda poderia tranquilamente descartar-se de mim. Conversamos sobre o curso que ela havia frequentado e sobre a segurança maior que conseguira com essa realização. De fato, ela estava muito feliz por ter conseguido essa oportunidade. Quando pagamos a conta, eu ia perguntar-lhe se iria ao teatro comigo à noite, mas ela adiantou-se, perguntando-me:

– E Dostoiévski? Vamos ou não assistir à sua peça?

Toda a tensão e o embrulho no estômago se desfizeram. Então, ela estava interessada em ir comigo ao teatro? Ainda havia esperança para mim?

– Tenho ingressos para a quarta fila de poltronas.

– Você vai me buscar?

– Claro! Está bem às vinte?

– Maravilha. Estarei esperando.

Fiódor Mikhailovich Dostoiévski, nascido em Moscou, na Rússia, em 1821, é considerado pelos críticos e por uma multidão imensa de leitores um dos maiores romancistas da literatura russa e também universal. Dizem os entendidos que o conjunto de suas obras explora a autodestruição, a humilhação e o assassinato, mas, particularmente, a mente humana, aquilo que se passa no íntimo de cada pessoa. O seu primeiro livro, *Gente Pobre*, recebeu elogios do consagrado poeta Nikolai Nekrassov e de um dos mais importantes críticos de literatura da época, Vissarion Belinski. Fazem parte de suas obras-primas: *Crime e Castigo*, *O Idiota* e *Os Irmãos Karamazóv* (1880). *O Jogador* e *Memórias do Subsolo* são obras que realçam essa capacidade, típica de Dostoiévski, de devassar a mente humana, adentrando os seus mais profundos escaninhos. Faleceu em 1881. O monólogo a que eu assistiria em companhia de minha amiga era uma adaptação, muito bem-feita, diziam, do seu livro.[1]

Assim que as portas do teatro se abriram, uma multidão começou a tomar conta das poltronas numeradas. Talvez

---

1 DOSTOIÉVSKI, Fiódor. *Memórias do subsolo*. São Paulo: Mediafashion, 2016. Coleção Folha: Grandes nomes da literatura; v. 7, p. 5, passim. (Trechos adaptados pelo autor).

para começar a criar o clima necessário à apresentação da peça, começamos a ouvir pelos autofalantes músicas de Mikhail Glinka, influente compositor russo, contemporâneo de Dostoiévski. Exatamente às 21 horas, cessou a música, apagaram-se lentamente as luzes, para reacenderem com o ator já no palco.

O cenário, muito simples, pendia do cinza para o negro, tornando o ambiente bastante pesado. Um violoncelista, à direita do palco e mais ao fundo, começava a executar lentamente uma composição clássica. Quando terminou, o ator, que estivera imóvel até ali, movimentou-se e iniciou o seu monólogo:

> Sou um homem doente... Sou mau. Não tenho atrativos. Acho que sofro do fígado. Aliás, não entendo nada da minha doença e não sei com certeza o que é que me dói.

Não pude deixar de me comparar ao personagem do monólogo, que em nenhum momento diz o seu nome. Não, eu não era mau nem me sentia doente. O que me "pegou" foi a frase: "Não tenho atrativos". Olhei disfarçadamente para Ana Maria, que percebeu e sorriu levemente. Como é que eu poderia, com minha timidez, chamar sua atenção de forma positiva? Fiz uma rápida autoanálise, procurando em mim algum ponto positivo, algum ponto forte que pudesse realçar a minha personalidade. Encontrei dois: dedicação ao estudo e dedicação ao trabalho. Sem dúvida, eram pontos fortes, mas, ao comparar-me com a personalidade extrovertida de Albert, desanimei. Não havia em mim a vivacidade, a espirituosidade de Albert. Eu me achava um tanto sem graça, o que talvez fizesse com que aquele fosse o nosso último encontro. Com sinais visíveis de desânimo, voltei os olhos para o palco.

> Mas é precisamente nesse frio e asqueroso estado de semidesespero e semicrença, nesse consciente e angustiado sepultamento em vida de si mesmo no subsolo durante

quarenta anos, nessa falta de saída de sua situação, que ele mesmo se empenhara em criar e que é, contudo, duvidosa, em todo esse veneno de desejos não satisfeitos que ele engoliu, em toda essa febre de vacilações, de resoluções tomadas para toda a vida e dos arrependimentos que sobrevêm novamente um minuto depois – é aí que se encerra a essência daquele estranho deleite de que eu falava anteriormente.

Eu havia perdido umas partes das considerações do personagem, mas, como havia lido a obra, sabia exatamente do que ele falava. E Ana Maria? Olhei novamente para ela. Estava de olhos fixos no ator, que dava um *show* de interpretação. Mas o conteúdo da obra é muito pesado e eu passei a temer que ela estivesse odiando aquilo tudo. Passei toda a primeira parte da peça em reflexões íntimas. Não houve propriamente um intervalo. Apenas as tênues luzes do palco foram-se apagando para, algum tempo depois, acenderem-se lentamente de novo. Ali estava de novo o violoncelista a executar maravilhosamente uma composição clássica. Quando terminou, apagou-se o holofote que o iluminava e o ator, readquirindo vida, reiniciou o monólogo.

O homem sem nome continuava a narrar, encerrado no subsolo, episódios da sua vida de anti-herói. Felizmente, eu conhecia a obra, pois, caso contrário, sairia do teatro sem saber do que se tratava a peça. Isto porque meus pensamentos estavam não no palco, mas no ser humano silencioso que estava a meu lado. Depois de muitos minutos de reflexão, eu já tinha certeza absoluta de que convidara Ana Maria para a peça errada. Não sabia o que ela iria dizer quando estivéssemos fora do teatro, mas tinha certeza de que estaria me achando ainda mais estranho do que já devia achar. Enfim, o ator disse as últimas considerações do texto:

Somos natimortos, e há muito tempo nascemos não de pais vivos, e isso nos agrada cada vez mais. Estamos tomando gosto. Em breve vamos querer nascer da ideia, de algum modo. Mas basta, não quero mais escrever "do subsolo"... Entretanto, aqui não terminam as "notas" desse paradoxista. O autor não resistiu e prosseguiu com elas. Mas nós também pensamos que é possível terminar por aqui.

As luzes do palco, pela derradeira vez, começaram a se apagar lentamente. Houve muitos aplausos de pessoas entusiasmadas com o texto e com a interpretação primorosa do ator, que agradeceu por muito tempo à resposta da plateia. O violoncelista surgiu mais uma vez para executar uma última obra erudita, enquanto os espectadores deixavam pouco a pouco a sala.

Os aplausos entusiásticos me deixaram um pouco mais à vontade, entretanto, eu ainda não sabia qual seria o parecer de Ana Maria. Ela também aplaudira o espetáculo, mas poderia ter sido apenas por educação. Lá fora, antes que eu pudesse dizer algo, ela me perguntou:

– O que você acha de tomarmos um chá? Sei onde podemos encontrar um local muito bom.

Concordei e rumamos a pé até uma bonita cafeteria a dois quarteirões do teatro. Finalmente, diante da xícara de chá, pude fazer a pergunta que me queimava a língua:

– Qual é seu parecer sobre a peça, Ana Maria?

Agora eu saberia se havia cometido uma gafe ao convidá-la para uma apresentação tão pesada. Pelo menos, esse fora o tom dado à peça nessa montagem.

– Excelente, Max. Excelente!

Respirei aliviado. Ela continuou:

– Realmente, você tem muito bom gosto. E um nível cultural muito elevado.

Em seguida, riu com ar maroto e concluiu:

– Não é qualquer psiquiatra que consegue assistir a um espetáculo como esse...

Ri, nem tanto por causa da provocação, mas porque eu fizera a coisa certa. E ela passou a tecer comentários sobre a montagem a que acabáramos de assistir:

– A vida parece irritar o "homem sem nome", Max. Ele não consegue encontrar nenhum aspecto positivo em sua existência. Ele alimenta um triste ressentimento contra a vida. E mais: ele não faz nada, absolutamente nada para mudar a situação. Apenas vive embotado no subsolo. Creio que o subsolo simbolize o inconsciente desse homem, que, alheio a tudo, não acordou para a vida.

– Li algumas críticas a respeito desse monólogo, mas creio que você conseguiu uma visão diferente e toda sua.

– Foi o que senti enquanto ouvia as palavras ásperas sendo ditas pelo personagem. Parece que ele está agastado com o público. Às vezes dá vontade de responder ao que ele está dizendo.

– É verdade. Ele olha demoradamente para o espectador antes de dizer os seus impropérios. A peça, de certo modo, nos mostra o niilismo, que lançava suas garras sobre a intelectualidade russa do século XIX.

– Desculpe-me, Max. O que é mesmo *niilismo*?

– É a doutrina materialista que prega o Nada da existência humana, a falta de sentido para a vida. Os niilistas russos negavam a divindade, a essência espiritual do homem, a existência da alma e os princípios absolutos. *Nihil* é uma palavra latina que significa "nada". Dá para aquilatar o negativismo dessa doutrina, não é mesmo?

– Sem dúvida.

– Os niilistas descreem de um futuro glorioso para a civilização, negando a ideia de progresso. Friedrich Nietzsche, que namorou essa doutrina, chegou a anunciar a morte de

Deus e, com ela, a crença no Absoluto e o esfacelamento dos valores éticos, estéticos e sociais. Enfim, Ana Maria, o niilismo é a doutrina do Nada.

Ana Maria riu e disse:

– Quer dizer que o niilismo nega o Absoluto e crê no Nada Absoluto?

Rimos um pouco, até ela voltar ao comentário anterior:

– Agora que você tocou no niilismo, fica mais fácil caracterizar o "homem do subsolo", sem sonhos e sem esperança. Um misantropo digno de piedade. Ele é um exemplo às avessas, Max. Ao depararmo-nos com ele, sabemos o que devemos evitar; ao identificar os seus defeitos, sabemos quais virtudes devemos incorporar.

– Enfim, Ana Maria – concluí –, ajamos sempre no sentido de não nos tornarmos um "homem do subsolo".

– Isto não significa que estejamos valorizando mal Dostoiévski. Pelo contrário, ele é um excelente repórter das emoções e dos sentimentos humanos.

– Ele influenciou o nascimento do existencialismo, assim como Kierkegaard.

Ainda discutimos um tempo sobre o monólogo a que acabáramos de assistir; depois, Ana Maria pediu que a levasse para casa, pois precisava levantar-se cedo.

– Participarei de uma reunião no hospital – falou, olhando para o relógio.

Perdi a oportunidade de entrar no assunto que me levaria a pedi-la em namoro. Tímido, não tive coragem de solicitar mais alguns minutos de conversa. Não poderia combinar nada para o sábado à noite, pois teria de estar na cerimônia de noivado do meu amigo Albert com Leonor. Cheguei cabisbaixo em meu apartamento, sem nenhum prognóstico para a semana seguinte.

O sábado estava ensolarado quando, por volta das oito horas, acordei. Pensei na reunião de Ana Maria, que já deveria estar rumando para o hospital. Passei a manhã a resolver alguns problemas que haviam ficado para o fim de semana. Na parte da tarde, continuei a leitura do livro que estava agora a iluminar a minha mente: *O Evangelho segundo o Espiritismo*. Pensei em ligar para Ana Maria, a fim de convidá-la para me acompanhar no noivado de Albert, mas não podia saber qual seria a reação da família. Seria isso no Brasil uma falta de educação? E Ana Maria, como iria se sentir? Afinal, ela não fora convidada. Desisti da ideia e, às oito da noite, segui para a casa do dr. Oliver e de dona Margret. Quando lá cheguei, a casa estava toda iluminada. Fui recebido com muitos abraços e o calor humano de toda a família. Só havia quatro convidados: o sócio do dr. Oliver, sua esposa, o professor Acácio e eu. Conversávamos alegremente na sala, quando a campainha soou. Leonor levantou-se e foi atender.

– Eu já estava triste. Pensei que você não viria.

– Eu não perderia por nada este encontro, Leonor.

Fiquei gelado. Era a voz de Ana Maria, que já estava entrando e começava a cumprimentar os presentes.

– Que bela surpresa, Max.

– Eu digo o mesmo, Ana Maria.

Mais alguns minutos de conversa e a cerimônia teve início.

– Isto não é propriamente uma cerimônia – disse o dr. Oliver –, mas, sim, a confirmação de um compromisso. Margret e eu nos sentimos honrados por ter nosso filho, na caminhada pela vida, encontrado um ser humano tão amável, dedicado e puro. Com o fulgor da sua alma, Leonor já faz parte desta simples família.

O dr. Oliver falava com sinceridade e emoção. Em tempo bastante curto, Albert pediu Leonor em noivado. Ao aceitar, ela lembrou que seus pais já haviam partido para a pátria espiritual, senão estariam também ali a presenciar aquele ato singelo, porém, de profundo significado. O restante da noite foi de muita alegria e diálogos, ora engraçados, ora profundos. Albert e Leonor fizeram questão de levar a mim e Ana Maria para casa. Quando chegamos diante do condomínio em que ela residia, agradeci os meus amigos, dizendo que eu voltaria dali a pé para minha casa. Com um sorriso amigável, Albert sussurrou-me, como se soubesse do que passava pela minha cabeça:

– Não perca a oportunidade, Max.

Quando me vi a sós com Ana Maria, criando toda a coragem do mundo, disse-lhe:

– Ana Maria, posso conversar mais cinco minutos com você?

Pedindo que fôssemos até o *hall* do prédio, ela esperou que eu me pronunciasse.

– Não sei como começar, pois, na verdade, nunca fiz isto antes.

Hoje, passado tanto tempo, não lembro exatamente quais foram as minhas palavras, mas tenho certeza de que enumerei algumas qualidades de Ana Maria, disse do bem-estar que eu sentia quando estava com ela, do profundo respeito que me inspirava e do carinho que sentia por ela. Depois, com a voz quase a sumir na garganta, perguntei se ela aceitava namorar comigo, sendo que as minhas intenções eram puras e os meus sentimentos, verdadeiros. Quase fechei os olhos enquanto esperava pela resposta. Mas, em vez disso, fixei-a com naturalidade. Notei uma luminosidade incomum que jorrava de seu rosto. Ela olhou-me com seus olhos esverdeados e disse pausadamente:

– Eu estava esperando que, mais dia, menos dia, você me pediria em namoro. E, devido a isso, comecei a preparar-me para a resposta. Max, você é uma pessoa incomum. Tem uma inteligência rara, uma sólida cultura e é um homem de bem...

Não era preciso dizer mais nada. Ela iria recusar o meu pedido. Quando a moça começa com uma resposta enumerando as qualidades do pretendente, logo em seguida vem um "mas". "Mas eu não sinto por você a mesma atração que você vem demonstrando por mim"; "Mas quero viver em maior liberdade por mais tempo"; "Mas ainda é cedo para compromissos"; "Mas já me decidi por alguém" etc. Senti-me como um verdadeiro tolo a esperar um "não" como resposta. Estava quase a responder por ela, quando concluiu:

– Não sei se sou o tipo de mulher que você merece, Max. Mas... aceito sim. Tenho grande admiração por você. Por que ela não pode se tornar amor, não é verdade?

Aí, sim, me senti um verdadeiro bobo. Por que tantas interrogações com respostas negativas? Ainda não acreditando que Ana Maria já aceitara o meu pedido, abracei-a fortemente e dei-lhe um beijo na testa. Sim, eu disse "na testa". Aqueles eram outros tempos...

– Só uma observação, Max. Eu exijo sempre respeito.

– É assim que a vejo, Ana Maria. Com respeito.

– Então, tudo bem. Vemo-nos amanhã à noite?

Assim teve início o meu namoro. Saí do *hall* para a rua querendo contar a todo mundo que agora eu tinha a namorada mais inteligente, mais culta, mais bela, mais... Quantos "mais" havia a dizer. Dado o meu tipo psicológico, eu não tinha muitos amigos, mas certamente contaria tudo a Albert na segunda--feira. Não foi preciso. Eram dez horas da manhã seguinte, um domingo de muito sol, quando alguém tocou a campainha. Era o próprio Albert. Sem nenhuma cerimônia, ele foi logo perguntando:

– E aí? Está compromissado?

Com um sorriso muito largo, respondi:

– Ainda não estou acreditando, mas Ana Maria é agora minha namorada.

Recebi um abraço muito forte do meu amigo, que comentou:

– Eu sabia que aconteceria isso.

– Por quê? Fui tão indiscreto?

– Pelo contrário. Foi discreto demais.

– Como assim?

– Ana Maria só faltava pular em cima de você. E nada! Sabe que ela só falava de você para Leonor? Ela já estava quase desanimando, pois você nunca lhe fazia o pedido de namoro.

– Verdade?

– A mais completa verdade. Mas o que importa é que agora poderemos sair os quatro para nossos passeios culturais, não é mesmo?

– Claro, claro.

– Pois hoje à noite eu irei com Leonor assistir a um belo filme. Por que não vamos os quatro?

– Por mim, tudo bem. Mas preciso consultar Ana Maria. Vou ligar do telefone público.

– Agora você precisa instalar um telefone em seu apartamento, meu velho. Aliás, que raios de condomínio é este que não tem interfone? Qualquer um pode entrar aqui.

– A partir de segunda-feira, iniciam-se as instalações.

– Ainda bem. Vista-se e vamos fazer essa ligação.

A existência ganhou para mim um novo sentido com a entrada de Ana Maria em minha vida. Alguns pensamentos soturnos que ainda insistiam em visitar-me, particularmente à noite, desapareceram por completo. A minha vida mudou muito. E sempre para melhor. Nascia ali um novo Max. Um Max de bem com a vida.

12

A doutrina espírita

Ana Maria ficou muito contente com o convite para irmos ao cinema à noite. O filme não era aquilo que esperávamos, mas só o fato de poder estar com a minha namorada ao lado compensava qualquer coisa. Ao sairmos do cinema, fomos a uma casa de chá e ali ficamos a conversar sobre muitos assuntos. Antes de sairmos, Albert piscou para Leonor e disse com muita animação:

— Este namoro merece uma festa.

— Festa?

— Com muito bate-papo. Mas quem vai pagar sou eu — disse Albert, corrigindo-se depois: — Nós. Leonor e eu.

— O que é isso, Albert? — retruquei timidamente.

— Fiquei sabendo que foi inaugurada recentemente uma pizzaria lá no Bexiga. Dizem que podemos escolher entre muitos sabores. Pois é lá que faremos a nossa festa particular. Além de nós, escolha quem você quiser, Max. E você também, Ana Maria.

De comum acordo, e para tornar a festa bem íntima, convidaríamos apenas a dra. Júlia e o professor Acácio. Ficou acertado que o encontro seria na próxima sexta-feira.

※◎〆

O curso com o Professor continuava sempre com novos conteúdos que me fascinavam, pois me mostravam novas facetas da vida, ainda ignoradas por mim. Na aula anterior à nossa festa, ele discorreu sobre a essência da humanidade:

– O ser humano tem alguma essência?

Houve quem respondesse:

– Tem uma essência animal, afinal, fazemos parte do reino animal, não é mesmo?

– É verdade, nós temos um lado animal, com instinto e tudo. Mas só isso? Há quem diga que nós não temos nenhuma essência ao nascer.

– Jean-Paul Sartre – apressei-me em concluir.

– Certo, Max. Sartre é um grande representante do existencialismo ateu. E, de acordo com esse raciocínio, que nega a existência de Deus, há pelo menos um ser no qual a existência precede a essência, um ser que existe antes de poder ser definido por qualquer conceito: o homem, a realidade humana, como diz Heidegger. Isto é, o ser humano primeiramente existe, sem nenhuma essência, para só depois definir-se. Ao ser lançado no mundo, e essa é a maneira como diz Sartre, o homem ainda não é nada. Só o será quando tiver feito ou quando estiver fazendo a livre escolha do seu destino. No entanto, o ser caminha para a morte e nela encontra apenas o Nada. Por isso, conclui Sartre que "o homem é uma paixão inútil".

– Ponha pessimismo nisso – disse uma aluna, horrorizada.

– Se você dissesse isso a Sartre, provavelmente ele responderia que não se trata de otimismo nem de pessimismo, mas da pura realidade. Bem, Sartre parte do Nada, pois somos lançados no mundo sem nenhuma identidade, sem nenhuma essência, e, após a morte, retornamos ao Nada, com a extinção do ser. A vida, desse modo, não tem nenhum significado. É o homem que a vive, que lhe constrói um significado, um valor, de acordo com o próprio projeto que elaborou para o seu ser. Enfim, o homem projeta-se para fora de si mesmo; ele se faz no mundo sem nenhum fundamento em que se apoiar, sem nenhum sentido que lhe ofereça alguma direção.

– É ou não é pessimismo? – voltou a argumentar a jovem.

Não houve resposta. Os alunos estavam em silêncio, a meditar sobre o que haviam escutado. Eu já havia estudado Sartre, de modo que não tive dificuldade em entender.

– Viktor Frankl não pensa assim – continuou o Professor.

Eu quase ouvi os suspiros de alívio dos alunos. Frankl, naquele momento, foi uma espécie de tábua de salvação.

– E qual é o pensamento de Frankl? – perguntou um jovem estudante de psicologia, com certa ansiedade.

– Para ele, como já conversamos, o indivíduo humano transcende a si mesmo, a seus interesses pessoais, almejando o contato salutar com seus semelhantes. Ele quer ultrapassar-se e tornar-se um ser humano melhor, encontrando o significado de sua vida. Frankl concorda, porém, com Sartre quando diz que o homem sempre decide o que ele é. Como ele mesmo afirma, se o homem é o ser que inventou as câmaras de gás, também é o ser que entrou nas câmaras de gás ereto e com uma oração nos lábios. Entretanto, a vida tem sentido, sim. Aliás, a busca de sentido é para Frankl a própria essência da sua humanidade. O homem é um ser que busca pelo sentido. A sua principal preocupação é definir e perseguir um objetivo. É por meio dessa busca que é capaz de dar sentido à sua vida, quando então sente que vale a pena viver. O ser humano para Frankl, meus amigos, é de essência espiritual.

– Entendi, Professor – disse um aluno. – Mas onde fica a felicidade nesse pensamento? O homem não tem de ser feliz?

O professor Acácio sorriu amigavelmente e disse:

– Você deve ter faltado a algumas aulas, não é?

– Muito trabalho, Professor. Tive de viajar alguns dias.

– Tudo bem. A sua colocação é interessante. Buscamos o sentido da vida e esquecemos a felicidade?

– Foi o que quis dizer.

– A felicidade é o fruto colhido quando bem plantamos a semente do sentido da vida. São os valores, são os significados que nos proporcionam uma razão para sermos felizes. O alicerce é a busca de sentido; a casa construída é a felicidade. A busca direta da felicidade leva-nos a uma contradição, isto é, quanto mais a perseguimos, menos a atingimos. Não procure pela felicidade. Busque o sentido da sua vida, os sentidos da vida . Ao encontrá-los, você poderá sorver a felicidade possível neste planeta.

– Gostei – disse o aluno, fazendo, em seguida, mais uma pergunta: – E o que dizer de quem somente procura o prazer? Não são os hedonistas que agem desse modo?

– Sim. Diz-se hedonista a quem busca o prazer como o bem supremo. O hedonista persegue por todos os meios a supressão da dor, buscando o prazer como motivo e fim da vida. O hedonismo é doutrina filosófico-moral que considera o prazer individual e imediato o supremo bem da vida. A felicidade, para o hedonista, está na fruição do prazer. A própria denominação desse movimento, que advém de *hedoné*, em grego, significa "prazer". Aristipo de Cirene foi seu fundador. Ele viveu entre os anos quatrocentos e trezentos antes de Cristo. Devido ao nome de sua cidade natal, essa doutrina é também chamada de *escola cirenaica*. Lucrécio e Epicuro foram ilustres representantes do hedonismo. Epicuro viveu entre os anos trezentos e duzentos antes de Cristo. Sua escola é habitualmente chamada de *epicurismo*.

– Entendi – disse o aluno. – Mas a que tipo de prazer se refere o hedonismo?

– Em geral se fala em prazer sensível, dos sentidos. Diz-se que Epicuro afirmava ser o princípio e a raiz de todo bem o estômago. Reconhecia o prazer sensível em todas as suas formas, isto é, as sensações agradáveis que nos chegam por meio dos órgãos do corpo. Aristipo dizia que a vida ética deveria ser praticada com um fim específico: o fruir de todo prazer imediato. Todavia, também afirmava que deveríamos ter um controle racional sobre o prazer, caso contrário, cairíamos na sua dependência. No tocante a Epicuro, para sermos justos, temos de lembrar que ele escreveu *Carta sobre a Felicidade*, em que diz algo como: Quando dizemos que o fim último é o prazer, não nos referimos aos prazeres dos intemperantes ou aos que consistem no gozo dos sentidos. Assim acreditam certas pessoas que ignoram o nosso pensamento ou não concordam com ele ou, ainda, o interpretam erroneamente. Nós nos referimos ao prazer que é ausência de sofrimentos físicos e de perturbações da alma. Não são, portanto, os prazeres sensíveis que tornam a vida doce, mas um exame cuidadoso que investigue as causas de toda escolha e de toda rejeição, e que remova as opiniões falsas devido às quais uma imensa perturbação toma conta dos espíritos.[1]

– Agora vemos um outro Epicuro.

– Entretanto, meu amigo, de acordo com Viktor Frankl, continua o mesmo erro. Se queremos tornar a vida prazerosa num sentido elevado, espiritual, não devemos correr freneticamente atrás do prazer ou da felicidade. Precisamos, sim,

---

1 EPICURO. *Carta sobre a felicidade (a Meneceu)*. 2.reimp. Tradução e apresentação de Álvaro Lorencini e Enzo Del Carratore. São Paulo: UNESP, 1997, p. 43-45. (Trecho adaptado pelo autor).

buscar com serenidade o sentido da vida. Encontrando-o, passamos a nos sentir felizes, excedendo o simples prazer.

– Não tenho mais nenhuma pergunta, Professor. Você disse tudo.

– Muito bem. Eu falava a respeito da essência do ser humano. Dentro da minha perspectiva, o homem é um ser essencialmente espiritual. Todavia, ele participa de três dimensões: a *dimensão somática*, referente ao corpo físico, envolvendo todos os fenômenos corporais; a *dimensão psíquica*, terreno dos instintos, das sensações, das emoções e dos sentimentos, do pensamento, dos desejos, enfim, dos processos mentais e das marcas originárias da sociedade, na interconexão do indivíduo com o outro; e a *dimensão espiritual*, que Frankl chama *dimensão noética*. Esta abrange o livre-arbítrio, a religiosidade, a criação estética, o sentimento ético, ou a "consciência", a apreensão dos valores, o amor, o perdão, a compaixão, o anseio por um sentido, a autotranscendência; em suma, tudo o que se refere à espiritualidade do ser.

– Quer dizer que o ser humano não fica fechado em si mesmo quando sai de si, ultrapassando-se para alcançar o outro num verdadeiro encontro? – perguntou uma estudante de psicologia.

– Exatamente – respondeu o Professor. – Isso é autotranscendência. E por meio dela nos unimos ao outro.

A aula continuou com muitos apartes dos alunos, que se interessavam pelo tema. Depois de vários minutos, antes de encerrar, o professor Acácio ainda disse:

– Não nos esqueçamos de que o homem é um ser tridimensional. Infelizmente, há quem viva primordialmente na dimensão somática. Vemos muito disso entre as pessoas que cuidam com esmero até exagerado do corpo, omitindo as outras duas dimensões. Há também quem se esmere na dimensão psíquica, vivendo fundamentalmente a sua intelectualidade, em detrimento do corpo e da alma. Mas, ainda que a dimensão espiritual seja essencial ao ser humano, temos de integrá-la às outras duas dimensões, cuidando também do corpo e do intelecto. Reflitam sobre isto. Até a próxima semana.

Esperei que os alunos saíssem e procurei pelo Professor, que logo aceitou o convite para a oficialização do meu namoro com Ana Maria.

✤✤✤

No dia aprazado, os convidados começaram a chegar na pizzaria às oito da noite. Eu estava feliz, ao lado de Ana Maria.

Logo a conversa começou a rolar solta. Havia uma animação muito grande e um sadio entrosamento entre as pessoas, que não poupavam largas risadas quando algum fato hilariante era narrado. Às nove e meia, pediu-se ao Professor que dissesse algumas palavras alusivas ao evento que se comemorava. Ele foi simples e singelo em suas considerações, emocionando Ana Maria e mesmo a mim, que era ainda um pouco fechado. Nesse momento, abracei a minha namorada com muito carinho, dizendo-lhe no ouvido que a amaria para sempre.

Depois, voltou a animação das conversas, que giravam sobre variados assuntos. Às onze horas, ainda estávamos em colóquio amigável. Além do anúncio do meu namoro, era o momento pelo qual eu estivera esperando durante toda a festa. Deixei que um assunto sem muita importância terminasse, para entrar no tema pelo qual eu não podia mais esperar.

— Bem, agora que estamos a sós, quero fazer-lhes a pergunta que tantas vezes quis formular, mas deixei para uma outra oportunidade. Lá vai, meus amigos: quem de vocês é espírita? Ana Maria demorou um pouco, mas já me confessou o seu credo. E vocês, também são espíritas?

Foi Albert quem respondeu:

– Sim, Max, somos todos espíritas. Você o deve ter notado pelas expressões que costumamos usar em nossas conversas, não é mesmo?

– Embora não conheça expressões tipicamente espíritas, notei que vocês têm uma fala diferente da de outras pessoas, quando estão juntas. Li *O Livro dos Espíritos*, mas preciso retomar a leitura para entender melhor. Uma coisa, no entanto, tenho notado: a conduta de vocês, mesmo sendo semelhante à dos outros, tem algo que soa diferente. Vocês são mais honestos, mais amorosos, mais companheiros, enfim, mais gente. O que os diferencia, afinal?

– Acho que não somos tudo isso que você está dizendo, mas a verdade é que procuramos ser, Max. Jesus disse uma frase genial: "Conhece-se a árvore pelos seus frutos". O que nós procuramos é tornar os nossos frutos muito saborosos por meio de uma conduta que reflita os ensinamentos do Mestre.

– Gostei da resposta. A minha próxima pergunta é muito simples: o que é o Espiritismo? Se já li *O Livro dos Espíritos*, deveria saber, mas quero ouvir de vocês.

Albert olhou para a dra. Júlia, que, entendendo a solicitação, retrucou:

– Não sou a pessoa mais versada em Espiritismo aqui nesta reunião. Creio que o professor Acácio pudesse responder com mais propriedade.

– Não, doutora. Por favor, responda em nome deste grupo à pergunta do nosso amigo Max.

Escolhendo as palavras mais precisas, a dra. Júlia iniciou a sua resposta:

– Peço que me complementem e que me corrijam se disser algo duvidoso. O Espiritismo, Max, é a doutrina que se baseia na crença que afirma a existência dos espíritos e a sua comunicação com os homens. Melhor dizendo, é uma ciência que trata da natureza, da origem e do destino dos espíritos, assim como de suas relações com o mundo corporal. A doutrina espírita foi revelada por espíritos superiores e codificada, isto é, sistematizada, por Allan Kardec. O notável trabalho realizado por ele foi reunir e distribuir os assuntos de modo lógico, oferecendo-nos um todo composto por partes integradas. Quando você lê, por exemplo, *O Livro dos Médiuns*, nota a coerência e a coesão do texto.

– Entendo. Qual é, porém, a finalidade dessa doutrina ou dessa ciência, como você disse?

Mais uma vez, a dra. Júlia pensou um pouco antes de responder:

– Kardec, num pequeno livro chamado *O Espiritismo em sua Expressão Mais Simples*, afirma que o objetivo essencial do Espiritismo é o avanço, o adiantamento dos homens. Daí a necessidade de procurarmos tudo o que possa ajudar ao progresso moral e intelectual de cada um de nós. Portanto, a finalidade da doutrina espírita é favorecer o progresso intelectual e espiritual dos homens. É tornar melhores aqueles que o compreendem. Para isso, ele se apresenta como ciência, filosofia e religião, ou moral. Como *ciência*, Max, ele trata da natureza, da origem e do destino dos espíritos, bem como de suas relações com o mundo corporal. É uma análise lógica dos fenômenos que faz uso do método experimental, isto é, sua investigação é racional e metodológica. Foi o que fez no passado o consagrado físico e químico, William Crookes, ao observar casos de materialização. Trata-se de uma ciência de observação. Como *filosofia*, o Espiritismo, fundado na razão, dá uma coerente e exata interpretação da vida, ao responder às perguntas essenciais de todo ser humano: "Quem sou?", "De onde vim?, "Para onde vou?" e "Qual a finalidade da minha existência?". Fornece igualmente uma visão de mundo própria, uma interpretação da vida, e toda doutrina que dá uma interpretação da vida, uma concepção própria do mundo, é uma filosofia. Nesse aspecto, trata-se de uma filosofia espiritualista, como Kardec bem assinalou na folha de rosto de *O Livros dos Espíritos*. Por fim, Max, a doutrina espírita é moral. Alguns a consideram uma religião, mas não no sentido vulgar, que inclui cultos instituídos, igrejas, rituais exteriores, dogmas, mitos ou crendices, além de hierarquia sacerdotal. Nada disso existe no Espiritismo. Ele é religião porque propõe a transformação moral do homem com base nos ensinamentos de Jesus Cristo, a fim de que sejam aplicados em nosso cotidiano. Costuma-se dizer, com propriedade, que o Espiritismo, enquanto religião, busca revivescer o cristianismo primitivo, que se expressa fundamentalmente nas virtudes do amor e da caridade. Foi por isso que Kardec cunhou a célebre expressão: "Fora da caridade não há salvação".

Fiquei pensativo. Tudo fazia sentido. Eu via em cada frase uma lógica cristalina, que não me dava margem a qualquer tipo de contra-ataque, embora não fosse essa a minha intenção. O que eu queria saber, na verdade, era o que estava por trás daquele comportamento tão diferente dessas pessoas que se agrupavam à minha volta. Havia nitidamente algo que diferenciava cada uma delas das demais que eu conhecia. Agora eu começava a compreender de que se tratava. A dra. Júlia esclareceu tudo: era o amor e a caridade. Agiam de modo diferente comigo e com os outros pelo amor e pela caridade. Concluí também que precisava conhecer melhor esse profeta que me era conhecido apenas pelas estampas católicas e pelas capas de livros religiosos. Quem era esse Jesus que iluminava o coração dos meus amigos? Perguntei diretamente ao professor Acácio:

– Professor, quando você dá as suas aulas, também alimenta o seu coração dessas verdades que me estão sendo transmitidas?

– É o que procuro fazer, Max. Meu intento é levar os alunos à compreensão verdadeira da vida. Para isso, utilizo-me do conhecimento científico, banhado nos ensinamentos do Evangelho sob a ótica do Espiritismo, que busca o cristianismo na sua fonte pura, assim como Jesus nos ensinou.

Numa espécie de intuição, entendi de modo direto e instantâneo o que iluminava os atos cotidianos daquelas pessoas maravilhosas, que eu tinha a honra de ter como amigas. E disse:

– Então, o que cada um de vocês vem fazendo é pôr em prática a finalidade, o objetivo essencial do Espiritismo, como disseram há pouco, ou seja, vocês buscam o adiantamento moral e espiritual das pessoas com quem convivem.

Leonor foi rápida em contra-argumentar:

– Talvez nem sempre consigamos fazer isso, Max, pois estamos ainda na base da escada do progresso. Certo é, porém, que esse é nosso objetivo.

Albert deu continuidade a esse pensamento, afirmando:

– De acordo com a doutrina espírita, não basta crer nas verdades que ela nos apresenta. É essencial colocá-las em prática. A teoria sem a prática é morta.

– É verdade – concordei.

Ana Maria completou:

– Meu bem, os ensinamentos ampliam o nosso conhecimento, entretanto, a sua aplicação transforma admiravelmente a nossa conduta. Se queremos modificar-nos, temos de procurar inicialmente o conhecimento e depois, sim, colocá-lo a nosso favor e em benefício dos semelhantes.

A minha visão inicial do Espiritismo, a essa altura, já estava desfeita. Não se tratava de uma seita composta por crentes ingênuos e ignorantes. Afinal, eu tinha diante de mim pessoas de elevada cultura e de um nível intelectual superior. Porém, o que me tocou realmente foi o desejo, unânime entre eles, de fazer o bem, não apenas para si mesmos, mas igualmente para os outros. Todavia, uma dúvida pairava em meus pensamentos: o que vinha a ser mediunidade? Essa palavra eu já ouvira em diversas oportunidades, tendo uma ideia primária do que significasse. Mas eu queria uma explicação mais técnica, que não desse margem a dúvidas. Assim, virei-me para a dra. Júlia e fiz a pergunta.

– Mediunidade é tema essencial da doutrina espírita, Max. Trata-se de uma faculdade peculiar ao ser humano, que lhe permite a percepção da influência dos espíritos. Quero deixar-lhe bem claro: nós somos espíritos imortais revestidos de um corpo material. Quando esse corpo morre, isto é, quando ocorre o esgotamento, a falência dos órgãos e sistemas desse corpo, o espírito desprende-se dele, continuando a viver. A morte, portanto, é apenas física. O espírito parte para o mundo espiritual, onde permanecerá por tempo variável até a próxima reencarnação. Pois enquanto aí se demora, pode entrar em contato com os homens que ainda permanecem no mundo terreno. E essa comunicação se dá por meio da mediunidade. Num sentido amplo, todos os homens são médiuns, pois sentem, de algum modo, a influência dos espíritos desencarnados; entretanto, se dá habitualmente o nome de médium àquela pessoa em quem a mediunidade se mostra bem caracterizada, sendo expressa por efeitos patentes, como a vidência, a psicografia e a psicofonia, por exemplo. O médium estabelece a comunicação entre o mundo espiritual e o mundo terreno. Muitas informações nos foram prestadas pela mediunidade, também muitas lições nos foram dadas por espíritos superiores, assim como curas foram processadas por meio dessa faculdade. O livro que você leu, Max, foi escrito pela via da mediunidade. Espíritos superiores responderam a muitas perguntas de diversificados médiuns, sendo depois essas respostas ordenadas e classificadas por Allan Kardec, que passou a ser chamado de Codificador da Doutrina Espírita.

Eu estava entendendo, mas algumas dúvidas ainda persistiam. Aproveitando a oportunidade, questionei:

– Mas se as mensagens que os médiuns recebem são transmitidas por espíritos superiores, por que há escritos de qualidade inferior?

– Não são apenas espíritos superiores e bondosos que entram em comunicação com os médiuns – disse a dra. Júlia. – Também os espíritos ignorantes, zombeteiros e maléficos podem fazê-lo. Daí variar a qualidade e a veracidade do conteúdo das mensagens.

Essa resposta me deixou confuso.

– Quer dizer que o médium pode ser vítima de espíritos interessados em disseminar o mal e a mentira? Ele não tem nenhum controle da situação?

– Tem, sim. Para o médium comunicar-se com um espírito, é necessário que haja sintonia entre ambos. Os encarnados identificam-se com os desencarnados pela semelhança de pensamentos, sentimentos e atitudes, pela similitude de tendências intelectuais e morais. Sintonia é a identidade vibratória entre o médium e o espírito comunicante. Quando há identidade vibratória entre ambos, quando existe entre eles afinidade moral, se estabelece a comunicação mediúnica. A comunicação é controlada pelo grau de sintonia que procede dessa afinidade moral. Perceba, Max, que o médium que recebe espíritos inferiores não é vítima deles. Ele tem a companhia espiritual que deseja mediante os seus sentimentos, pensamentos, atitudes, aspirações, enfim, sua conduta. Se o médium mantiver um comportamento moral elevado, atrairá para si apenas espíritos que sintonizem com ele.

– Muito claras as suas ideias, Júlia – eu disse, começando agora a entender o que é a mediunidade. Mas, dada a abertura e franqueza do diálogo, virei-me para o professor Acácio e perguntei ainda: – Se estou entendendo bem, o médium deve ser alguém muito acima da média das pessoas em termos morais, uma espécie de missionário de elevadíssima espiritualidade, não é, Professor?

Ele sorriu complacente diante da minha ignorância e respondeu com muita paciência:

– Não é bem assim, Max. De acordo com um conhecido autor espírita, Edgard Armond, segundo a sua natureza, há duas classes básicas de mediunidade: a natural e a de prova. *Mediunidade natural* é a que surge à medida que o indivíduo evolui e se moraliza. Ele vai adquirindo faculdades psíquicas e aumentando a sua percepção espiritual. Por isso é também chamada *mediunidade de conquista*. Nessa classe de mediunidade, a sensibilidade mediúnica, que nasce do trabalho perseverante do espírito, é resultado de seu próprio esforço. Exige muita perseverança e seu aperfeiçoamento vai se realizando durante as existências corpóreas do indivíduo, continuando com o mesmo zelo no plano espiritual, quando se prepara para nova encarnação. Já a *mediunidade de prova* é concedida temporariamente a espíritos ainda atrasados em sua evolução. Eles a recebem por empréstimo, numa posse precária que depende da maneira como for utilizada, do modo pelo qual o indivíduo cumprir a tarefa assumida na erraticidade. É uma concessão divina, para que ele possa executar condignamente a incumbência adotada no mundo espiritual. É por tal motivo que esse tipo de mediunidade é também chamado *mediunidade de tarefa*.

– Estou entendendo.

– Podemos, porém, dizer que há igualmente, na qualidade de empréstimo, a *mediunidade de expiação*, aquela que se recebe com a finalidade de ressarcir dívidas pretéritas. A responsabilidade de quem a recebe por empréstimo é muito grande, pois, se não for realizada a contento, quem a recebeu, em vez de reparar erros de outras existências, acaba por aumentar a dívida que já possui. No entanto, torna-se bênção quando bem executada, isto é, quando é posta a serviço dos necessitados. E por último, Max, há ainda a *mediunidade missionária*, exercida por pessoas de elevados dotes morais e espirituais que aqui vêm com a missão de derramar bênçãos sobre aqueles que sofrem as agruras da vida e precisam de um amparo para encontrar e manter-se no caminho do bem. Esse é também um tipo de mediunidade de conquista. Todavia, são pouquíssimos os médiuns desse quilate. A maioria possui a mediunidade de tarefa e de expiação. Lembremos, porém, que, sendo executada com o fervor do aprendiz do Evangelho, transforma-se em instrumento de elevação espiritual, favorecendo a caminhada do médium que exerce a "mediunidade com Jesus".

A cada nova explicação que me dava cada um daqueles amigos mais eu perdia o preconceito que tivera um dia contra a doutrina espírita. Eles não eram santos, mas conseguiam manter um padrão moral acima da média. E detinham um conhecimento que a maioria das pessoas não possuía.

Conversamos igualmente sobre o meu namoro com Ana Maria, que foi muito comemorado. Eu estava feliz e identificava no olhar e no sorriso dela a felicidade que também lhe ia na alma. O diálogo continuou no mesmo tom de elevação e amizade, até a dra. Júlia pedir licença para retirar-se, pois, no dia seguinte, teria de trabalhar das oito ao meio-dia no hospital. Os demais participantes também começaram a retirar-se. Levei Ana Maria a seu apartamento no automóvel de Albert. Marcamos um almoço, para o domingo que já nascia, em casa do dr. Oliver e de dona Margret. Eles faziam questão de oferecer a Ana Maria e a mim um almoço especial.

Ficaram daquele memorável encontro o amor genuíno entre mim e Ana Maria, a amizade sincera daqueles que ali haviam estado e a chegada da doutrina espírita em minha alma. Era o início da minha transformação.

13

Amar ao próximo como a si mesmo

Passaram-se os dias e os meses com a velocidade das folhas varridas na calçada pelo vento aquecido do outono. O amor entre mim e Ana Maria havia se consolidado. Pensávamos em comemorar o nosso noivado no mês de setembro, o mês consagrado às flores, tão amadas por ela. Eu já estava no segundo ano do curso sobre análise existencial e preparava a monografia que logo seria defendida.

Mais que eu, a minha namorada aplicava no hospital e em sua vida particular, com bom ânimo e convicção, tudo o que aprendera e que vinha aprendendo sobre o Espiritismo. Ela trabalhava agora como médium passista numa instituição espírita muito próxima ao condomínio em que eu morava. Confesso que, mesmo tendo lido com muita atenção *O Livro dos Espíritos* e *O Livro dos Médiuns*, eu ainda relutava para frequentar aquela casa e receber os seus ensinamentos. Entretanto, quando se avizinhava a data da oficialização do nosso noivado, numa sexta-feira à noite, acompanhei-a numa reunião em que se estudava o Evangelho e se realizavam psicografia e psicofonia.

Quando chegamos, havia ainda poucas pessoas no salão. Mas, em pouco tempo, todos os lugares foram tomados. Às vinte horas em ponto, iniciava-se a reunião. Feita a abertura, um moço que aparentava ter a minha idade tomou *O Evangelho segundo o Espiritismo* entre as mãos, fechou os olhos e, em seguida, abriu-o aleatoriamente.

– Parábola dos Credores e dos Devedores – disse ele em voz alta. – Está em Mateus, capítulo dezoito, versículos vinte e três a trinta e cinco. – E começou a ler:

O Reino dos Céus é comparado a um rei que quis tomar contas a seus servos. E tendo começado a tomar as contas, apresentou-se-lhe um que lhe devia dez mil talentos. E como não tivesse com que pagar, mandou o seu senhor que o vendessem a ele, e a sua mulher, e a seus filhos, e tudo o que tinha, para ficar pago da dívida. Porém o tal servo, lançando-se-lhe aos pés, fazia-lhe esta súplica: Tem paciência comigo, que eu te pagarei tudo. Então o senhor, compadecido daquele servo, deixou-o ir livre, e perdoou-lhe a dívida. E tendo saído este servo, encontrou um de seus companheiros, que lhe devia cem dinheiros; e lançando-lhe a mão à garganta o asfixiava, dizendo-lhe: Paga-me o que deves. E o companheiro, lançando-se-lhe aos pés, rogava, dizendo: Tem paciência comigo, que eu te satisfarei tudo. Porém ele não atendeu: retirou-se, e fez que o metessem na cadeia, até pagar a dívida. Porém os outros servos, seus companheiros, vendo o que se passava, sentiram-no fortemente, e foram dar parte a seu senhor de tudo o que tinha acontecido. Então o fez vir seu senhor, e lhe disse: Servo mau, eu te perdoei a dívida toda, porque me vieste rogar isso; não devias tu, logo, compadecer-te igualmente do teu companheiro, assim como também eu me compadeci de ti? E, cheio de cólera, mandou seu senhor que o entregassem aos algozes, até pagar toda a dívida. Assim também vos tratará meu Pai celestial, se não perdoardes, do íntimo de vossos corações, aquilo que vos tenha feito vosso irmão.[1]

O jovem, após passar os olhos pelo salão, disse com vagar:
– Meus amigos, esta é mais uma das grandes lições que Jesus nos passou com tanta simplicidade, durante os seus três anos de ensinamento. Ela nos remete imperceptivelmente a duas graves orientações: "Amar o próximo como a si mesmo" e "Fazer pelos outros o que gostaríamos que eles fizessem por nós". O devedor maior desta parábola pensava apenas em si mesmo, atolado que estava no egoísmo que turva os olhos diante da presença do próximo. Certamente, o modo como ele agiu com o seu devedor não era o que ele esperava do patrão a quem devia. Mas o egoísmo não permite que vejamos essa límpida conclusão. É fundamental que nos amemos. Se não o fosse, Jesus nada teria dito a respeito. Mas esse é apenas o princípio, pois o amor deve estender-se ao próximo. Lembrando Kardec, devo dizer que não podemos encontrar guia mais seguro, nesse aspecto, do que tomar tais preceitos como medida do que devemos fazer aos outros. Com que direito deveríamos exigir dos nossos semelhantes melhor procedimento, mais indulgência, mais benevolência e devotamento, do que os temos para com eles? Se o devedor da parábola tivesse pensado nesses termos, teria perdoado o seu devedor, assim como fora perdoado por seu credor. Mas o seu egoísmo sobrepujava a luz límpida do amor. Diz o espírito Lázaro em *O Evangelho segundo o Espiritismo*: "O amor resume a doutrina de Jesus toda inteira, porque é o sentimento por excelência, e os sentimentos são os instintos elevados à altura do progresso feito". E conclui: "Compreendendo a Lei de Amor que liga todos os seres, nela buscareis

---

1 KARDEC, Allan. *O Evangelho segundo o Espiritismo*. Capítulo XI – n. 3. Catanduva, SP: Edicel, 2016.

os suaves gozos da alma, que são o prelúdio das alegrias celestes". Diante dessas palavras inspiradas, que mais podemos afirmar, senão que o amor que esperamos do próximo deve ser o amor que lhe dedicamos?[2]

Sentado próximo da mesa em que estavam alguns trabalhadores da casa espírita, meus olhos concentravam-se na figura do orador e meus ouvidos, nas palavras verdadeiras que emanavam da sua boca. Todavia, depois de algum tempo, não pude deixar de pensar na minha missão de médico. Inicialmente, voltei meu pensamento para o hospital em que trabalhara há alguns anos na distante Viena. Ali, por certo, eu não doara nenhum tipo de amor aos pacientes que me procuravam. Dói-me dizer isto, mas eu era um perito semelhante a quem desconhece o valor do trabalho e executa as suas funções sem nenhuma emoção, sem nenhum sentimento, a não ser o fastio depois de um longo dia de trabalho. Eu não passava de um técnico da mente humana ou, pior, um burocrata de almas. Não é de admirar que tivesse passado por um período depressivo, com o vazio espiritual a corroer-me as entranhas. Entretanto, se na Áustria eu agira assim, como vinha atuando agora na cidade de São Paulo? Senti um alívio ao fazer a comparação. Mas, lá no fundo da alma, alguma coisa me dizia que ainda faltava muito a realizar, a fim de que pudesse afirmar que amava o meu próximo como a mim mesmo. Com certeza, os meus amigos, inclusive Ana Maria, a minha namorada, estavam bem à frente, doando-se, cada um deles, àqueles com quem estabeleciam contato em seus diferentes trabalhos. Quanto a mim, melhorara muito. Tornara-me gentil e atencioso em relação a meus pacientes, mas seria exagero dizer que os amava fraternalmente.

Enquanto a preleção continuava, tomei uma decisão: buscar aplicar em minha vida o que acabara de escutar, mesmo não me considerando ainda um verdadeiro cristão e

---

2 KARDEC, Allan. *O Evangelho segundo o Espiritismo*. Capítulo XI – n. 8. Catanduva, SP: Edicel, 2016. (Trecho adaptado pelo autor).

muito menos um espírita. O significado da parábola atingia qualquer pessoa, independentemente do seu credo. Sim, eu me esforçaria por conseguir doar amor às pessoas com quem eu me relacionasse no dia a dia. Não seria fácil, mas a decisão estava tomada. Quando me dei conta, o preletor encerrava as suas palavras com uma citação do espírito Fénelon:

> Amados irmãos, aproveitai essas lições; sua prática é difícil, mas a alma retira delas um bem imenso. Crede-me, fazei o sublime esforço que vos peço: "Amai-vos", e logo vereis a Terra transformada num paraíso, onde as almas dos justos virão repousar.

Era tudo quanto eu precisava ainda escutar. A reunião, porém, continuou com uma senhora idosa fazendo uma psicofonia em que uma esposa consolava o marido, que ficara neste mundo com um filho por criar. Outras psicofonias foram realizadas e, já no final, depois de outras preleções, foram entregues mensagens psicografadas a várias pessoas necessitadas de ânimo para dar sequência às suas tarefas neste plano, enquanto entes queridos iniciavam os seus afazeres no mundo espiritual. Saí muito leve do centro espírita. A minha namorada, trabalhadora da casa, apresentou-me a algumas pessoas e deixamos o recinto.

– Gostou? – perguntou-me Ana Maria, já na rua.

– Vocês, espíritas, vêm me surpreendendo. Fico a imaginar o que comentariam meus ex-colegas de trabalho em Viena se lhes dissesse que visitei um centro espírita no Brasil. Eu mesmo, quando lá estava, não poderia imaginar uma cena surrealista como essa.

– E você ainda a considera uma cena surrealista?

– É claro que não, meu amor. Considero esta visita a uma casa espírita uma das melhores coisas que me aconteceram na vida. A outra, sem dúvida, foi ter encontrado você. E se quiser uma terceira: foi ter conseguido amigos tão maravi-lhosos como os que tenho hoje.

Eu havia assistido à palestra de Divaldo Franco, que me impulsionara para um novo patamar. A preleção daquela noite me consolidara nesse plano superior. É claro que muitas lutas viriam pela frente, muitos escorregões e quedas. Mas, a cada vez, eu me levantaria e com firmeza me proporia a continuar nesse caminho sem volta.

❧

Na semana seguinte, chegou até mim um paciente que, depois de algum diálogo, me falou angustiado:

– Doutor, não aguento mais esta vida. Eu vou me suicidar.

Não era a primeira vez que isso me acontecia. Um dos meus colegas, em Viena, também escutara a mesma coisa e, dias depois, o paciente cumprira o prometido. O que me pegou de surpresa foi o fato de eu ter mudado nesse tempo todo em que recebera muita influência positiva dos meus ami-gos. Antes, eu encararia o fato apenas como fazendo parte das variadas possibilidades da minha profissão. Isto é, um dia ou outro apareceria diante de mim alguém querendo pôr fim à vida. Era apenas uma questão de probabilidade. Mas agora, em meu nível inicial de espiritualidade cristã, a reação era outra. Pensei no que dissera o preletor do centro espí-rita ao comentar a máxima de Jesus. "Em qualquer lugar que você esteja", dissera ele, "e à frente de qualquer pessoa com a qual entre em comunicação, reflita com sinceridade: se eu fosse este filho de Deus diante de mim, qual a conduta que esperaria da minha pessoa?" Essa lembrança me mostrou a gravidade do momento que eu estava vivendo com aquele se-nhor, esposo, pai de dois filhos, desempregado e com dí-vidas vencidas, sem nenhuma possibilidade de resgate no momento. Naturalmente, pensei: "É um filho de Deus. O que posso fazer por ele? O que gostaria que ele me fizesse se estivesse em meu lugar?". Recordei-me também das aulas do professor Acácio. "Este homem ainda não encontrou o sentido da sua vida", pensei. "Tenho de ajudá-lo da melhor maneira possível."

Primeiramente, escutei atento todas as suas queixas, que não eram poucas. Depois, além da medicação psiquiátrica, busquei tirar dele o último vestígio de esperança, oculta sob as trevas do desespero. Tentei, com o apoio das minhas mãos, erguê-lo do lodo em que se atolara, impulsionando-o para a conquista de uma vida mais nobre e mais útil. Ao final do atendimento, ele sorriu timidamente e prometeu-me que continuaria de modo redobrado a busca de emprego. Não queria deixar o peso dos gastos familiares nos ombros da esposa, que vinha trabalhando com exemplar dedicação para o sustento da família. Senti intimamente que ele recobrava o ânimo, desaparecido perante as atribulações da vida. À noite, em meu apartamento, fiz o que desde a adolescência esquecera por completo: orei a Deus em favor daquela família que tanto me comovera. Eu queria realmente não apenas o equilíbrio financeiro daquele homem, mas esperava que ele encontrasse o significado da existência, pois essa seria a sua motivação para realizações futuras. Conversei a esse respeito com Ana Maria, que me ampliou o entendimento, fundamentada nos princípios da doutrina espírita.

Na semana seguinte, sem data agendada, ao sair um paciente do consultório, escutei uma voz que denotava bom ânimo:

– Com licença, doutor.

Tirando os olhos dos papéis sobre a mesa, vi o rosto sorridente do homem que na semana anterior falava em suicídio.

– Entre, por favor.

– Não quero tomar seu tempo, doutor. Apenas vim agradecê-lo. O senhor não sabe o bem que me fez: a mim e à minha família. Nunca alguém me tinha escutado com tanta atenção e com tanto respeito. Foi o senhor quem impediu um gesto tresloucado da minha parte. Eu estava enlouquecido naquele momento. Mas o senhor me deu novo ânimo e agora, mesmo com as dívidas em meu encalço, estou lutando com todas as forças para mudar a minha vida e a vida da minha família. Meu irmão emprestou-me algum dinheiro e conseguiu um emprego para mim. Não é aquelas coisas, mas é o início de novos tempos. Começo amanhã. Portanto, o que vim fazer aqui é agradecer do fundo da minha alma tudo o que o senhor fez por mim. Muito obrigado, doutor. Que Deus o proteja sempre.

Notei duas lágrimas querendo escorrer de seus olhos. Depois de abraçar-me fortemente, ele caminhou para a porta. Entretanto, antes de sair, virou-se para mim e disse com um leve sorriso:

– Vou deixar de pensar somente em mim. Quero viver também pela minha esposa e por meus filhos. E isso eu devo ao senhor.

Em seguida, desapareceu no meio dos pacientes que andavam apressados pelo corredor. Fiquei pasmo, a meditar como as palavras e até mesmo o silêncio têm poder. Lembrei-me do que o professor Acácio havia dito em uma das suas aulas: o que pensamos e dizemos nos impulsiona para a realização do seu conteúdo, isto é, se o pensamento é destrutivo, leva à destruição, e, se é construtivo, impulsiona para a criação do bem. O poder das palavras é tanto, que pode levantar quem caiu ou derrubar quem está em pé. Daí o cuidado com as palavras que diremos à nossa esposa, ao nosso marido, aos nossos filhos, aos nossos amigos ou a estranhos. Lembro-me agora de que o espírito Emmanuel, ao afirmar que o verbo é criador, diz que aquilo que sai do coração e da mente, pela boca, é força viva e palpitante, induzindo a pessoa para o bem ou para o mal, de acordo com a natureza do seu conteúdo. No dia em que aquele senhor adentrou o meu consultório, eu fui feliz ao inspirá-lo para o bem. Todavia, se o tivesse atendido burocraticamente, com frieza e indiferença, por certo o resultado teria sido outro. Podemos contribuir para a melhoria de vida do próximo pensando, sentindo e falando somente o que possa materializar novas oportunidades na vida que ele estiver concretizando. Mas o silêncio é igualmente importante em alguns momentos, sobretudo quando alguém tem algo importante a nos dizer. É necessário que o escutemos com atenção, paciência e respeito. É preciso deixá-lo completar o seu pensamento, sem interrompê-lo, portanto. Somente após a escuta ativa é que chega a nossa vez de falar, para, em seguida, darmos oportunidade a que ele responda. É assim que se processa o verdadeiro diálogo. O silêncio respeitoso é, pois, muitas vezes tão importante quanto as palavras. Lembremo-nos de que na natureza diversas criações ocorrem com o poder do silêncio. É assim que a semente se converte em árvore que nos dá sombra, flores e frutos. É também assim que a água brota na fonte, suavemente, sem ruído e sem alarde. Saibamos fazer bom uso das palavras, assim como do silêncio que a meditação nos propicia.

Quando novo paciente entrou no consultório, meu coração rejubilava, pleno de alegria e de esperança.

Conversei muito com Ana Maria sobre o acontecido. Meu estado de espírito era tal, que eu precisava controlar-me para não falar demais. Ela escutava pacientemente e depois acrescentava algo que me abria mais os olhos para a aplicação dos princípios da Psicologia Humanista e Transpessoal e principalmente para o emprego amoroso das máximas de Jesus. Fiquei sobremaneira feliz quando ela, olhando-me com ternura, falou:

– Eu sempre soube que por trás de seu rosto austero havia um coração pulsante, pronto a oferecer o bem.

Fiquei fortemente motivado a continuar agindo com o intelecto e os sentimentos, pois essa era uma confissão que me dava bom ânimo para prosseguir firme no meu novo aprendizado. Mas fiquei igualmente intrigado: então o meu rosto era austero? Como assim?

– O que você quis dizer com a palavra "austero", Aninha?

– Realmente você abriu o seu coração para a vida, Max. Até me chamou de Aninha. Gostei. – Depois, pensou um pouco e em seguida falou: – Com a palavra austero quero dizer "sisudo", "fechado".

Eu sabia que não era extrovertido. Sabia que não era sorridente como Ana Maria, Albert e Leonor, por exemplo, mas não imaginava que aparentasse um semblante sisudo e fechado. Essa foi uma revelação que me desagradou, mas que, ao refletir melhor, verifiquei ser verdadeira.

– Não estou recriminando-o, Max, e muito menos buscando ofendê-lo. O que disse foi uma pista para a sua melhoria de relacionamento, podendo atrair mais para si aqueles que o mereçam.

– Eu sei, Aninha. Não estou ofendido, apenas surpreso. Pensei que minha fisionomia aparentasse alguém compenetrado, maduro, e não sisudo e fechado. Esteja certa de que procurarei melhorar-me neste ponto, até onde puder, pois não conseguirei ser tão extrovertido como você. Aliás, você me fez lembrar de um professor que dizia: "Para ser honesto e honrado, não é necessário ser fechado e carrancudo".

– É isso aí, Max. Seja você mesmo. Continue sendo uma pessoa concentrada e madura, honesta e honrada. Apenas sorria um pouquinho mais, meu amor.

A minha visita ao centro espírita, com suas preleções, psicofonias e psicografias, deu-me um novo impulso para a aceitação do espiritualismo em detrimento do materialismo que antes abraçara. Disse isso numa visita que fiz à dra. Júlia.

– Fico feliz que esta seja a sua conclusão, Max. Posso dizer-lhe que, desde a primeira vez em que conversamos até hoje, tenho notado uma diferença significativa a ocorrer em você. Antes eu notava em suas palavras e atitudes uma certa ansiedade e algo como uma desconfiança em relação ao mundo e ao ser humano, uma falta de satisfação com a vida. Contudo, aos poucos, você foi mudando para melhor. A aproximação de Ana Maria foi um bálsamo para a sua vida um tanto conturbada. A partir desse encontro, você começou a falar diferente, a expor ideias otimistas, a pensar mais no próximo e até... a falar em Deus com palavras elevadas. Posso dizer-lhe, sem nenhuma lisonja, que você tem se transformado para melhor, muito melhor.

Agradeci o parecer da minha amiga e disse-lhe, sem nenhuma afetação, que todos os meus amigos estavam ajudando para que isso ocorresse: ela, com seus modos espiritualizados de me exemplificar a verdadeira conduta espírita; Albert e Leonor, com uma atenção incomum e comovente no trato com a minha pessoa; e o professor Acácio, com as suas aulas inspiradas em luminares da espiritualidade. Isso sem falar no amor de Ana Maria.

Notei que a dra. Júlia estava muito satisfeita com as mudanças que julgava estar ocorrendo em meu proceder. Mesmo eu não tendo me tornado espírita, ela não poupava elogios sobre a suposta incorporação de virtudes que ocorria em mim. E algo que me deixava muito à vontade: ela não sugeria a minha conversão ao Espiritismo. Respeitava a minha opção, a minha liberdade de escolha. Cheguei a dizer-lhe isto, escutando como resposta:

– Se Deus respeita o nosso livre-arbítrio, quem sou eu para desrespeitá-lo? Tudo tem o seu tempo para amadurecer. Você, que conhece filosofia, sabe que os filósofos antigos respeitavam muito a natureza.

– É verdade.

– Diziam que, para vivermos virtuosamente, precisamos viver em harmonia com a natureza e também conosco, uma vez que fazemos parte da natureza. Não é assim?

– Exatamente. Epicteto, por exemplo, exortava-nos a não buscar fazer as nossas próprias regras. Deveríamos comportar-nos em todas as questões de acordo com as leis da natureza. Harmonizar a nossa vontade com a da natureza deveria ser o nosso maior ideal.

– É disto que estou falando, Max. Cada semente possui o próprio tempo para amadurecer, crescer e transformar-se em árvore frutífera. Também cada ser humano tem o seu tempo para desabrochar e dar continuidade a seu progresso, crescendo cada vez mais. É por tal motivo que não procuro converter ninguém ao Espiritismo. Eu rego o solo em que foi feito o plantio, mas, quanto a germinar, cabe ao tempo de cada um.

A essa altura, eu já lera as outras obras básicas de Kardec, ampliando muito os meus conhecimentos a respeito da doutrina espírita. É verdade que não me considerava espírita, mas admirava aqueles que conseguiam viver de acordo com os seus princípios morais, buscando também pautar a minha vida em seus preceitos. Para isto, estudei muito as leis morais conforme a visão espírita. Eu já tomara conhecimento de que a lei natural é a lei de Deus, e que é a única verdadeira para a felicidade do homem, sendo eterna e imutável como o próprio Criador. Portanto, foi aí que busquei o que deveria ou não fazer, cuidando para não me afastar dela. Para memorizar cada lei ensinada pelos espíritos superiores, fiz um resumo adaptado à minha vida, que guardo ainda hoje num papel todo amarelado pelo tempo. Diz ele, em poucas e fundamentais palavras:

• *Lei de Adoração* – Consiste na elevação do meu pensamento a Deus. É pela adoração que posso me aproximar

Dele. Devo, portanto, orar todos os dias, fazendo cada prece nascer do meu íntimo, do fundo da minha alma. Mas devo orar agradecendo a resposta divina que recebo, pois Deus responde a meus apelos em todas as circunstâncias. Não devo orar apenas por mim, mas também pelo próximo, pelos meus irmãos. A humanidade constitui-se numa grande família, e cada um de nós foi criado à imagem e semelhança de Deus. E adorar a Deus é, afinal, um ato da consciência que transformo em ação útil em benefício do próximo.

• *Lei do Trabalho* – Pelo trabalho, desenvolvo o meu potencial moral e espiritual. Portanto, quando ponho meu intelecto e meu coração em ação, pelo trabalho, estou igualmente me burilando, promovendo a minha renovação interior. Mas devo pôr amor no meu trabalho, não fazendo dele apenas uma obrigação. Como médico, tenho de orientar os meus pacientes com competência, serenidade, dedicação e amor fraterno. Somente agindo assim estarei me conduzindo de acordo com a Lei do Trabalho.

• *Lei de Reprodução* – É por esta lei que todo espírito tem oportunidade de renascer e, durante uma existência longa ou breve, dar cumprimento às tarefas específicas a que veio, além de ressarcir dívidas pretéritas pela expressão do amor junto ao próximo. Também pela Lei de Reprodução transmitem as gerações, umas às outras, seus conhecimentos e suas experiências, permitindo o progresso da humanidade. Cuidarei para respeitar esta lei, em toda sua pureza, honrando o meu casamento e sendo digno da esposa com quem Deus me permitiu conviver.

• *Lei de Conservação* – Como ser humano, guardo ainda em mim o instinto de conservação, que deve ser iluminado pela luz da razão com que Deus brindou o Homem. Sei que a Terra oferece a cada um de nós, criaturas humanas, o necessário para a sua sobrevivência e conservação. E sei também da obrigação que tenho, como indivíduo, de cuidar para que este planeta abençoado possa continuar fornecendo o sustento de cada um. Para tanto, devo respeitar e amar a natureza em todos os seus elementos, orgânicos e inorgânicos. Que guarde sempre na memória o fato de que, ao ultrapassar o limite do necessário, caindo nas beiradas do abuso e do excesso, a natureza põe em ação mecanismos dolorosos, que reconduzem o Homem à trilha que lhe cabe para o seu necessário sustento. E que eu passe, a meus filhos e a todas as almas às quais me caiba orientar, a educação do respeito e do amor ao planeta onde graciosamente habitamos.

• *Lei de Destruição* – Como dizem os espíritos superiores, é preciso que haja destruição para que ocorra o renascimento e a regeneração. A destruição é uma transformação cuja finalidade é a renovação e a melhoria dos seres vivos. Também na minha vida particular, quero destruir os defeitos que ainda tenho, incorporando em seu lugar as virtudes que lhes são contrárias. Assim como a necessidade de destruição em nosso planeta vai se enfraquecendo à medida que o Homem vai sobrepujando a matéria, também eu, enquanto espírito, quanto mais evoluir, menos necessidade de destruir defeitos e vícios terei, pois estarei cada vez mais superando o apego ao elemento material da minha vida.

• *Lei de Sociedade* – Fomos criados para viver em sociedade. Buscarei sempre fazer com que os meus intercâmbios sociais se pautem pela harmonia e pela fraternidade. Somente assim posso alcançar o progresso a que me destino. No tocante à família que poderei constituir, é meu intento respeitá-la e amá-la sempre, fazendo com que nossos laços fraternos facilitem o desenvolvimento espiritual de cada um de seus membros.

• *Lei do Progresso* – Diz esta lei que não podemos regredir moralmente, tendo de progredir incessantemente, assim como o adulto não pode retrogradar ao estado de infância. Sei que há pessoas bastante evoluídas em termos intelectuais, mas cujo desenvolvimento moral está muito abaixo. Procurarei, na medida do possível, equilibrar em mim esses dois tipos de progresso que, em sua culminância, se expressam em sabedoria e amor. A agilidade com que se processa a minha evolução depende de mim, portanto, trabalharei para incorporar as virtudes que me facultem com mais rapidez o progresso, na medida em que também auxilio o próximo a crescer.

• *Lei de Igualdade* – Aprendi que todos os homens são iguais perante Deus. Afinal, as leis divinas são feitas para todos. As diferenças que existem entre nós são decorrentes do modo como temos vivido em nossas muitas reencarnações. Pela lei de igualdade, concluo que não me devo julgar superior aos outros, assim como não devo supor-me inferior. Somos semelhantes, pois fomos todos criados à imagem e semelhança de Deus. E, para que não me sinta inferior, é imperioso que trabalhe pelo meu aperfeiçoamento espiritual. Tratarei todos como irmãos e me esforçarei sempre por merecer o título de "filho de Deus e herdeiro do Seu reino".

• *Lei de Liberdade* – É verdade que o ser humano não tem liberdade absoluta, mas possui o livre-arbítrio para fazer as próprias escolhas perante a vida. Tenho a liberdade de pensar o que bem entender, no entanto, é bom que me lembre de que, perante Deus, sou responsável pelo meu pensamento. Tenho igualmente a liberdade de escolher as minhas próprias ações. Sem o livre-arbítrio, eu seria uma simples máquina. É bom que me recorde, porém, de que, após os meus atos, retornarão fatalmente a mim os seus resultados. É como tenho escutado entre os espíritas: o plantio é livre; a colheita, porém, é obrigatória. Procurarei fazer sempre bom uso da minha liberdade, de modo que, em vez de prejudicar-me, ela colabore para o meu adiantamento espiritual.

• *Lei de Justiça, de Amor e de Caridade* – Temos em nosso coração o sentimento da justiça. A justiça consiste em cada um respeitar os direitos dos demais. Cabe-me, pois, respeitar os direitos alheios. Jesus nos deixou a Regra de Ouro, que nos serve de critério no relacionamento com os outros: "Tudo quanto quereis que os outros vos façam, fazei também a eles". Se eu conseguir me pautar por essa regra, estarei igualmente agindo com amor e caridade. Afinal, quem pratica a Lei de Justiça em toda a sua pureza está, a exemplo de Jesus, praticando o amor ao próximo e a caridade. Portanto, procurarei sempre respeitar os meus próprios direitos, bem como os dos outros, tratando todos com imparcialidade, a fim de superar possíveis diferenças, e considerando-os semelhantes. Esse relacionamento terá por base o amor fraterno e a compaixão, que é uma legítima expressão da caridade, a busca efetiva do bem alheio.

Procurarei estender o amor e a caridade também aos animais, meus irmãos, e à natureza, que me dá subsídio para a vida física. Enfim, tudo o que fizer, buscarei fazê-lo com caridade.

Deixei estas anotações na gaveta do criado-mudo e durante muito tempo, à noite, antes de dormir, fazia uma leitura e procurava indagar-me se estava orientando a minha conduta diária por tais diretrizes. Afinal, as palavras do palestrante do centro espírita, ouvidas com atenção e interesse numa noite longínqua, ainda ressoavam fortemente em meus ouvidos: "Amar o próximo como a si mesmo".

14

Confidências

Meu namoro com Ana Maria continuava firme e forte. Eu já dissera a Albert que no dia em que recebera o "sim", pelo qual tanto esperava, havia ganhado na loteria. Na verdade, ela superava as minhas expectativas mais otimistas. Combinávamos bem, embora ela tivesse mais predicados pessoais que eu. O amor que ela dedicava à sua profissão e às pessoas a quem atendia era um espelho para a minha conduta profissional.

Certa noite, depois que ela deixara o centro espírita e nos deliciávamos com um chá bem quente, eu lhe confessei que me espelhava em seu comportamento no trato com os meus pacientes. E disse também que isso não bastava: era necessário ajustar os meus mais variados atos diários à maneira como ela se conduzia no cotidiano. Ao ouvir isto, Ana Maria tornou-se séria e me disse com humildade singular:

— Meu amor, eu não sirvo de modelo para ninguém, menos ainda para você. Sabe de que modo costumo orientar toda a minha conduta, ainda que muitas vezes não o consiga?

— Não, mas gostaria de saber.

— Digamos que alguém tenha me provocado com uma frase menos digna. Antes de responder, eu pergunto: "Como agiria Jesus nesta situação? Que palavras ele diria?". E procuro fazer o mesmo.

— Você está muito certa.

Ela ainda olhou ternamente para mim e disse com seriedade:

— Jesus é nosso único modelo, Max. O nosso único modelo.

Esse breve diálogo foi para mim uma grande lição. A partir daí, também eu procurava me conduzir dessa forma. Lembro-me de um dia em que uma senhora entrou no meu consultório e, sem muitas explicações, disse-me com raiva no semblante:

— Tomei este remédio do jeitinho que o senhor me orientou e sabe o que me fez? Sabe? Nada! Foi como se eu tivesse tomado água.

— Sente-se, por favor, e vamos averiguar por que o remédio não fez o efeito esperado.

Ela continuou em pé e, colocando desajeitadamente a caixa sobre a mesa, falou:

— Pode guardar. Isso não livra ninguém de cefaleia. Não sei por que o senhor insiste em receitá-lo.

— Há pacientes que se dão bem com ele, enquanto continuam com a psicoterapia. Mas poderemos estudar juntos uma alternativa.

— Estou cansada de alternativas. Eu quero cura. E o médico aqui é o senhor, não é mesmo? Outra coisa: não quero saber de psicoterapia. Isso não serve para nada. A minha vizinha faz terapia há dois anos e continua a mesma sonsa de sempre. Uma de minhas conhecidas, também. Aliás, todos que conheço e fazem terapia não mudaram coisa nenhuma. Psicoterapia é perda de tempo.

A minha primeira reação íntima foi de pedir que se retirasse, já que não queria mesmo fazer nada. Mas ela estava certa num ponto: o médico ali era eu. Pois, nesse momento, me veio à tona a pergunta: "Como agiria Jesus nesta situação?". Pensei um pouco e disse com serenidade:

– Os remédios alopáticos combatem os efeitos, os sintomas de uma doença. Porém, é preciso eliminar a causa. Como a senhora tem se sentido ultimamente?

Ela titubeou, depois sentou-se e começou a falar da sua vida. Contou a respeito da situação de seu casamento, que não estava nada boa, pois ela e o marido estavam muito afastados entre si. Falou da solidão que tomava conta da sua pessoa todos os dias, pois ela fazia o serviço da casa e em seguida ficava sem saber o que fazer. Falou, enfim, do vazio que habitava o seu coração. Nesse ponto, ela começou a chorar convulsivamente. Após muitas lágrimas, levantou a cabeça e disse-me entre soluços:

– Nunca alguém me ouviu com tanta atenção, doutor Max. O senhor desconhece o bem que me fez. Sinto-me mais leve e com mais ânimo. Quero pedir-lhe desculpas pelo modo como o tratei assim que aqui cheguei. O senhor é uma boa pessoa e um excelente médico. Será que me aceitaria para uma terapia individual?

Aceitei-a de imediato. Mas o que me deixou perplexo foi como consegui mudar a situação, quando mentalmente me coloquei no lugar de Jesus. Momentos antes, eu estava incomodado, aborrecido, zangado mesmo. Todavia, ao perguntar-me como agiria Jesus em tal situação, tudo mudou: tornei-me atencioso, receptivo e senti compaixão por aquela mulher, que se comportava daquela forma porque estava sofrendo. A partir daí, tudo mudou. Ela falou muito sobre si mesma e seu casamento, e eu escutei atenta e pacientemente.

O resultado foi inesperado, pois eu nunca me conduzira desse modo com ela.

Contei o acontecido a Ana Maria, que me esclareceu:

– Nós, que ainda estamos titubeantes, falhamos muitas vezes uns com os outros. Jesus é de um nível muito superior, Max. Jesus é espírito puro. Ele nunca falha conosco. Sabe o que faço antes de iniciar uma sessão terapêutica? Invoco a presença do nosso Divino Mestre e agradeço os cuidados que ele terá comigo, para que possa ajudar o meu paciente terapêutica e espiritualmente. Peço-lhe inspiração, a fim de que fale quando devo falar, e silencie quando devo escutar. E peço que, ao falar, use as palavras que ele diria a alguém que lhe solicitasse auxílio. Desse modo, a sessão transcorre sob a sua inspiração e saímos dela muito leves, o paciente e eu. Conversei com vários colegas que, ao deixarem o consultório, sentem um peso nas costas, resultante de todas as emoções, em grande parte tóxicas, que foram expressas pelo paciente durante os vários minutos de diálogo terapêutico. Isso não acontece comigo, pois entrego a Deus o paciente que tenho diante de mim e me inspiro em Jesus para que as minhas palavras sejam aquelas que ele pronunciaria em idênticas circunstâncias. Eu também me coloco integralmente nas mãos de Deus, Max. É assim que costumo me conduzir todos os dias.

Passei a agir do modo como aprendera com Ana Maria e, mais uma vez, a qualidade do meu atendimento profissional melhorou astronomicamente.

❧◎◎❧

Eu sabia que Ana Maria não tinha parentes em São Paulo. Ignorava, porém, o paradeiro deles. Pois, numa noite, ela achegou-se a mim e disse em tom confidencial:

– Eu nunca falei com você a respeito dos meus parentes, não é mesmo, Max?

– É verdade.

– Pois vou contar-lhe hoje. Quero me abrir com você, a fim de que me conheça realmente e possamos ter uma vida sem mistérios um para o outro. Eu nasci nas redondezas de Santa Cruz do Capibaribe, no estado de Pernambuco. Meus pais tinham uma distribuidora de confecções, que lhes permitia viver financeiramente tranquilos. Desse modo, fizeram questão de providenciar-me uma boa educação. Foi assim, por exemplo, que me mudei para Recife, a fim de cursar psicologia. Como filha única, sempre tive do bom e do melhor, na altura do nível econômico dos meus pais, que sempre foram muito simples. Nasci também num berço espírita, dado que meus pais seguiam a doutrina dos espíritos desde jovens. Nosso relacionamento era muito bom. Posso dizer que eu amava realmente os meus pais. Mas, num dia em que viajavam até uma nova confecção, perto de Recife, o carro que meu pai dirigia foi abalroado por um caminhão e lançado contra uma construção abandonada. Os dois faleceram na mesma hora. Eu cursava o terceiro ano de psicologia. Fiquei abalada, mas, por ser espírita e saber que a vida prossegue no plano espiritual, logo me recuperei. Com a ajuda do advogado, que era amigo de meu pai, fechei a distribuidora de confecções, vendi a casa em que nascera e dei continuidade a meus estudos, investindo o dinheiro da herança em um banco. Mas, ao mesmo tempo, me senti muito só.

– E seus parentes? – perguntei.

– Tanto o meu pai como a minha mãe tinham vindo do sul da Bahia e haviam deixado por lá os parentes, que quase não conheci.

– Entendo.

– O que me ajudou muito nessa fase foram as amizades que fizera no centro espírita que frequentava em Recife e meus colegas de faculdade. Meu desejo, porém, era vir para São Paulo, o que fiz assim que me formei em psicologia. Tinha em mente conseguir emprego em algum hospital e fazer um curso breve de Psicologia Hospitalar, a fim de dar início ao meu trabalho. Outro sonho é fazer mestrado em psicologia. Mas disso eu falo noutra oportunidade. O que pretendia mesmo dizer é que não tenho contato com familiares, daí estar sempre sozinha. Isso pode incomodá-lo?

– De modo algum, Aninha. Afinal, eu também não tenho parentes por aqui, não é mesmo?

– É verdade. Mas talvez por esse motivo você esperasse encontrar uma família numerosa...

– Não, meu amor, eu não esperava nada. Nem espero. A minha família é você e nossos amigos.

– Isso me envaidece e me tranquiliza, Max. Foi o temor de desgostar você que me fez adiar esta conversa.

– Fique tranquila. Temos muito tempo para constituir uma bela família.

Ana Maria ficou mais alegre, mais viva, eu diria, pois ela estava mesmo muito preocupada por não poder apresentar-me à sua família.

– Meus pais também já faleceram, Aninha. Mas pretendo levá-la um dia onde morávamos.

– Eu adoraria.

Outro tema de nosso diálogo foi a doutrina espírita. A essa altura, conhecendo melhor os seus princípios, eu já me tornara um simpatizante do Espiritismo, sem contudo declarar-me espírita. Ana Maria aproveitou a ocasião para perguntar-me:

– O que ainda impede você de considerar-se um adepto do Espiritismo? Quer falar sobre isto?

Na verdade, eu estava postergando esse tipo de conversa. Afinal, eu mesmo não sabia o porquê da recusa. Tendo sido posto na parede, decidi não fugir do assunto.

BERTANI MARINHO PELO ESPÍRITO MARIUS

– Podemos conversar, se você quiser. O que pretende que eu diga?

– Eu não pretendo nada, Max. Apenas perguntei o que o impede de declarar-se espírita, já que parece concordar com os fundamentos da doutrina. Fica a seu critério responder ou não.

– Bem, inicialmente o problema para mim era a afirmação de que somos espíritos imortais. Havia aí dois obstáculos. O primeiro, a consideração de que somos espíritos. Como materialista, não poderia concordar com a existência de espíritos e muito menos que somos espíritos. Como você sabe, o materialismo afirma que a única coisa cuja existência se pode afirmar é a matéria. E mais: fundamentalmente, todas as coisas são compostas de matéria e todos os fenômenos são o resultado de interações materiais, sendo a matéria a única substância. Tendo por base essa crença, como poderia abraçar uma doutrina que se diz espiritualista, isto é, a contradição do materialismo? Em segundo lugar, para o materialista convicto, a morte é o fim de tudo. Eu acreditava que a morte significava o meu desaparecimento. Com ela, eu deixaria de existir. Pensando assim, dá para alguém abraçar o Espiritismo?

– Não dá. Mas você continua a pensar desse modo?

– É claro que não.

– Então você está fugindo, meu amor. Não está tendo coragem de enfrentar o pensamento da sua namorada.

Rimos, mas a colocação de Ana Maria era séria. O que eu poderia responder?

– Para dizer a verdade, não vejo no momento nada que me impeça de ser um espírita.

– Bem, não quero forçá-lo a nada. Não costumo fazer isso com ninguém, quanto mais com você. Saiba que eu o amo assim como você é agora.

Essa revelação me deu novo ânimo e eu criei coragem para dizer:

– Não sou de fugir da luta. Quero apenas que você me dê um pouco mais de tempo e prometo oferecer-lhe uma resposta clara e objetiva.

– Você tem o tempo que precisar, Max. Costumo dizer que cada semente tem um tempo certo para germinar. Não podemos exigir dela um tempo criado em nossa mente. Ela crescerá exatamente no tempo determinado por Deus. Com o ser humano acontece algo semelhante. Todos abraçaremos "a Verdade que liberta", mas, quando isso acontecerá, cabe a cada um de nós. Não podemos atropelar a germinação da semente no coração do homem.

Dito isso, Ana Maria ficou em silêncio, apenas olhando ternamente para mim. O seu gesto anterior, ao dizer que me aceitava como sou, fez-me pensar no amor incondicional, explanado pelo professor Acácio em uma de suas aulas. Ele aludira à parábola de Jesus intitulada "O Bom Samaritano". Recordei-a mentalmente:

Descia um homem de Jerusalém a Jericó. Enquanto caminhava, caiu em poder de ladrões que, depois de o despojarem e espancarem, retiraram-se, deixando-o quase morto. Pelo mesmo caminho seguiu um sacerdote. Vendo-o, passou adiante. De igual modo, um levita, passando por aquele lugar, também o viu e seguiu seu caminho. Todavia, um samaritano que estava de viagem achegou-se a seu lado e, ao vê-lo, se encheu de compaixão. Aproximou-se, tratou-lhe as feridas derramando azeite e vinho. Colocou-o em cima da própria montaria, conduziu-o a uma hospedaria, onde cuidou dele. Pela manhã, tirou duas moedas de prata e deu-as ao hospedeiro, dizendo:

– Cuide dele e, o que gastar a mais, na volta lhe pagarei.

Neste ponto, Jesus pergunta a um doutor da lei:

– Qual dos três lhe parece que tenha sido o próximo daquele que caiu nas mãos dos salteadores?

Ele respondeu:

– Quem usou de misericórdia para com ele.

Então, Jesus lhe disse:

– Pois vá e faça o mesmo.[1]

Além de nos dar uma lição sobre a definição de "próximo", Jesus fez também uma bela explanação sobre o amor incondicional. Por isso, falei à minha namorada:

– Aninha, o seu gesto, ao dizer que me ama do modo como sou agora, me fez lembrar da Parábola do Bom Samaritano. O professor Acácio nos falou sobre ela, apontando-a como um belo exemplo do amor incondicional.

– E é verdade, pois o samaritano nem sequer conhecia a pessoa de quem estava tratando.

– Ele não impôs nenhuma condição para cuidar daquela pessoa.

– O amor que o samaritano expressa é pleno, completo, absoluto. Nada exige, nada pede em troca.

– Em sala de aula, uma aluna disse ao Professor ter lido que o amor incondicional abre o centro do coração, que representa a nossa capacidade de expressar compaixão, compreensão e o desejo de servir.

– Faz sentido, pois tudo isso foi demonstrado pelo bom samaritano, Max.

– O espírito Fénelon nos assegura que o amor é de essência divina e que cada um de nós tem no fundo do coração a centelha divina desse fogo sagrado.

– Quando li Richard Bach, gravei uma afirmação que diz: "Amar alguém incondicionalmente é não nos preocuparmos com o que essa pessoa é ou faz". O que você acha?

Olhei bem para os olhos de Ana Maria e respondi:

---

1 Lucas, 10:25-37

– Eu penso que retrata fielmente o que você acabou de dizer a meu respeito, Aninha. Você me demonstrou na prática o que é amor incondicional. Fiquei emocionado, pois poucas pessoas conseguem expressar o amor sem impor alguma condição.

– Não exagere, Max. Não sou tão boazinha assim. Ainda não mostrei as minhas garras.

Ri e respondi no mesmo tom:

– Suas garras devem ser de veludo. Aliás, ainda falando em amor incondicional, lembrei-me de um fato ocorrido quando eu ainda cursava medicina. Um de meus colegas namorava uma moça, que não o tratava tão bem quanto ele achava que merecia. Mas, certo dia, ele recebeu do pai uma grande quantia em dinheiro, que foi depositada num banco. Entretanto, uma parte dela foi aplicada na compra de um belo anel de ouro com uma safira azul. Era o presente que ele escolhera para a sua namorada. Todo feliz, o meu colega convidou-a para um jantar especial e, enquanto aguardavam o prato solicitado, ele a presenteou com o anel. A moça colocou-o no dedo, sorriu e disse ao namorado: "Se eu continuar a receber presentes como este, poderei amá-lo por toda a minha vida". Está certo que a frase foi dita em tom de brincadeira, mas revelava os sentimentos íntimos daquela jovem. O seu amor, se podemos chamá-lo assim, era totalmente condicional, pois impunha uma condição: "Eu o amarei sempre se você fizer o que eu quero". Amor condicional é aquele que espera por algo em troca. Não é, portanto, o verdadeiro amor. Não preciso dizer que, pouco tempo depois, terminou o namoro do meu colega. E, é claro, a ex-namorada não devolveu o presente...

Continuamos ainda a conversar animadamente, quando Ana Maria me perguntou de improviso:

– Por que você se interessou por mim a ponto de pedir-me em namoro, Max?

Fui pego de surpresa. Sabia, porém, qual era a resposta verdadeira:

– Você me cativou pela sua pureza, pela sua bondade e pela sua inteligência, Aninha.

– Crê você que eu tenha tudo isso? – perguntou sorrindo Ana Maria.

– Tudo, e muito mais – respondi.

– Agora você exagerou. Mantenha-se na realidade, meu amor.

Rimos da sua resposta, mas eu afirmei com convicção:

– O que disse, posso repetir a qualquer momento. Você tem muitas qualidades e creio que foi o conjunto delas que me atraiu em você.

Naquele tempo, eu ainda não conhecia certas leis mentais, de modo que fiquei alegremente surpreso quando ela me falou:

– De acordo com a Lei da Atração, Max, semelhante atrai semelhante. Por exemplo: quem você convida para uma festa em seu apartamento?

– Pessoas com quem eu esteja afinado. Não vou convidar alguém que eu julgue arrogante, mentiroso ou chato.

– Se você convida pessoas que se afinam com você, isso significa que convida quem é semelhante a você.

– Pode ser. Penso que é isso mesmo.

– Pois, naquele momento em que você recebe as pessoas para sua festa, está se cumprindo a Lei da Atração.

– Você quer dizer que eu atraí você?

– Eu quero dizer que você atraiu para si alguém semelhante a você. Logo, se você viu aquelas qualidades em mim, é porque você também as possui em algum grau.

– Nunca havia pensado nisso.

– Mas eu também atraí você, de certo modo. Houve uma sintonia vibratória entre nós.

– Quer dizer que no dia em que me encontrei com Albert em Viena, e ele resolveu ajudar-me, estava em funcionamento a Lei da Atração?

– Exatamente. O jornalista e escritor espiritualista Prentice Mulford disse que tudo o que entra em nossa vida, somos nós que atraímos por meio de imagens que criamos e mantemos em nosso íntimo. Isso quer dizer que atraímos para nós o que estiver se passando em nossa mente.

– De fato, você estava em minha mente, Aninha. Não era ideia fixa, mas eu desejava imensamente conhecer você e – quem sabe? – poder namorá-la.

– O mesmo aconteceu comigo, Max. Posso dizer que nós nos cativamos. E sabe o que diz Saint-Exupéry a esse respeito?

– Não. Não sei.

– É algo de extrema responsabilidade. Em sua conhecida fábula, a raposa diz ao Pequeno Príncipe: "Você é eternamente responsável por aquilo que cativa".

– Pode parecer algo banal, Aninha, mas tem uma implicação muito séria. Representa o comprometimento da pessoa que cativa em relação à pessoa que é cativada.

– Por outro lado, Max, nós somente cativamos alguém quando fomos por ele cativados.

– Creio que você esteja certa.

– Portanto, a responsabilidade é mútua. Lembrando que cativar é impressionar, seduzir, atrair, encantar, e não tornar o outro cativo, como alguns pensam.

– Cativo é quem está preso, certo?

– Sim, é quem foi aprisionado. Mas, quando nos referimos ao amor, não é isso que ocorre. Temos de nos unir ao ser amado e não aprisioná-lo, tirando-lhe a liberdade.

– Agora entendo por que, no Brasil, se fala em "trabalho de amarração".

Ana Maria tornou-se séria e falou com propriedade:

– A magia de amarração é um desrespeito ao espírito que se quer ganhar para si. Afinal, ninguém é posse de ninguém. Quando se fala em amarração, diz-se que a pessoa a quem é dirigido o "trabalho" não apenas será presa a quem o encomendou, como também será moldada de modo a que se tenha domínio completo sobre ela. O que se busca é prender uma pessoa a outra. E o "trabalho" é feito no sentido amoroso, emocional ou meramente sexual. Mas, quando tocamos nesse tema, certamente não estamos falando em Espiritismo. Há uma grande confusão entre a doutrina espírita e certas seitas que fazem uso da mediunidade. Só existe um Espiritismo, Max, e é o codificado por Allan Kardec. Fora dele, não se deve falar em Espiritismo. Aliás, foi ele quem criou essa palavra. Antes de Kardec, falava-se apenas em espiritualismo. Justamente para diferenciar a Codificação feita por ele de outras formas de espiritualismo foi que cunhou o vocábulo "Espiritismo".

– Li isso na introdução de *O Livro dos Espíritos*.

– Ali, Kardec usa pela primeira vez a palavra "Espiritismo", para se referir à doutrina dos espíritos que ele codificou. É preciso ficar bem claro, portanto, que no Espiritismo não há mandinga, amarração amorosa, afasto de rivais, poções, despachos etc. A moral espírita não se coaduna com tais atividades. E, como você bem sabe, a moral espírita tem por base o Evangelho de Jesus. Não estou atacando outras crenças, apenas retirando o nome *Espiritismo* de um pacote ao qual ele não pertence.

– Ficou tudo muito claro, Aninha.

– Tudo isso surgiu porque eu estava dizendo que cativar alguém no sentido usado por Saint-Exupéry não quer dizer "prender alguém", mas atrair positivamente alguém para si. Não à força, portanto, mas pela expressão de qualidades intelectuais e morais superiores.

– Pois falávamos exatamente da Lei da Atração, não é mesmo?

– Eu pretendia dizer que os pensamentos possuem uma energia que atrai energias semelhantes, como dizem os teóricos do pensamento positivo. Isso equivale a dizer que aquilo que criamos na mente é o que teremos para nós. Se nosso pensamento concentra-se no medo por falta de dinheiro ou no temor por uma doença grave, é isso que obteremos. Charles Haanel, seguidor do novo pensamento, dizia que o pensamento predominante que temos, ou a nossa atitude mental, é um ímã. Já a lei é a de que o semelhante atrai o semelhante. Portanto, a nossa atitude mental atrairá condições que se harmonizem com a sua natureza. Se nossa atitude mental for positiva, atrairemos boas coisas; caso contrário...

– Caso contrário, ocorrerá o que acontecia comigo no passado, quando até caí em um estado depressivo.

– Espiritualmente falando, você atraía para junto de si espíritos inferiores que se encarregavam de abastecê-lo de pensamentos densos.

Nesse momento, ri, abracei Ana Maria e disse:

– Sendo assim, agora estou atraindo apenas espíritos elevados. É por isso que me agarrei num deles.

A partir daí, a conversa passou para a influência dos espíritos em nossa vida. Ana Maria perguntou:

– Você sabe que os espíritos que atraímos para junto de nós pelo teor dos nossos pensamentos, sentimentos e desejos também passam a nos influenciar? Dizem os espíritos superiores que eles nos influenciam muito mais do que imaginamos e até mesmo frequentemente nos dirigem.

Nesse momento, ela retirou da bolsa um exemplar de O Livro dos Espíritos[2], que levara para estudo no centro espírita, e me disse, após folheá-lo:

– Ouça o que dizem os espíritos superiores em duas questões de Kardec:

---

2 KARDEC, Allan. O Livro dos Espíritos. Capítulo IX – Intervenção dos Espíritos no mundo corpóreo. Catanduva, SP: Edicel, 2016.

460. *Temos pensamentos próprios e outros que nos são sugeridos?*

R.: Vossa alma é um Espírito que pensa; não ignorais que muitos pensamentos vos ocorrem, a um só tempo, sobre o mesmo assunto, e frequentemente bastante contraditórios. Pois bem: nesse conjunto há sempre os vossos e os nossos, e é isso o que vos deixa na incerteza, porque tendes em vós duas ideias que se combatem.

467. *Pode o homem se afastar da influência dos Espíritos que o incitam ao mal?*

R.: Sim, porque eles só se ligam aos que os solicitam por seus desejos ou os atraem por seus pensamentos.

Colocando o exemplar sobre a mesa, Ana Maria continuou:
– Você está notando o cuidado que precisamos ter com os sentimentos que expressamos, com os pensamentos que alimentamos e com os desejos que temos?
– E também com nossas palavras e atos – acrescentei.
Ana Maria sorriu ao dizer:
– Parabéns, Max, você entendeu a lição. Mas como nos livrarmos da má influência dos espíritos?
Sem esperar por resposta, ela retomou o livro, abriu na página onde colocara o marcador e leu:

469. *Por que meio se pode neutralizar a influência dos maus Espíritos?*

R.: Fazendo o bem e colocando toda a vossa confiança em Deus, repelireis a influência dos Espíritos inferiores e destruís o império que desejam ter sobre vós. Guardai-vos de escutar as sugestões dos Espíritos que vos suscitem em vós os maus pensamentos, que insuflam a discórdia e excitam em vós todas as más paixões. Desconfiai sobretudo dos que exaltam o vosso orgulho, porque eles vos atacam na vossa fraqueza. Eis por que Jesus vos faz dizer na oração dominical: "Senhor! Não nos deixeis cair em tentação, mas livrai-nos do mal".

– Tudo depende de nós, não é mesmo?

– É isso mesmo, Max. Tudo depende de nós. Temos à nossa volta, a nos influenciar, os espíritos que, consciente ou inconscientemente, atraímos. Portanto, mais uma vez a exortação do Mestre Maior: "Orai e vigiai!".

– Cuidado com quem convidamos para nos fazer companhia.

– E voltamos à Lei da Atração – disse Ana Maria. – Diz ela que os pensamentos possuem uma energia que atrai energias semelhantes. Isso quer dizer que todo evento, positivo ou negativo, que acontece conosco foi atraído por nós. Portanto, se queremos boas realizações, temos de pensar antes que estamos sempre agindo de acordo com a Lei da Atração. Em seguida, temos de dar três passos: pedir a Deus o que queremos, acreditar na Divina Providência e receber o que nos for ofertado. Não se esqueça, Max, Deus sempre responde...

Sem dúvida, essa foi uma noite memorável, de muitas alegrias e – por que não? – de muita fé.

15

Novas lições, novos alvos

Depois de várias confidências trocadas com Ana Maria, redobrei meus esforços para eliminar certos defeitos que possuía, buscando incorporar as virtudes contrárias a eles. E nesses encontros, sem dúvida, aprendi novas lições de vida.

Por essa época, assisti a uma aula do professor Acácio que me deixou motivado a conduzir-me pelo sentido universal da vida, isto é, a evolução espiritual. Mas eu procurava também alcançar o sentido particular da minha existência. Ele já havia citado Paulo de Tarso, quando afirma na carta aos filipenses: "Prossigo para o alvo". Pois, inspirado por esse pensamento, eu comecei a me esforçar por seguir para o meu alvo, que era atender fraternalmente os pacientes que me procuravam no hospital. Antigamente, eu era um burocrata da medicina, sem maiores considerações pelo paciente. Mas, por aquela época, principalmente pela influência da minha namorada, eu me habituara a me perguntar, diante de cada paciente que me procurava: "O que Jesus faria em meu lugar?". No entanto, após a aula a que me refiro, achei que deveria haver pelo menos mais um sentido particular para a minha vida. O Professor discorreu sobre a nossa consciência intuitiva.

– A consciência – disse ele – é um fenômeno especificamente humano, uma capacidade intuitiva que nos ajuda a encontrar o sentido único inerente a cada situação específica. Esta é uma tese de Viktor Frankl. Segundo ele, o cientista tende a considerar a consciência apenas resultado de processos condicionantes. Assim, se agimos bem, é porque estamos condicionados a evitar um castigo ou a aguardar uma recompensa. Isso, porém, não passa de uma falsa moralidade. A verdadeira moralidade está presente quando nos propomos a agir pelo bem de alguém ou de alguma causa, e não apenas em benefício próprio.

Eu, que já aceitara a moral cristã, estava plenamente de acordo com o Professor. Mas havia ainda algo que me levou a conferir, a testar o meu sentido particular de vida. A consciência – de acordo com Viktor Frankl – é a capacidade intuitiva de descobrir o sentido único e singular, oculto em cada situação. Temos de prestar atenção à voz interior, que nos possibilita encontrar o sentido geral da nossa existência, assim como aos sentidos particulares, que lhe dão um brilho pessoal.

Conversei, depois da aula, com o professor Acácio a esse respeito, buscando pontos em comum com a doutrina espírita. Disse-me ele:

– Max, para os espíritas, o sentido universal da vida é o progresso. Estamos vivendo esta reencarnação com a finalidade de dar passadas que nos projetem para além de onde estávamos quando deixamos o período de erraticidade, isto é, aquele espaço de tempo em que estagiamos no mundo espiritual como preparação para uma nova existência. Temos em cada reencarnação a oportunidade de um aprendizado. As verdadeiras lições aí recebidas devem ser aplicadas em nossa vida de modo tal a avançarmos, caminharmos para frente, em direção ao nosso Criador. Sabe você que fomos criados, enquanto espíritos, simples e ignorantes, isto é, sem conhecimentos. Mas, se assim fomos criados, temos como característica essencial a perfectibilidade, a tendência a nos aperfeiçoarmos. Estamos sempre caminhando para a perfeição. Não foi sem motivo que Jesus nos advertiu para sermos perfeitos como nosso Pai Celestial é perfeito. Na medida em que progredimos espiritualmente, vamos nos aproximando da felicidade mais completa que podemos experimentar. Paulo, em sua carta aos filipenses, diz que não pretende afirmar que já atingiu o alvo e a perfeição, mas corre por alcançá-la. O alvo é a finalidade da vida. Quando vivemos nesta existência de acordo com tal finalidade, certamente estamos correndo por alcançar a felicidade.

– Concordo plenamente, Professor.

– Quando se pergunta aos materialistas qual é o sentido da vida, muitos nos respondem que a vida é breve e, portanto, é preciso que desfrutemos de seus prazeres. Se assim não fizermos, ela chegará a seu termo e nada mais poderemos fazer, pois a morte é o fim de tudo. Todavia, nós, os espíritas, vemos na existência que levamos apenas um tijolo de uma grande construção. As paredes ainda estão sendo levantadas, até que contemplemos a magnífica obra. Esta reencarnação é mais uma oportunidade, amorosamente oferecida por Deus, para que possamos dar continuidade ao nosso progresso. Os desafios que enfrentamos todos os dias são lições que Ele nos dá, a fim de que continuemos cimentando os tijolos do edifício que estamos levantando. Com essa analogia, estamos dizendo que o significado universal da vida é o aprendizado da lei divina, para que possamos ajustar-nos a ela, usufruindo da melhoria do progresso individual, tanto na dimensão intelectual como na moral e na espiritual. É importante, Max, que façamos o nosso aprendizado como alunos conscientes e dedicados, a fim de que possamos acelerar o ritmo da nossa caminhada para o Pai.

– E o sentido particular da nossa existência, Professor, como encontrá-lo? Sei que já conversamos sobre isto. Agora, entretanto, pergunto mais como aprendiz da vida do que como aluno do nosso curso.

– Gostei do que você acaba de dizer, meu caro amigo – disse o Professor –, e principalmente porque você falou *nosso* curso. Isso é um indicativo de que você está gostando.

Rimos dessa conclusão e, em seguida, me expressei com seriedade:

– *Nosso* curso, Professor, tem ajudado muito a transformar a minha existência. Ele é mais que um simples curso. É um roteiro de vida... e muito bem-feito.

O professor Acácio sorriu levemente e continuou:

– Chega de elogios, senão logo me baixa a vaidade. Você me perguntou como encontrar o sentido particular da vida. Não é muito difícil, Max. Basta identificar quais são os seus conhecimentos, as suas habilidades, enfim, qual é a sua competência. Melhor dizendo, precisamos, todos nós, identificar em que somos competentes. Diria o povo: você é bom em quê?

– Entendo.

– Então, me responda: você é bom em quê?

– Não quero ser orgulhoso. Longe de mim a vaidade, mas creio que seja bom na minha profissão. Creio que seja um bom psiquiatra. Se antes eu era um burocrata da medicina, hoje a exerço com amor.

– Pois bem, a profissão, não importa qual seja, não deve ser encarada como uma necessidade maçante ou um sacrifício detestável. Precisamos executar nossas tarefas com dedicação e amor ao próximo. A profissão deve ser vista, percebida, sentida como sacerdócio. Hoje se fala muito neste sentido, inclusive que Jesus foi, ao mesmo tempo, mestre e médico, deixando-nos um padrão de cura a ser utilizado em favor da Humanidade.

– Como é bom ouvir isso, Professor.

– A verdade, Max, é que Jesus era médico em seu pleno significado. Percorria cidades e aldeias, pregando as lições do Evangelho e curando todas as enfermidades e moléstias entre o povo. Os médicos materialistas apenas cuidam do corpo, focando tão somente os efeitos da doença e não alcançando a sua causa. Já o médico Jesus curava tanto o corpo quanto a alma.

– Jesus era médico em sua completude, Professor. Era médico integral.

– E também modelo para os médicos de hoje.

– Jesus é sempre o maior e melhor modelo para nós. Confesso que nunca pensara nos moldes como você me apresentou agora o médico Jesus, mas, como já lhe disse, tenho procurado fazer da minha profissão um instrumento de auxílio ao próximo.

– Tenho certeza disso, Max. O fato de você ter se matriculado em nosso curso bem demonstra o seu interesse em completar as partes da nobre profissão da medicina: a dimensão física, a dimensão emocional e a dimensão espiritual. Sem dúvida, você já descobriu que o sentido particular da sua vida passa pela psiquiatria.

– É verdade, Professor. Mas, após esta nossa conversa, acabo de me certificar de que há outro sentido complementar. E seguirei por ele, graças a pessoas maravilhosas que entraram em minha vida para não mais sair: Ana Maria, você, Albert, Leonor e a doutora Júlia.

– Apenas temos feito com você o que almas bondosas fizeram conosco um dia. Nada mais que isso.

Nesse momento, fiquei muito emocionado. Agradeci o Professor e saí a levitar pela rua, tão leve fiquei após aquele breve diálogo. Somente depois notei que não havia dito qual era o sentido particular da minha existência, que descobrira já havia algum tempo, mas que, exatamente naquele diálogo, tornara-se límpido como a água cristalina. No dia seguinte, procurei Ana Maria no hospital e a convidei para jantarmos num restaurante de que ela muito gostava. Tinha mais assuntos para discutir com ela.

A noite estava agradável quando entramos no tranquilo restaurante, onde um pianista executava *Stardust*, de Hoagy Carmichael. Não me esquecerei jamais desses momentos, vividos num clima de amor, alegria e lições espirituais. Inicialmente conversamos sobre o meu último diálogo com o Professor. Depois, passamos a discorrer sobre nossos trabalhos no hospital. Já havíamos pedido a sobremesa, quando iniciei a minha fala, que significava o motivo por tê-la convidado a esse encontro.

– Aninha – falei com emoção –, não foi apenas para jogar conversa fora que a convidei a vir aqui.

Ela fitou-me com olhos interrogativos e esperou que eu falasse.

– Como lhe disse, eu conversei profundamente com o Professor sobre o sentido da vida, tanto o universal quanto o particular. Na verdade, podemos ter alguns sentidos particulares. E eu quero confessar-lhe dois, que encontrei e quero seguir por eles daqui para frente. Eu já havia encontrado um, que é servir o próximo no hospital, como médico do corpo e da alma.

– E esse sentido é muito nobre, Max. Fico feliz com você por tal descoberta. Também busco fazer o mesmo com todas as pessoas que atendo, como psicóloga.

– Nem sempre é fácil seguir por esse caminho, você bem sabe.

– É verdade, mas o esforço compensa.

– Bem, eu encontrei outro sentido particular de vida e quero compartilhá-lo com você, juntamente com o outro motivo pelo qual estamos aqui.

Nesse momento, o garçom trouxe as sobremesas e aproveitei para respirar lenta e profundamente. Afinal, eu estava ansioso e precisava relaxar. Por seu olhar, constatei que Ana Maria havia notado meu estado de espírito, mas nada disse. Aguardou minhas palavras sem tocar na musse de limão com gelatina que havia pedido. Usei mais uma vez da respiração calmante e lhe disse em seguida:

– Aninha, já guardei por muito tempo a decisão que, secretamente, havia tomado. Faz algumas semanas que tenho notado algo incomum em mim, em relação a tempos passados. Depois de ter entrado em contato mais direto com a doutrina espírita, tenho procurado viver de conformidade com as suas lições.

– Você mudou bastante, Max. Ninguém melhor que eu para dizer isso.

– Fico feliz por escutar essas palavras. Tenho em quem espelhar-me, com certeza. E, seguindo a sua orientação, Aninha, meu maior modelo tem sido Jesus. Foi aí que pensei: "Se estou procurando viver como um verdadeiro espírita, por que não tornar-me um deles?".

Foi até engraçado, pois Ana Maria arregalou os olhos e, quase num grito – o que não era seu costume –, disse emocionada:

– Max, meu amor, eu queria tanto ouvir isso de você. Valeu a pena esperar – e segurou fortemente a minha mão. Comovidos, silenciamos por alguns segundos, antes que eu continuasse a me expressar:

– Quero que você me leve ao centro espírita que frequenta. Preciso conhecer melhor essa doutrina, fazendo ali um curso. Além de aprender mais sobre a doutrina, gostaria de explorar com segurança o fenômeno da mediunidade.

– Max, é com muita felicidade que o apresentarei a dona Rosa, a fundadora da casa. O curso de Educação Mediúnica terá início no próximo mês. E devo contar-lhe uma novidade: eu serei uma das expositoras.

– Você vai ser minha professora?

– Vou, mas, agora que conheço o primeiro dos meus futuros alunos, sei que terei de preparar-me dobrado.

Conversamos muito sobre a doutrina, sobre os cursos e a respeito das demais atividades do centro espírita que eu passaria a frequentar. Depois, Ana Maria perguntou interessada:

– E o outro motivo que nos trouxe aqui? Estou curiosa.

Olhei fixamente para ela e disse, tentando manter-me tranquilo:

– Ana Maria, você aceita tornar-se minha noiva?

Ela também me fixou com o olhar e disse muito emocionada:

– Eu já estava com medo de que você desistisse no meio do caminho. É com profundo amor que aceito.

Eu havia comprado secretamente um par de alianças, que retirei do bolso e disse, com largo sorriso:

– Selemos, então, nosso noivado, passando a usar as alianças que simbolizam o amor verdadeiro que há entre nós.

Ela ficou surpresa, pois pensava que eu faria isso numa noite festiva, em companhia de nossos amigos. No entanto, achou que assim de surpresa tinha sido muito melhor.

– Eu quero ver a cara da Leonor quando me vir de aliança – disse rindo Ana Maria. – Aliás, isso nem vai acontecer, pois vou ligar para ela assim que chegar no apartamento.

– E convide-a para um jantar aqui mesmo, neste restaurante. Já deixarei reservados os lugares. Nossos amigos deverão estar aqui a comemorar nosso noivado, que começa hoje.

Convidamos nossos poucos, mas seletos amigos para a comemoração do noivado e aguardamos pressurosos que chegasse o sábado. Quanto ao centro espírita, fui conhecê-lo já na noite seguinte. Era um local simples e muito bem cuidado. Suas instalações não eram grandes, com exceção do salão, onde eram feitas palestras e também preleções para as pessoas que aguardavam a sua vez de tomar passe. Quando entrei na casa, caixas de som localizadas em suas diversas dependências irradiavam suave música, tranquilizando seus assistidos e trabalhadores. Fomos diretamente a uma saleta onde uma senhora, já idosa, fazia algumas anotações. Ana Maria pediu licença e dirigiu-se até ela.

– Boa noite, dona Rosa. Estou invadindo sua sala.

– Isto não é invasão, é uma bênção – disse ela, enquanto abraçava a minha noiva. Depois, olhando para mim, pediu com um largo sorriso: – Por favor, entre.

Ana Maria apressou-se em apresentar-me:

– Este é Max, meu noivo, dona Rosa.

A senhora cumprimentou-me e, em seguida, virando-se para Ana Maria, falou sorrindo:

– Mas você é toda cheia de mistérios, não, Ana Maria? Pois já está noiva?

– Ficamos noivos ontem, e a senhora é uma das primeiras pessoas a saber.

– Que honra! – e, olhando para mim, completou: – Max, esta jovem é uma prenda de Deus. Cuide bem dela.

Em seguida, fomos convidados a sentar-nos. Ana Maria esclareceu que eu estava querendo conhecer a casa que nos acolhia.

– Mostre-lhe todas as dependências, Ana Maria. – Depois, olhando para mim, completou: – Por que você não toma também um passe? Irá apaziguá-lo para enfrentar os problemas com seus pacientes.

Fiquei surpreso. Ela estava lendo alguma coisa em mim ou Ana Maria já lhe havia dito algo a meu respeito? Mas não pude refletir muito sobre isso, pois ela continuou:

– Quem sabe um dia você também poderá ser um dos nossos passistas.

Eu já estava ficando confuso. Entrara há poucos minutos naquele local e começava a escutar afirmações intrigantes. De fato – não sei por que –, acorrera-me uma visão, despropositada àquela altura, que era justamente eu aplicando passes em assistidos daquela instituição. Deixei de pensar sobre isso, pois Ana Maria já se levantava para mostrar-me as dependências do centro. Olhei com respeito para cada sala que ela me mostrava, esclarecendo a sua serventia. Ao final, ela me perguntou:

– Vamos, então, tomar um passe?

No momento, titubeei. Tudo estava transcorrendo muito depressa. Um apego ao passado apossou-se de mim. "Eu, tomar passe? Não é isso uma balela?" E um arrependimento tomou o lugar da curiosidade e da aquiescência de poucos minutos atrás: "Por que fui dar vazão a sentimentalismos? Por que pedi que Ana Maria me trouxesse a este lugar de carolas? É preciso dar um jeito de ir embora". Mas, exatamente nesse momento, senti a mão de alguém a pousar sobre o meu ombro. E uma voz me disse:

– As mudanças positivas nem sempre são fáceis, Max, mas são necessárias.

Virei-me para trás e ali estava dona Rosa, com seu sorriso peculiar. Enrubesci e procurei palavras com dificuldade para lhe dar uma resposta. Consegui apenas isto:

– A senhora tem razão. Mudanças exigem tempo.

Pensei que, assim dizendo, ela daria outro rumo à conversação. No entanto, com o mesmo sorriso, ela encerrou o diálogo, afirmando convicta, enquanto me entregava uma papeleta:

– O seu tempo é agora. Ana Maria, dirija-se ao salão, para que Max aguarde a sua vez de tomar o passe.

Não tive forças para contra-argumentar. Segui Ana Maria, sentando-me na cadeira que me foi indicada por um trabalhador da casa. Meus pensamentos bailavam desorganizados na mente, enquanto um senhor, de frente para nós, fazia sua preleção. De início, nada escutei, pois o ruído interior era mais alto que as palavras do preletor. Depois, acalmando-me lentamente, pude ouvir um pouco do que ele dizia. Na verdade, ele fazia uma citação evangélica:

> Por isso lhes falo por meio de parábolas; porque, vendo, não enxergam; e ouvindo, não escutam, muito menos compreendem. Neles se cumpre a profecia de Isaías: "Ainda que continuamente estejais ouvindo, jamais entendereis; mesmo que sempre estejais vendo, nunca percebereis".[1]

Imediatamente pensei: "O que está acontecendo? Aqui todo mundo lê mentes? Por que suas palavras penetram tão fundo em meu coração? Será porque nos últimos tempos sempre tenho ouvido as palavras judiciosas de meus amigos e até hoje nada fiz para incorporá-las em minha conduta? Li os conselhos de Jesus em seu Evangelho e não os apliquei. Isso é verdade. Pelo menos, não os apliquei com a intensidade que merecem. Chegou, de fato, o momento de mudar. Dona Rosa está com toda a razão ao dizer que meu tempo é agora".

Tecia essas considerações, quando escutei uma voz feminina pedindo que eu e Ana Maria nos levantássemos, dirigindo-nos para a sala de passes. Segui um tanto apreensivo para aquele aposento, afinal, nunca tomara passe e não sabia

---

1 Mateus, 13: 13-14.

muito bem o que isso significava. Quando entramos numa sala de pouca iluminação, pediram-nos que nos assentássemos. Logo, diante de cada assistido, postou-se uma pessoa que, após fazer o cumprimento, concentrou-se durante alguns segundos e, em seguida, principiou a aplicar o passe. Evitei distrações, fechando os olhos e aguardando concentradamente a ação do passista. Em pouco tempo, a jovem que estava diante de mim despediu-se, pedindo gentilmente que me retirasse. Obedeci, dirigindo-me para a porta. Já no corredor, Ana Maria me perguntou:

– E então? Como se sente?

– Bem. Muito bem. Estou agora tranquilo.

– O passe é um suavizante para quem está ansioso ou irrequieto. E um vitalizante para quem se acha sem forças. Conversaremos melhor sobre ele depois.

No entanto, alguma coisa havia acontecido durante a recepção do passe, que eu não tive coragem de dizer a Ana Maria. Fomos a seguir até uma sala em que um jovem fazia matrícula para o curso que eu passaria a frequentar dentro de trinta dias. Meu pensamento estava focado na educação mediúnica. Minha noiva pensava que fosse por curiosidade, embora sadia. Mas não era bem o caso. Logo mais, eu teria de "abrir o jogo".

✺◉✺

Após despedir-nos de dona Rosa, fomos a um café que ficava pelas redondezas da casa espírita. Ali, depois de algumas palavras de esclarecimento sobre o curso que eu iria realizar nos próximos quatro anos, uma vez por semana, Ana Maria me perguntou repentinamente:

– O que você tem para me dizer?

– O quê? Mais alguém que lê a mente?

Ana Maria sorriu e disse em seguida:

– Conheço-o muito bem, meu amor. Quando conversamos sobre o passe, notei que você ia dizer alguma coisa, mas segurou a tempo.

– Bem, é verdade. Não sei como lhe dizer, mas o que relatarei a seguir me deixa muito preocupado. Em certos momentos, me deixa até apavorado. Espero que você me entenda.

– Fale, Max. Saiba que estou sempre a seu lado.

Ajeitei-me na cadeira, pigarreei e comecei a falar:

– Desde os tempos de faculdade, quando eu ainda morava em Viena, às vezes eu es... escuto...

– Vozes?

– Sim, Aninha, vozes. Vozes que me dizem algo sem que haja ninguém por perto. Estou muito confuso. O que acontece comigo?

Aninha sorriu mais uma vez, segurou a minha mão e disse com segurança:

– Você é médium audiente.

– Hein?

– Médium audiente é a pessoa que ouve a voz dos espíritos. Em alguns casos se trata de uma voz interna que se faz ouvir apenas na consciência; em outros é uma voz externa, clara e distinta, como se houvesse algum encarnado nas proximidades.

– Aninha, você é psicóloga. Sabe o que significa em psicopatologia escutar vozes?

– Sim, significa que você tem alucinação auditiva.

– E sabe o que é alucinação?

– É a percepção real de um objeto inexistente, isto é, trata-se de uma percepção sem um estímulo externo.

– Muito bem. Isso quer dizer que ninguém está falando, mas, mesmo assim, eu estou escutando. Quem tem alucinações é psicótico. Pensou bem nisso? Psicótico!! Alucinações, Aninha, são transtornos da sensopercepção que consistem na percepção de objetos inexistentes, acompanhada da convicção inabalável na existência desses mesmos objetos. Isso é loucura!

– Calma, meu amor, calma. Realmente o psicótico sofre de delírios e alucinações, inclusive as auditivas. Isso é verdade. Mas isso não significa que toda pessoa que ouve vozes seja psicótica. Dona Rosa é médium audiente. Você notou algum traço de psicose em sua conduta?

– Aparentemente, não.

– Tudo bem. Como se expressa a conduta de um psicótico?

– Expressa-se pela perda do teste da realidade e pelo comprometimento do funcionamento mental, manifestando-se por delírios, alucinações, confusão e comprometimento da memória. E mais: prejuízo grave do funcionamento social e pessoal, evidenciado por retraimento social e incapacidade para desempenhar tarefas e papéis habituais. Enfim, trata-se de um amplo comprometimento do teste da realidade.

Ana Maria tomou propositadamente uma atitude professoral e replicou:

– Muito bem, doutor. Agora lhe pergunto: você tem passado por esse quadro que acaba de me expor?

– Penso que não. O que você acha?

Minha noiva não se aguentou e começou a rir diante da minha expressão aparvalhada.

– É claro que não. Você sabe melhor que eu: um psicótico perde o senso da realidade e passa a viver no seu mundo particular, não é verdade?

– É.

– Com você, isso não acontece. Pense no trabalho que vem realizando no hospital, no curso que faz com o professor Acácio e também no nosso relacionamento, que vem crescendo cada vez mais. Não há em nenhuma dessas áreas perda do senso da realidade. Portanto, meu belo psiquiatra, você é uma pessoa normal. Apenas um pouco diferente, pois tem mediunidade auditiva. Assim como dona Rosa.

– Aninha, você é um anjo que entrou em minha vida. Confesso que esse problema foi sempre uma rocha no meu sapato. Uma grande rocha.

– Uma ressalva, querido. Audição mediúnica não é problema. É uma faculdade que algumas pessoas possuem. E toda faculdade mediúnica deve ser exercida de acordo com o seu objetivo, com sua finalidade.

– Como assim?

– A mediunidade, Max, não surge para distração nem para perturbação da pessoa em quem se manifesta. Ela é uma oportunidade de servir. Por meio dela, você consegue manter contato com a vida espiritual elevada, recebendo suas lições e repassando-as aos demais. Ela o capacita a ser intermediário entre o mundo espiritual e o mundo terreno. Trata-se de uma grave responsabilidade.

– Estou entendendo.

– Lembre-se de que a maioria dos médiuns possui a mediunidade como empréstimo, seja para vencer as provações, seja para expiar dívidas contraídas em existências passadas. Em tais casos, ela é um meio de autorresgate e renovação moral. O ato mediúnico, entretanto, deve ser efetuado para o bem do próximo, e não visando o próprio médium. Exercer a mediunidade é, portanto, praticar a caridade. Mas isso exige desprendimento e sentimento social, como se costuma dizer.

– Entendo agora a responsabilidade que pesa sobre mim, mas qual a finalidade específica da mediunidade auditiva?

– O médium responsável, Max, aperfeiçoa a sua sensibilidade extrassensorial no exercício do amor ao próximo. Assim, é na prática da caridade que a sua mediunidade será apurada. E a finalidade própria da audição mediúnica pode estar no registro das mensagens recebidas e na sua explanação para as outras pessoas, a fim de ajudá-las a encontrar uma bússola que as guie no caminho para Deus. Todavia, é necessário que o seu intercâmbio se faça com espíritos elevados, e não com os inferiores. Daí a necessidade da educação mediúnica e de uma vida pautada pela moralidade superior.

– Eu nunca havia pensado nisso, Aninha.

– Se eu havia gostado da sua decisão de fazer o curso de Educação Mediúnica, agora tenho certeza de que isso é indispensável. Todavia, tenho ainda uma pergunta: você escutou alguma voz hoje, ao tomar o passe?

– Ouvi claramente uma voz quando entrei na sala.

– E o que ela disse?

– "Aqui prosseguirá a sua formação; agora tem início sua missão."

– E você sabe o que isto significa?

– Penso que sim. Eu já tenho uma formação médica, estou completando-a com orientações psicológicas, mas ela tem de ser acrescida de uma formação espiritual. E ainda mais: eu tenho uma missão a cumprir.

Fez-se um breve silêncio entre mim e Ana Maria. Em seguida, ela tomou a palavra:

– É isso mesmo. E você é médium, portanto, tem de educar a sua mediunidade e exercê-la posteriormente com respeito, responsabilidade e fraternidade. Costuma-se chamar "mediunidade com Jesus", que se resume em colocar em prática a Lei de Amor, servindo ao próximo e tendo por modelo máximo Jesus Cristo. Para exercê-la, é preciso, sobretudo, aprender a servir. Trata-se realmente de uma missão a ser cumprida com humildade e amor no coração.

Fiquei a pensar sobre as palavras ouvidas de Ana Maria. Eu tinha, de fato, uma grande responsabilidade sobre os ombros. Talvez por isso, penso, Jesus exortou um dia: "Toma tua cruz e segue-me". Certamente não se trata de um peso em nossa vida ou de um martírio, mas tão somente de uma enorme responsabilidade. Mas a minha noiva tinha mais a dizer:

– Não pense, Max, que a mediunidade é um privilégio concedido por Deus. Nosso Pai trata todos os seus filhos com o mesmo amor, sem favorecer ninguém. Você já sabe, mas é bom deixar ainda mais claro, fixando em sua memória o seguinte: a maioria dos médiuns tem a mediunidade por empréstimo divino. Ela lhes é oferecida em caráter precário, como uma tarefa a desenvolver, tendo por propósito a sua melhoria espiritual e a de seus semelhantes. É o que chamamos *mediunidade de prova* ou *de trabalho*. A mediunidade pode servir para o pagamento de dívidas anteriores. É, pois, uma oportunidade para ressarcimento de débitos que o médium contraiu em existências passadas. É, em geral, chamada *mediunidade expiatória*. Já a mediunidade natural, mais rara, é a que o indivíduo adquire por mérito próprio. À medida que evolui e se moraliza, ele adquire faculdade psíquica e aumenta sua percepção espiritual. São raros os médiuns que a possuem. Portanto, meu amor, não se deixe levar pela vaidade nem pela arrogância diante dos assistidos ou daqueles que não possuem mediunidade ostensiva. Trate a todos com respeito, carinho e dedicação, fazendo uso da *mediunidade com Jesus*.

– Você deve ser uma excelente professora, Aninha. Terei o privilégio de ser o seu aluno. Mas o que significa "mediunidade ostensiva"?

A resposta veio rápida:

– Num sentido bastante amplo, todos somos médiuns, pois recebemos a intervenção dos espíritos. Foi Kardec quem afirmou: "Médium é toda pessoa que sente, num grau qualquer, a influência dos espíritos". Entretanto, costumamos chamar de *médiuns ostensivos* aquelas pessoas que possuem uma mediunidade explícita e bem caracterizada, em que o pensamento do espírito comunicante sobrepõe-se ao do médium. Esse tipo de mediunidade, exercida regularmente, exige do médium estudo e dedicação para o seu exercício pleno. É o tipo de médiuns que vemos nas casas espíritas aplicando passes, psicografando, fazendo psicofonia, por exemplo. A mediunidade ostensiva é, geralmente, uma concessão ou prova que o médium pode transformar em missão, desde que a exerça de modo respeitoso, dedicado e responsável.

— Agora estou tranquilo. Aninha, você conseguiu fazer uma explicação breve e muito clara. Espero apenas pelo início das aulas.

— Você é bastante racional; tenho certeza de que irá gostar das aulas sobre o Espiritismo e a mediunidade.

Ao chegar em casa, lembrei-me das palavras que o preletor havia dito enquanto aguardávamos o passe. Afinal, desde algum tempo eu vinha ouvindo as palavras de Jesus pela boca dos meus amigos, mas estaria escutando, de fato, ou compreendendo? Quis conhecer a passagem completa em que Jesus se dirigia com tais palavras a seus discípulos. Estava em Mateus, capítulo treze. Ali Jesus fazia a explicação da Parábola do Semeador. Depois de falar conforme citara o preletor da casa espírita, Jesus acrescenta:

> Bem-aventurados os vossos olhos, porque veem; e os vossos ouvidos, porque ouvem. Pois em verdade vos digo: muitos profetas e justos desejaram ver o que vedes e não viram, ouvir o que ouvis e não ouviram. Ouvi, portanto, o sentido da Parábola do Semeador. Quem ouve a palavra do Reino e não a entende, chega o maligno e arranca o que lhe foi semeado no coração: é o que foi semeado junto ao caminho. O que foi semeado em terreno pedregoso é aquele que ouve a palavra e logo a recebe com alegria,

mas não tem raízes em si mesmo, é inconstante. Ocorrendo uma provação ou perseguição por causa da palavra, imediatamente fraqueja. O que foi semeado entre espinhos representa quem ouviu a palavra, mas os cuidados do mundo e a sedução das riquezas a sufocam e tornam infrutífera. O que foi semeado em terra boa é o que ouve a palavra e a compreende. Dá frutos e produz, um cem, outro sessenta e outro trinta.[2]

Recordei-me da Parábola do Semeador, que ouvira certa vez de Leonor e Albert. Eu esperava que pudesse estar entre os que ouvem a palavra e a compreendem. Isto é, eu confiava estar me tornando uma boa terra para acolher a semente que Jesus lançara. Antes de conciliar o sono, ainda pude convencer-me de que novas lições e novos alvos haviam surgido em minha vida num tempo muito breve.

---

2 Mateus, 13:16-23.

16

Outros conhecimentos, outro amor

A festa comemorativa do meu noivado com Ana Maria transcorreu no melhor clima possível. A alegria imperava em todas as nossas conversas. A presença do dr. Oliver e de dona Margret me encheu de satisfação. Seria a última vez que eu me encontraria com o pai de Albert. Alguns dias depois, ele teve uma complicação respiratória, devido a uma forte gripe, culminando numa pneumonia viral que dois dias depois o levou à morte. Num acordo entre dona Margret, Albert e o sócio do dr. Oliver, este comprou a parte do negócio que seria de dona Margret, tendo esta preferido dividir o dinheiro com o filho. Algum tempo depois, ela também partiu para a pátria espiritual.

Se a tristeza se abateu momentaneamente sobre nós, pelo fato de abraçarmos a doutrina espírita, sabíamos que a morte não era mais que a falência dos órgãos físicos. O espírito, liberto dos laços do corpo carnal, parte para o mundo espiritual a fim de prosseguir na sua caminhada evolutiva.

Quanto ao curso de Educação Mediúnica, teve logo início e eu fui um dos alunos mais entusiasmados. Lembro-me muito bem da aula inaugural feita por dona Rosa. Ela falou sobre os princípios em que repousa a doutrina espírita. Fui resumindo cada um, embora soubesse que Kardec já os houvesse consagrado na introdução de *O Livro dos Espíritos*. Não posso deixar de sintetizá-los aqui. Foi, resumidamente, assim que ela os relatou, fazendo pequenas considerações sobre cada um deles:

Deus é a inteligência suprema, causa primária de todas as coisas. É eterno, imutável, imaterial, único, onipotente, soberanamente justo e bom.

O Universo é criação de Deus. Compreende todos os seres animados e inanimados, materiais e imateriais.

Os seres materiais constituem o mundo visível ou corporal, e os *seres imateriais,* o mundo invisível ou espiritual, isto é, dos espíritos.

O mundo espiritual é o mundo normal, primitivo, eterno, preexistente e sobrevivente a tudo.

O mundo corporal é secundário; poderia deixar de existir, ou não ter existido jamais, sem alterar a essência do mundo espiritual.

Há pluralidade de mundos habitados, com seres de graus evolutivos diversificados, isto é, mundos semelhantes ao nosso, mais evoluídos e outros menos evoluídos.

Os espíritos, seres inteligentes da criação, são criados simples e sem conhecimentos, vindo a evoluir intelectual e moralmente numa trajetória que vai de uma ordem inferior para outra superior, até alcançar a ordem dos espíritos puros, que já não precisam reencarnar.

O ser humano é um espírito imortal, encarnado em um corpo material e corruptível. O corpo físico é apenas envoltório do espírito.

Há três componentes no homem: o corpo físico ou ser material, análogo aos animais e animado pelo mesmo princípio vital; a alma ou ser imaterial, espírito encarnado no corpo; e o laço que une a alma ao corpo ou perispírito, princípio intermediário entre a matéria e o espírito.

O espírito sobrevive à matéria e reencarna tantas vezes quantas necessárias ao seu próprio aprimoramento.

O espírito evolui necessariamente, de acordo com a Lei do Progresso. Em suas múltiplas existências corpóreas, ele pode estacionar, porém, nunca regride. A sua meta é a perfeição.

Os espíritos pertencem a diferentes classes, diferenciando-se em poder, inteligência, saber e moralidade. Espíritos Puros são os que atingiram a perfeição máxima; Bons Espíritos são aqueles em quem predomina o desejo do bem; e Espíritos Imperfeitos, em quem prevalecem a ignorância, o desejo do mal e as paixões inferiores.

As relações dos espíritos com os seres humanos são constantes. Os bons espíritos nos incitam ao bem, nos sustentam nas provas da vida e nos ajudam a suportá-las com coragem e resignação. Os maus nos impelem para o erro.

A comunicabilidade dos espíritos faz-se pela mediunidade. O médium é o intermediário entre os dois planos da vida: o espiritual e o material.

A moral dos espíritos superiores resume-se, como a de Jesus, na máxima: Fazer aos outros o que quereríamos que os outros nos fizessem, isto é, fazer o bem e não o mal. O homem encontra nesse princípio a regra universal de conduta, mesmo para as suas menores ações.

Jesus é o guia e modelo para toda a humanidade. A doutrina que nos trouxe e o exemplo que nos deu representam o que há de mais puro no cumprimento da lei divina.

O ser humano possui o livre-arbítrio, respondendo pelas consequências de suas ações.

Vida futura. O sentimento de uma existência melhor reside no foro íntimo de todos os homens. A vida futura implica a conservação da nossa individualidade após a morte e reserva aos homens penas e gozos compatíveis com o procedimento de respeito ou não à lei de Deus.

A prece é um ato de adoração a Deus. Está na lei natural e é o resultado de um sentimento inato no homem, assim como é inata a ideia da existência do Criador. Ela torna melhor o homem e, àquele que ora com fervor e confiança, Deus lhe envia bons espíritos para assisti-lo.

Ao terminar a aula, havíamos recebido uma síntese dos princípios básicos do Espiritismo, o que me deixou ainda mais motivado a continuar os meus estudos.

Certa noite, Ana Maria e eu nos preparávamos para deixar o hospital, quando Albert veio sorridente ao nosso encontro.

– E então? Chega de trabalho por hoje?

– Já estamos indo para casa – respondi.

– Para minha casa – corrigiu Albert. – Quero oferecer-lhes um jantar em meu apartamento.

Estávamos cansados, mas não deixaríamos de aceitar um convite do nosso amigo. Assim, rumamos para o apartamento dele, onde Leonor nos aguardava. Fazia algum tempo que não nos víamos, de modo que o reencontro foi realizado num clima de muita alegria. Encomendamos pratos árabes num bufê e conversamos muito sobre assuntos variados, até que Albert, em tom solene, disse de modo pausado:

– Além do prazer de revê-los, Leonor e eu os trouxemos até aqui para fazer-lhes um convite especial. Ficaremos muito felizes com a presença de vocês em nosso casamento, daqui a trinta dias. Mais que isto: ficaremos honrados se vocês aceitarem ser testemunhas na realização do evento no cartório. Se houvesse casamento no interior das práticas espíritas, vocês seriam os padrinhos, mas, como isso não acontece em nossa doutrina, serão testemunhas do nosso infinito amor.

É claro que aceitamos, emocionados. Eu convivera anteriormente com Albert, de modo que sabia do amor que ele dedicava à sua então namorada. Ana Maria, que era uma grande amiga de Leonor, também era testemunha do amor que ela consagrava a Albert. Ficamos muito felizes, aceitando de imediato o convite. Soubemos também que, durante as festividades, dona Rosa faria pequena preleção e uma oração relativa ao casamento de nossos amigos.

A partir daí, o tempo pareceu voar. Quando menos me dei conta, já estava assinando o livro oficial como testemunha da união de dois seres que dedicariam o restante de sua existência ao caminho mútuo em direção a seu aperfeiçoamento.

Do cartório, fomos ao bufê, onde seria realizada a festa. A pedido dos noivos, dona Rosa tomou a palavra, dizendo que a doutrina espírita não realiza rituais. Não há, portanto, uma cerimônia religiosa em um casamento entre espíritas.

— Não estou aqui como presidente de um centro espírita — disse ela aos convidados —, mas como amiga de duas almas que se unem para a promoção mútua de seu aperfeiçoamento espiritual. A doutrina espírita busca isentar-nos de cerimônias e cultos exteriores para nos dirigir à essência da vida espiritual. Sendo assim, não possui dogmas, sacramentos ou rituais nem qualquer espécie de sacerdócio que possa realizá-los. No caso da união conjugal, atemo-nos à lei universal do amor, que é o verdadeiro elo a unir as almas que escolheram caminhar juntas na estrada progressiva que nos devolve ao Pai, de quem viemos. Entendemos que o amor deve ser a base da integração entre os cônjuges, e não a paixão. E o altar para a celebração do amor está no coração de cada um, no recôndito da sua alma.

Nesse momento, olhei disfarçadamente para Ana Maria, que permanecia atenta às palavras da oradora. E uma pergunta surgiu em meu íntimo: o que propiciou o nosso encontro, com força tal que nos levou a convergir num ponto comum de nossas vidas? O mesmo acontecera com Albert e Leonor, que, naquele momento, selavam perante a sociedade o compromisso de caminharem unidos nos mais diversos momentos de sua existência, até serem chamados de volta à pátria espiritual. A resposta que brilhou em minha mente foi o que escutara de minha noiva numa das nossas costumeiras confabulações: "O que une os espíritos é a sintonia vibratória e a afinidade moral". Busquei aplicar isso em nossa vida. Realmente vibrávamos em harmonia. Eu podia afirmar com segurança que havia união de fluidos de natureza similar entre nós. Também a moralidade que procurávamos colocar em nossos atos era praticamente a mesma. Havia, sim, coerência, conformidade e compatibilidade em nossa conduta moral. E, acima de tudo, a chama do amor que iluminava nossos sentimentos, pensamentos e suas expressões no cotidiano. Fiquei extremamente feliz por ter encontrado numa encruzilhada da vida aquela alma nobre e pura que tinha agora a meu lado.

De repente, "acordei". Estivera divagando num devaneio que me fortalecera o amor dedicado à minha noiva. Dona Rosa encerrava a sua preleção com um pensamento coerente com o início de suas palavras:

– Não estou aqui selando oficialmente a união de vocês, mas apenas me dirigindo, como amiga, a duas pessoas que respeito e a quem desejo a felicidade possível em sua trajetória de autoaperfeiçoamento espiritual. Que o amor seja o fundamento seguro dessa união e a bênção divina, a motivação maior para persistirem em sua caminhada conjunta pela estrada da vida...

Dona Rosa abraçou amorosamente os noivos e permaneceu por algum tempo entre os convidados, tendo conversado muito comigo e Ana Maria antes de deixar a festa. Foi com muita alegria que abraçamos Albert e Leonor ao nos despedirmos. Esta, ao abraçar-nos toda sorridente, falou:

– O próximo casamento será o de vocês. Podem reservar o salão.

Saímos dali com a sensação de que os noivos tinham nascido um para o outro. Isso foi o que compartilhamos, já na rua. E eu aproveitei para dizer o que havia ocorrido comigo, enquanto dona Rosa discursava.

– Durante a festa, ocorreu algo diferente comigo, Aninha.

– O que houve, Max?

– Bem, deixe-me dizer-lhe primeiro que tenho tido, há algum tempo, a sensação de que presenças invisíveis estão próximas a mim. E, ultimamente, tenho notado vultos em alguns locais por onde passo. Um exemplo constante é o hospital. Mas, nesta semana, vi com nitidez dois espíritos. A primeira vez foi ontem, quando eu entrevistava um paciente psicótico. A seu lado estava uma mulher, com olhos faiscantes, que me disse claramente: "Ele é meu! Ninguém vai tirá-lo de mim. Ele pagará por tudo o que me fez". Fiquei com uma sensação muito ruim durante todo o dia. Nem houve tempo de dizer-lhe o que havia ocorrido e eis que acabo de ter outra visão. Mas desta vez foi bem diferente. Enquanto dona Rosa discursava, uma senhora idosa, muito simpática, aproximou-se de mim. Ela usava um vestido comprido de cor azul-claro e um xale branco preso ao centro por um broche com uma pedra também azul. Ao aproximar-se de mim, ela disse, apontando para Leonor e Albert: "Eles são meus protegidos e serão muito felizes nessa união. Faça como eles". A cena pareceu-me tão real, que desejei perguntar-lhe a que ela se referia, mas a visão se desfez. O que você acha disso, Aninha?

Lembro-me de que ela sorriu, antes de responder. Depois disse:

– Fique tranquilo, Max. Você não tem apenas mediunidade audiente, mas também mediunidade de vidência, que está agora a se manifestar. Não se preocupe. Posso garantir-lhe que você está sendo chamado a fazer uso dessas faculdades para o bem do próximo.

– Também vidência?

– É bastante comum essas duas modalidades de mediunidade ocorrerem conjuntamente. Se audiência ou audição é a faculdade mediúnica que permite ouvir sons e vozes do plano espiritual, vidência é a faculdade mediúnica que permite ver ambientes, seres, luzes, formas, cores e até cenas a ocorrerem no plano espiritual. Hoje, por exemplo, você viu um ser na dimensão espiritual e escutou as suas palavras. Portanto, manifestaram-se dois tipos de mediunidade: a visão e a audição. Eu não tenho dúvida, Max: você está sendo chamado ao exercício dessas duas faculdades. Nada melhor do que estar fazendo curso em nosso centro espírita, pois ali você compreenderá melhor a veracidade do que lhe estou dizendo.

– É verdade. Parece que escolhi o curso adequado para mim.

– Lembre-se apenas de que a vidência mediúnica não é uma faculdade que você recebeu para distração ou para deixar as pessoas estupefatas diante daquilo que consegue enxergar e elas, não. A visão mediúnica, causada pela influência e ação dos espíritos, também chamada dupla vista, é apenas um instrumento que lhe foi emprestado para que você faça o uso adequado dessa faculdade. O mesmo se diga da audiência ou audição mediúnica.

– E qual é, Aninha, o uso adequado desses tipos de mediunidade?

– Não apenas a vidência e a audiência, mas qualquer faculdade mediúnica tem por objetivo promover o bem ao semelhante. Porém, não é só isso. Ao exercer a *mediunidade com Jesus*, o médium promove a sua autoeducação moral, seja pela renovação dos sentimentos, seja pela oportunidade imperdível de trabalho que, sendo bem realizado, suscita a elevação espiritual do médium.

– Muita gente deveria saber disto. Há quem tenha a faculdade mediúnica e se envaideça por causa disso; há quem dela faça um comércio, cobrando por atendimentos, assim como há quem não queira educá-la, recusando-se a exercê-la condignamente – acrescentei.

– Bem, nós somos responsáveis pelos nossos atos. Afinal, temos o livre-arbítrio e podemos fazer dele o que bem entendermos. No entanto, Max, lembre-se de que a maioria dos médiuns recebeu a mediunidade por empréstimo, como um meio de superar provas e ressarcir dívidas passadas. Sendo assim, é preciso que se dê à mediunidade o seu devido valor. Enfim, é pelos frutos que se reconhece a árvore. Mas acabei pondo de lado o que você presenciou hoje no casamento. Penso que sei quem é o espírito que se manifestou. Por favor, descreva-me mais uma vez.

– Era uma senhora idosa, muito simpática. Estava próxima de mim. Usava um vestido comprido de cor azul-claro e um xale branco preso ao centro por um broche com uma pedra também azul. Toda sorridente, ela disse, apontando os noivos: "Eles são meus protegidos e serão muito felizes nessa união. Faça como eles".

– Max, é a avó de Leonor, desencarnada há pouco tempo. Nas últimas vezes em que a vi, ela se trajava exatamente desse modo. Temos de contar isso a nossos amigos. Mas você notou bem o final da mensagem?

– Ela disse: "Faça como eles".

– E então?

– Ela está prognosticando um futuro feliz para nós. Mas, para isso, temos de nos casar, Aninha!

– E você já refletiu sobre isso? – ela perguntou com um sorriso encantador.

– Todo dia penso muito nisso, meu amor.

– Eu também.

Não a pedi em casamento naquela noite, mas tive muita vontade. Esperei, no entanto, uma oportunidade melhor, quando estivéssemos mais amadurecidos para isso.

～⌾～

Durante a semana seguinte, um outro fato alarmante aconteceu comigo. Eu assistia a uma das últimas aulas do Professor, quando vi a seu lado a figura de uma mulher de uns trinta anos. Ela prestava muita atenção ao que ele dizia e, já ao finalzinho da aula, fixou o olhar em mim e me disse: "Tire todas as suas dúvidas com o professor Acácio. Ele está acabando de cumprir suas tarefas nesta existência. Ainda é tempo". Além de não saber se deveria conversar com ele a esse respeito, a notícia, se verdadeira, iria tirar um nome da minha pequena lista de amigos terrenos. Por outro lado, eu tinha certeza de que ele ganharia muito se desencarnasse, pois era um exemplo vivo do bom espírita. Preferi calar-me e dialogar antes com Ana Maria, o que fiz na noite seguinte.

– Essa é uma mensagem muito séria – ela respondeu. – Parece que o Professor está se preparando para partir.

– E o que você acha? Devemos falar com ele francamente?

– Creio que devemos, sim, tocar no assunto, mas com muita cautela.

Combinamos, então, um modo de narrar-lhe o ocorrido sem que pudéssemos deixá-lo perturbado. Sabíamos da sua espiritualidade elevada, mas, mesmo assim, o assunto era tão grave que requeria muito tato. Ligamos para ele, que nos agendou uma visita para a sexta-feira seguinte. Tão ansiosos estávamos que chegamos com vinte minutos de antecedência ao apartamento do Professor. Logo que a porta foi aberta, escutamos o miado alegre de Ricky, seu gatinho de estimação. Em seguida, o Professor nos recebeu com um largo sorriso:

– Toda noite que aqui vocês vêm se torna memorável. Entrem, meus queridos. O apartamento é simples, mas o lar é acolhedor.

Entramos e nos assentamos no sofá. Diante de nós, ficou o Professor, com o gatinho no colo. Tentamos nos mostrar alegres, mas, por dento, remoíamos o assunto que nos levara até ali. O primeiro tópico que aflorou foi o curso, que se encerraria em três semanas.

– Chegamos ao fim de nosso curso, Max. Fale-me francamente sobre ele.

– Falando de coração, você me surpreendeu. Se fosse um curso focado exclusivamente na Logoterapia de Viktor Frankl, já seria ótimo. Mas você foi além. Aprendi ou revi com novos olhos temas centrais de psicologia, filosofia, psicopatologia e ética profissional. Mas, sobretudo, descobri com a sua ajuda a minha razão de ser na vida. Quer mais? Aprendi a respeitar e amar fraternalmente cada um dos meus pacientes. Você me fez ver o mundo, a vida e o ser humano com nova mentalidade e um renovado coração.

A minha fala foi tão verdadeira, tão convincente, que notei uma lágrima no olho do Professor. Ele me abraçou fortemente e agradeceu, comovido, as minhas palavras. Em seguida, a conversa mudou de rumo. Quando me dei conta, estávamos falando sobre a Lei do Amor.

– Max, você me disse que aprendeu a amar fraternalmente cada um dos seus pacientes. Isto significa que está aplicando a Lei do Amor. O espírito Lázaro, em texto muito brilhante, nos diz que o amor resume toda a doutrina de Jesus, por ser o sentimento mais sublime, e os sentimentos são os instintos elevados à altura do progresso feito.

– É o próprio pensamento da doutrina espírita – disse Ana Maria.

O professor Acácio retirou da estante um exemplar de *O Evangelho segundo o Espiritismo*, abrindo-o no capítulo onze, onde leu as palavras inspiradas do espírito Lázaro:

> No seu ponto de partida, o homem só tem instintos; mais avançado e corrompido, só tem sensações; mais instruído e purificado, tem sentimentos; e o amor é o requinte do sentimento. Não o amor no sentido vulgar do termo, mas esse sol interior, que reúne e condensa em seu foco ardente todas as aspirações e todas as revelações sobre-humanas. A lei do amor substitui a personalidade pela fusão dos seres e extingue as misérias sociais. Feliz aquele que, sobrelevando-se à humanidade, ama com imenso amor os seus irmãos em sofrimento! Feliz aquele que ama, porque não conhece as angústias da alma, nem as do corpo! Seus pés são leves, e ele vive como transportado fora de si mesmo. Quando Jesus pronunciou essa palavra divina, – amor – fez estremecerem os povos, e os mártires, ébrios de esperança, desceram ao circo.[1]

Naquele momento, o silêncio tornou-se sagrado. Havia sido criada uma atmosfera tão sutil, que envolvera a todos nós. Ana Maria e eu não ousamos abrir a boca. Nossos olhos estavam fixos no Professor, que, saindo de uma espécie de êxtase, continuou a leitura:

> O Espiritismo, por sua vez, vem pronunciar a segunda palavra do alfabeto divino. Ficai atentos, porque essa palavra levanta a lápide dos túmulos vazios, e a reencarnação, vencendo a morte, revela ao homem deslumbrado o

---

1 KARDEC, Allan. *O Evangelho segundo o Espiritismo*. Cap. XI – n. 8 - Lei de amor (Espírito Lázaro). Catanduva, SP: Edicel, 2016.

seu patrimônio intelectual. Mas já não é mais aos suplícios que ela conduz, e sim à conquista do seu ser, elevado e transfigurado. O sangue resgatou o Espírito, e o Espírito deve agora resgatar o homem da matéria.

– Notem a delicadeza dessas palavras – disse o Professor, fechando momentaneamente o livro e nos envolvendo com o seu olhar. – Notem a delicadeza dessas palavras e, ao mesmo tempo, a força que preservam em seu interior. Mas Lázaro ainda prossegue:

Disse que o homem, no seu início, tem apenas instintos. Aquele, pois, em que os instintos dominam, está mais próximo do ponto de partida que do alvo. Para avançar em direção ao alvo, é necessário vencer os instintos a favor dos sentimentos, ou seja, aperfeiçoar a estes, sufocando os germes latentes da matéria. Os instintos são a germinação e os embriões dos sentimentos. Trazem consigo o progresso, como a bolota oculta o carvalho. Os seres menos adiantados são os que, libertando-se lentamente de sua crisálida, permanecem subjugados pelos instintos.

O Espírito deve ser cultivado como um campo. Toda a riqueza futura depende do trabalho atual. E mais que os bens terrenos, ele vos conduzirá à gloriosa elevação. Será então que, compreendendo, a lei do amor, que une a todos os seres, nela buscareis os suaves prazeres da alma, que são o prelúdio das alegrias celestes.

O professor Acácio, pondo o livro a seu lado, fixou em mim e em Ana Maria um olhar que traduzia para o meu espírito amizade, fraternidade e um misto indizível de alegria e saudade.

– Quem sou eu para dizer a vocês que devem agir sempre, diante de seus clientes, de seus pacientes, sob o influxo da

Lei do Amor? Sei que já fazem isso, mas, sempre que o desânimo surgir diante da agressividade alheia ou da falta de compreensão, releiam estas breves e fortalecedoras palavras de nosso irmão Lázaro. Recolhendo-as bem no íntimo de sua alma, surge um novo eu, repleto de amor e compreensão. Não poderei falar-lhes mais tão próximo como estamos hoje, mas saibam que tenho um lugar reservado para vocês em meu coração, como verdadeiros filhos, na família universal.

Notei nesse momento que o Professor se despedia de nós. De algum modo, ele sabia o que iria acontecer dentro de poucos dias. Parecia-me nitidamente que ele pisava com um pé este plano, mas com o outro já adentrava o mundo espiritual. Não tive coragem de falar-lhe sobre a visão que tivera em sua última aula. Ana Maria olhou para mim quando ele recolocava o livro na estante. Ficou nítido que ela também não iria entrar nesse assunto. Mas nem era necessário, pois, ao virar-se para nós, o professor Acácio perguntou-nos de modo inesperado:

– Qual é a relação de vocês com os animais?

Não entendi a pergunta. Olhei interrogativamente para Ana Maria, que logo deu sua resposta:

– Eu amo os animais, Professor. Quando era criança, ganhei de minha mãe um cachorrinho a quem dei o nome de Tuco. Mais tarde, quando ele morreu, chorei muito durante vários dias. O sofrimento foi tão grande, que não quis ter mais nenhum. No entanto, de uns meses para cá, analisando esse fato, cheguei à conclusão de que não querer ter um animal, apenas para não sofrer após a sua morte, é uma forma de egoísmo. Cada animal tem a sua caminhada evolutiva, assim como nós, que estamos num estágio mais avançado. Deixemos que eles prossigam em sua jornada sem nos apegarmos a eles. Em vez disso, busquemos respeitá-los, protegê-los e amá-los. Aliás, eu ainda não havia conversado com Max a esse respeito. Pensei mesmo em adotar um animalzinho para conviver conosco.

A fala de Ana Maria também me pegou de surpresa, pois jamais tinha tido um animal e não pensava em adotar nenhum. Mas, enquanto eu refletia sobre isto, o Professor falou com seriedade:

– Gostei das suas palavras, Ana Maria. Era o que eu poderia esperar de você. Quanto ao Max, faço apenas uma pergunta: você aceitaria se Ana Maria adotasse algum animal?

Depois de tudo o que ouvira, escutei-me dizendo:

– Aceitaria. Seria uma nova experiência em minha vida.

O Professor sorriu alegremente e, em seguida, perguntou:

– Vocês considerariam o pensamento de adotar Ricky?

– Mas você gosta tanto dele, Professor – respondi imediatamente.

– Dentro de pouco, não poderei mais cuidar dele. Apesar de amá-lo de coração, não terei condições de ficar com ele.

Ana Maria olhou significativamente para mim. Ela queria ficar com o gatinho. Não resisti e, apenas formalmente, perguntei-lhe:

– Aceito o que você responder. Quer ficar com o Ricky?

– Quero. Eu tratarei dele como meu filho.

– Nesse caso, Professor, aceitamos.

O professor Acácio estava muito emocionado. Afagou a cabeça do gatinho com muito amor e respondeu:

– Ele já é de vocês. Chamarei um táxi, para que possam levá-lo para casa. Tenho uma cesta fechada em que o levo ao veterinário periodicamente. Ao saírem, eu o colocarei ali.

Não perguntamos por que ele não poderia mais cuidar de Ricky. Sabíamos os dois que o seu desencarne estava mesmo próximo. Conversamos mais um pouco e nos despedimos emocionadamente. Os abraços foram mais fortes e longos. Antes de fechar a porta do apartamento, o Professor ainda disse:

– Amem o irmãozinho que estão levando para casa. E continuem firmes na fé que abraçaram um dia.

A volta para o condomínio em que morava Ana Maria foi de muito silêncio. Forte emoção nos dominava a alma. Combinamos que o gatinho ficaria no apartamento dela até que nos casássemos. Muito carinho e muito amor teriam de ser dados a Ricky, a fim de que não sentisse tanto a separação do Professor.

∾◉◉⌖

Assisti a mais uma aula do curso que findava. Nos dois últimos dias, cada aluno fez a defesa de seu trabalho de conclusão. Como eu esperava, todos esmeraram-se a fim de se fazerem dignos do certificado que receberiam em seguida. O meu trabalho versava sobre "A essência da humanidade" e buscava elementos tanto na Logoterapia de Viktor Frankl como na doutrina espírita, codificada por Allan Kardec. Ainda guardo em meu apartamento uma cópia desse estudo, que foi muito elogiado pelo Professor e pelas professoras que compunham a banca, tendo sido convidadas por ele. Fiquei feliz, nem tanto pelos elogios, mas por ter certeza de que o meu grande amigo concordara com as minhas conclusões.

A despedida dos alunos foi feita numa cantina que ficava nas proximidades do apartamento do professor Acácio. Ele apenas compareceu para fazer um breve discurso e, em seguida, rumar para casa. Antes de sair, abraçou a mim e Ana Maria calorosamente e disse, de modo compreensível para nós:

– Amigos verdadeiros não se perdem. Estarei sempre com vocês.

Poucos dias depois, eu chegava em casa quando notei luminosa neblina à minha frente. No centro, vi o Professor, que sorria e me fazia um sinal de despedida. Em seguida, tudo voltou ao normal. Ia ligar imediatamente para Ana Maria quando o telefone tocou. Era Albert, anunciando o desencarne do professor Acácio.

As exéquias foram muito simples, como simples foi a vida do professor Acácio desde que o conheci. Confesso, porém, que a sua presença física fez a mim e a Ana Maria muita falta. Já nos havíamos acostumado a escutar as belas lições que ele nos passava sempre que nos encontrávamos. Senti também um certo vazio pelo término do curso, que preenchi com longos estudos, sempre que voltava do hospital.

O desvelo em relação a Ricky aumentou. Na verdade, ele entrara em nossa vida não só como um filho, mas como um irmão menor que necessita do apoio dos mais velhos para vencer na vida. E tudo fizemos para bem cumprir essa missão. Procuramos espelhar-nos, palidamente, em Francisco de Assis, que amou todas as criaturas, chamando-as de irmãs. Enfim, buscamos pôr em prática um pensamento a ele atribuído: "Todas as coisas da criação são filhas do Pai e irmãs do homem... Deus quer que ajudemos os animais se necessitam de ajuda. Toda criatura necessitada tem o mesmo direito a ser protegida".

17

Duas vidas e um roteiro

Pouco tempo se passou do desencarne do Professor e eu pensei que já era o momento de pedir Ana Maria em casamento. Embora soubesse que ela me amava, preparei-me muito bem para não trocar os pés pelas mãos. Ela gostava de um prato pernambucano chamado sururu ao leite de coco. Saí à procura de algum restaurante que servisse essa iguaria. Descobri na zona leste um pequeno restaurante que fazia esse prato e convidei a minha noiva para jantarmos ali. Na verdade, o restaurante fechava às 21 horas, mas, nessa noite, o proprietário, seu Ciço, prometeu que o fecharia somente quando nos retirássemos. Isto porque combinamos um preço especial.

Na sexta-feira aprazada, às oito da noite, chegávamos ao restaurante, um local simples, muito limpo e bem organizado. Ana Maria gostou do que viu e ficou muito contente quando lhe disse que naquela noite jantaríamos sururu ao leite de coco, acompanhado de arroz branco, do modo como ela gostava. Quando nos assentamos, seu Ciço colocou uma fita no aparelho de som, que iniciava com um baião cantado por Luiz Bandeira.

– O que é isso? Não precisa exagerar – disse Ana Maria, sorrindo. – Ouvi inúmeras vezes essa música, embora o meu gosto, hoje, esteja mais voltado para a música erudita. No entanto, isso me lembra dos meus pais. E lembrar-me deles é sempre bom. "Maria Joana" é o título desse baião.

O prato foi servido e começamos a conversar sobre o nosso trabalho no hospital e sobre o Professor, que partira há pouco tempo para o mundo espiritual. Relembramos os diálogos proveitosos que tivemos com ele e as aulas a que assisti quase sempre extasiado, tamanha a sabedoria que ele punha em tudo o que explanava. Por fim, já suando frio, entrei no tema principal da noite. Com muito tato e também com muito nervosismo, falei do amor que sentia pela minha noiva e do compromisso que pretendia selar por toda uma existência, vivendo a seu lado nos momentos mais diversos que tivéssemos pela frente, fossem alegres e felizes, fossem tristes e sofridos. Ela, emocionada, também me confessou o seu amor eterno, dizendo com sinceridade que pretendia conviver comigo pelo restante dos nossos dias. Formalizei o pedido de casamento, que foi aceito por Ana Maria com lágrimas nos olhos. Estávamos radiantes de felicidade, quando seu Ciço nos trouxe o último prato da noite: uma sobremesa chamada bolo de rolo, uma espécie de rocambole com camadas muito finas de pão de ló.

– Minha mãe adorava bolo de rolo – disse Ana Maria. – Como eu gostaria que ela e meu pai estivessem aqui para testemunhar a minha felicidade. Também ficaria muito grata se os seus pais estivessem jantando conosco.

– Se eles estivessem ainda entre nós, certamente se encontrariam aqui neste momento.

– Será que gostariam de mim, Max? Afinal, não sou loira nem alvinha. As moças austríacas devem ser alvíssimas e de olhos muito claros.

– É verdade – respondi. – Mas não têm a inteligência, a beleza e a magia de uma moreninha de olhos castanhos chamada Ana Maria.

Com isso, quebrei a ansiedade que se estampava no semblante da minha noiva, e pudemos continuar com a nossa conversa alegre, entrelaçada de muito amor. Depois de alguns minutos, fui buscar com seu Ciço o buquê de rosas vermelhas que havia encomendado. Ana Maria ficou encantada. Paguei a conta e saímos dali sonhando com um futuro de muito amor, muita felicidade e também muita responsabilidade perante a vida dali para frente.

∽◦⊙◦↙

Leonor e Albert ficaram exultantes quando anunciamos o nosso casamento para alguns meses à frente.

– Eu sempre esperei por isto, Ana Maria – disse Leonor, abraçando-nos com carinho.

– Já estava na hora, hein, Max? – acrescentou Albert, com um sorriso maroto.

Após comentarmos detalhes da cerimônia, que seria apenas no civil, nossos amigos se prontificaram a ajudar-nos em tudo o que fosse possível. A festa seria realizada no mesmo bufê escolhido por Leonor e Albert anteriormente. Jantamos, colocando a conversa em dia e falando muito sobre a importância do casamento. Neste ponto, Albert discorreu com muita propriedade:

– O casamento não pode reduzir-se a um ritual religioso, seja ele qual for, nem à realização de um sonho carregado de romantismo adolescente. Ele é muito mais que isso. Vocês acertaram ao escolher casar-se apenas no civil, já que na prática da doutrina espírita não existem rituais. O verdadeiro significado do casamento para o espírita está no cumprimento da lei divina do amor. O que importa, e vocês bem sabem disso, são as intenções das duas pessoas que se unem. O que conta é o compromisso afetivo, fundado nos ensinamentos do Evangelho e assumido conjuntamente pelo marido e pela esposa.

– Concordamos plenamente – disse Ana Maria, olhando para mim, que consenti com um movimento de cabeça. – E acrescentou: – Max e eu estamos convictos de que nos amamos verdadeiramente e queremos que esse amor não se restrinja a nós dois e aos nossos filhos, se os tivermos. Que possamos, a partir do amor conjugal, chegar ao amor ao próximo, como tanto insiste conosco a moral espírita-cristã.

– E para alcançar essa meta tão elevada não há necessidade de nenhuma cerimônia religiosa, não é mesmo? – argumentou Leonor.

– É verdade – concordei, acrescentando: – Em *O Livro dos Espíritos* está escrito que o casamento é um progresso na marcha da humanidade.

Albert sorriu e falou em tom de brincadeira:

– Como é bom ter uma professora ao lado, hein? Você já está conhecendo a doutrina melhor que nós, que a abraçamos bem antes.

– Deixe de brincadeira. É verdade que tenho a melhor das professoras, mas procurei saber o que disseram os espíritos superiores a Kardec e encontrei a frase que acabei de citar. Como vocês bem sabem, Kardec faz um comentário dizendo mais ou menos o seguinte: o casamento apresenta-se como um dos primeiros atos de progresso nas sociedades humanas. É ele que estabelece a solidariedade fraterna. Abolir o casamento, conclui o Codificador, é como regredir à infância da humanidade. Ele chega mesmo a dizer que a abolição do casamento colocaria o ser humano abaixo de certos animais, que nos dão o exemplo da união constante.

– Parabéns, Max. É exatamente o pensamento do Espiritismo – disse Leonor. – No tocante ao casamento, não realizamos nenhuma cerimônia de cunho religioso, mas nos atemos à sua essência, que repousa na divina Lei do Amor.

Conversamos depois sobre assuntos do dia a dia, até nos despedirmos com a promessa de ajuda por parte dos nossos amigos a tudo que se referisse ao casamento no cartório e ao encontro festivo que faríamos depois.

Nosso segundo convite foi à dra. Júlia. Em seu apartamento aconchegante, ela nos recebeu com muita alegria. Depois de assuntos gerais, fizemos-lhe o convite para a festa de nossas núpcias.

– Fico muito feliz – disse ela –, pois duas pessoas tão espiritualizadas se merecem. – Em seguida, riu e disse em tom jocoso: – A Lei da Atração funcionou bem com vocês, hein? – Depois, tornando-se séria e mudando o próprio tom de voz, falou com vagar: – No casamento, dois espíritos unem-se com um compromisso de amor recíproco. A partir daí, é criado entre eles um circuito de forças que os provê afetivamente de energias espirituais em seus relacionamentos. Isso significa que, se esses relacionamentos forem tóxicos, ambos se nutrirão da toxicidade mutuamente emanada. Porém, quando agem fundados no verdadeiro amor, alimentam-se da força construtiva que tal sentimento propicia. Amem-se realmente, para se alimentarem apenas das bênçãos do Bem.

Quando ela acabou de falar, ficou paralisada por alguns segundos, como se voltasse de um transe. Após esse tempo, retomando o tom alegre de antes, completou:

– Fico feliz por vocês. Eu os amo muito. Vejo em vocês dois lindos filhos.

Abraçou-nos afetuosamente e prosseguiu:

– Saibam que na estrada da vida há rosas e espinhos. Adornem-se das rosas e depurem-se pelos espinhos. Sempre unidos, sempre enlaçados pelo amor de Deus.

A dra. Júlia fazia o que devem fazer todos os que se dizem espíritas: pôr em prática o que aprenderam. Ela não apenas detinha um grande conhecimento, como buscava aplicá-lo no seu cotidiano. Lembro-me agora das palavras de Jesus, anotadas pelo evangelista Lucas: "Não há árvore boa que dê mau fruto, nem árvore má que dê fruto bom. Cada árvore é conhecida a partir do próprio fruto, pois não se colhem figos dos espinheiros, nem tampouco uvas de ervas daninhas". Pelo trabalho de caridade que realizava, por conta própria, no hospital e pela reforma íntima que imprimia na própria vida, posso afirmar com toda a certeza: ela foi uma boa árvore.

Uma semana antes de nosso casamento, tive uma aula que também marcou muito a nova fase da minha vida, que se aproximava com grande rapidez: "Como devo desenvolver o amor?". A aula falava inicialmente do amor de Deus às suas criaturas, chamado *ágape*. A expositora abordou o tema, incluindo a Divina Providência como expressão concreta desse amor. Segundo ela – e ainda guardo as anotações que fiz em sala de aula durante o curso –, a Divina Providência corresponde à ação de Deus na criação. Citando Kardec, ela afirmou que "a Providência é a solicitude de Deus para com as suas criaturas. Deus está por toda parte e tudo vê, tudo preside, mesmo às menores coisas. É nisso que consiste a ação providencial".

Ágape não é o falso amor interesseiro, não espera recompensas nem retribuição por seus atos. É o amor que transborda. Apenas ama universal e incondicionalmente.

Em seguida, Irene – esse era o seu nome – falou sobre o amor que devemos a Deus, como nosso Criador e como nosso Pai. Esse amor deve ser expresso de todo o coração, de toda a alma, de todo o entendimento e de todas as forças, como nos exortou o Divino Mestre. Passou depois a abordar o tema do amor ao próximo, que chamou de *philia*. É o amor da amizade verdadeira, em que nos amamos fraternalmente. Kardec no-lo deixou bem claro: *"Espíritas! Amai-vos*, eis o primeiro ensinamento; *instruí-vos*, eis o segundo". Somos todos criados à imagem e semelhança de Deus, portanto irmãos em Deus, nosso Pai. O amor fraterno é aquele que busca o bem e a paz para todos, sem exceção e sem preconceitos. Pela aplicação do amor fraterno em nossa vida, combatemos e eliminamos em nossos relacionamentos a ira, a inveja, o ciúme, o ódio, o medo, a maledicência, a malevolência, a ingratidão. Tudo o que leva à desunião é banido pela *philia*, o amor fraternal. Esse é o amor dos pais por seus filhos, o amor entre irmãos, o amor familiar e entre amigos. *Philia* não monopoliza, não oprime, não busca transformar o outro em seu dependente. Há, entretanto, quem coloque o amor familiar numa categoria especial de amor, chamada *storge*, ficando *philia* reservado para o amor fraterno ou amor-amizade, além dos limites familiares.

A seguir, Irene abordou o amor conjugal. Qual deve ser o amor entre marido e esposa? "Sei que há pelo mundo afora muitas pessoas que responderiam: eros", disse a expositora. *Eros* é o amor carnal, o amor-paixão, o amor repleto de paixões inebriantes. É o desejo físico de possuir o outro. É o amor que nos cega, nos torna surdos e mudos. Como forma de paixão, é o amor que elimina a razão e não permite o raciocínio. É o amor que se expressa como falta, isto é, o que falta em um é buscado no outro. *Eros* representa o amor carnal, sexual, a atração física que inebria pela paixão que contém. Em *eros* prevalece a beleza física, que pode levar à obsessão pelo amado e pelo prazer que lhe constitui parte intrínseca. Contudo, verdade é que *eros* pode ser vivido de forma muito sadia, quando a mulher e o homem se entregam mutuamente sem serem dominados pela força irracional da paixão. É nele que reside a expressão instintiva da união, da reprodução e da preservação da espécie. O amor conjugal, particularmente em seu estado inicial, contém em si o amor-paixão de *eros*. Todavia, casamentos que envolvem apenas esse tipo de amor tendem a desfazer-se quando a chama efêmera da paixão desaparece. "Na união conjugal é necessário equilibrar os tipos de amor", disse Irene. Nessa composição, existe *eros*, que representa a atração física, o desejo sexual entre casal, mas também *ágape*, como entrega total ao outro e a renúncia a certos hábitos que possam comprometer o relacionamento. *Philia* também tem de estar presente, representando a amizade, a confiança mútua e os valores compartilhados. É da harmonia entre essas diferentes manifestações de amor que a união se solidifica, podendo durar por toda uma existência. Afinal, no interior do casamento deve haver, além da atração física, a amizade, a cumplicidade, o compromisso, o respeito, o cuidado e a dedicação ao parceiro.

– Quero ainda falar de dois tipos básicos de amor: o amor aos animais e o amor à natureza. O amor aos animais, costumo chamar de zoofilia. Era, por exemplo, o amor de Francisco de Assis, que os chamava de *irmãos*. Neste ponto, quero salientar: quem tem ou vier a ter filhos, ensine-lhes, ainda pequeninos, a respeitar os animais e a amá-los, tendo-os ou não em casa. Escutei certa vez alguém repetindo uma sentença atribuída a Francisco: "Não te envergonhes se, às vezes, animais estejam mais próximos de ti do que pessoas. Eles também são teus irmãos". É uma grande verdade. Todavia, não se esqueçam igualmente do amor que devemos à natureza. Amor à natureza é amor à vida, é biofilia. Se a humanidade não tivesse perdido o respeito e o amor à natureza, estaríamos em melhores condições de vida hoje.

Encerrando a sua preleção, Irene esclareceu:

– O amor tem uma amplitude maior do que geralmente se pensa. É, pois, importante que cada um saiba compartilhá-lo com os demais, de acordo com os papéis que exerce em seu cotidiano. Mas não nos esqueçamos do principal, como nos exortou o Mestre Divino: "Amar a Deus sobre todas as coisas e ao próximo como a nós mesmos".

A lição caiu em terra fértil, pois Ana Maria e eu ficamos, após a aula, a dialogar sobre a extensão de tudo o que havia sido dito em sala de aula, procurando aplicá-lo em nossa nova vida, que começava a transformar-se com a proximidade do casamento.

✎❦✎

Enfim, chegou a véspera do tão esperado dia. Eu estava ansioso, porque sabia que, dali para frente, a minha vida iria tomar novo rumo. É claro que estava feliz por ter encontrado o amor da minha vida, mas, como sempre acontece, a mudança traz consigo uma certa carga de apreensão. Passei o dia fazendo os preparativos, a sós ou em companhia da minha noiva, que se mostrava radiante, aguardando com serenidade o momento de oficializarmos a nossa união.

Nessa noite, tive um sonho significativo: estava em meio a uma floresta cerrada, no interior de desconhecida ilha, desorientado e com muita sede. As altas e copadas árvores quase não deixavam filtrar a luz do sol, de modo que eu andava às cegas numa escuridão que me amedrontava. Se surgisse um animal selvagem, certamente eu seria devorado. Já quase entrando em desespero, abracei-me no tronco de uma árvore e pedi a Deus que me livrasse daquela situação desesperadora. Quando terminei a minha breve oração, notei que havia à minha frente uma trilha diminuta, quase imperceptível. Não tive dúvidas: passei a andar por ela. À medida que a percorria, ia alargando-se e mais luz penetrava por entre os galhos das enormes árvores. Andei assim por algum tempo até ver diante de mim uma paisagem deslumbrante. Andando um pouco mais, meus olhos se depararam com uma areia dourada e um mar de um verde magnífico, e, acima, um céu de azul esplendoroso. Nessa altura, escutei nitidamente uma voz dizendo com suavidade: "Esta é a paisagem que os espera". Acordei em seguida. Gravei muito bem a frase: "Esta é a paisagem que os espera". Não se tratava apenas de mim, mas de mais alguém: Ana Maria. Não havia muito o que interpretar. Tudo estava tão claro. Foi o início de um dia muito feliz. De uma vida muito feliz.

Simples e rápida foi a cerimônia no cartório. Ao entardecer, dirigimo-nos ao bufê, onde muitos amigos nos aguardavam. Não queríamos nada que lembrasse uma cerimônia, mas a dra. Júlia, num dado momento, pediu silêncio e disse com a singeleza que fazia parte da sua personalidade:

– Meus amigos, pedem-me Albert e Leonor que lhes diga algumas palavras. Serei muito breve.

Depois de discorrer sobre a responsabilidade de quem se propõe a progredir espiritualmente em comunhão com outra pessoa, ela disse algo inesperado para mim:

– A união conjugal lembra duas criaturas que saem de uma vida solitária na floresta de uma ilha perdida no oceano e veem diante de si um mar imenso abençoado por um céu de anil. Cabe-lhes, porém, uma tarefa nobre e às vezes difícil: pela expressão de seu amor verdadeiro, manter o azul do céu e o verde-esmeralda do mar. O barco em que farão a travessia para a terra firme do continente está ali à espera do casal. Ele possui dois remos: um à direita e outro à esquerda. Cabe aos dois remar em linha reta tanto quanto possível para chegar a seu destino. Se apenas um remar de seu lado, o barco dará voltas sem sair do lugar. Se um remar para a frente e outro para trás, o barco também não seguirá pelo rumo certo. Há necessidade de sincronia e mente fixa no destino a que pretendem chegar. Somente assim serão vencedores. Ana Maria, Max, vocês acabam de entrar no barco, os remos estão em suas mãos, o continente está à sua frente. Permitam que o mar continue calmo e o céu sereno. Mantenham-se com a mente ligada ao destino que os aguarda. Deus os acompanha. Vocês têm tudo para chegar seguros na terra firme. Sejam vitoriosos e felizes...

Nunca eu tinha ouvido metáfora tão forte e tão bela sobre o casamento. O que ela dissera sobre a ilha abandonada batia com o sonho que eu tivera. A voz a me dizer que aquele mar verde-esmeralda e o céu de anil eram a nossa paisagem se revelava agora na fala calma e suave da dra. Júlia. Realmente, eu estivera numa floresta escura em perdida ilha. Mas, quando vim para o Brasil e encontrei amigos maravilhosos como Albert, Leonor, dra. Júlia e o professor Acácio, minha vida começou a mudar. A partir daquele momento, a floresta escura cedeu lugar à praia dourada diante do mar calmo e convidativo. E, quando me vi diante de Ana Maria, o barco já nos aguardava para a viagem mais importante da nossa existência. A doutrina espírita me fornecera remos fortes para peregrinar pelo oceano da vida em companhia de quem me amava e a quem eu oferecera a pureza do meu amor.

Quando a dra. Júlia silenciou, selamos suas palavras com um beijo que simbolizava a união perpétua que iniciávamos no calor dos nossos propósitos e na serena bênção do nosso amor...

∾✤⊚✤∾

A comemoração continuou muito animada, mas, às nove da noite, nos despedimos e tomamos o carro que nos levou ao aeroporto, de onde rumamos para o Rio de Janeiro. Ali, pernoitamos num belo hotel, levantando-nos felizes na manhã seguinte por poder testemunhar que estávamos realmente casados. Tivemos boa parte do dia para conhecer ou revisitar alguns pontos, inclusive as praias de Copacabana e Ipanema, onde almoçamos.

À noite, fomos ao aeroporto, de onde rumaríamos para Viena, local escolhido para a nossa lua de mel. Durante meses havíamos feito economia a fim de passarmos vinte dias na Áustria e Ana Maria poder conhecer um pouco do meu país.

Dormimos grande parte da viagem, pois estávamos exaustos de toda a correria das últimas semanas. Mesmo com escala, para nós a viagem foi rápida, pois conseguimos nos recuperar fisicamente, estando ávidos por chegar ao meu país de origem. Foi, portanto, com alegria que aterrissamos no Aeroporto Internacional de Viena-Schwechat, de onde rumamos para um pequeno e aconchegante hotel, pouco afastado do centro da capital. Durante o trajeto, eu olhava frequentemente para o semblante jovial de Ana Maria e pensava no roteiro único que acabáramos de traçar para duas vidas que se uniam na busca de sua autorrealização.

Muitas lembranças voltariam à minha mente enquanto permanecêssemos naquela bela cidade, entre o amor e o deleite de uma nova vida que prometia ser feliz.

18

Lembranças

Em nosso primeiro dia em Viena, permanecemos no hotel. Já na manhã do dia seguinte, após o desjejum, rumamos para o centro da cidade. Antes, passamos pela casa em que eu havia morado com meus pais anos atrás. Quando vi a antiga casa branca com duas janelas e um portão de ferro pintados de azul, uma onda de energia vibrou no meu plexo solar. Passou pela minha memória a infância querida que tive junto de meus pais. Lembrei-me de mim, quando ainda criança, estudando sob os olhos atentos e amorosos da minha mãe . Mais tarde, quando chegava do trabalho, meu pai me abraçava e, invariavelmente, me perguntava:

– Estudou bem hoje?

Eu respondia, alegre por estar nos braços daquele homem bondoso e trabalhador:

– Sim, papai. Estudei bastante.

– É mesmo? – perguntava ele à minha mãe, que sempre respondia:

– Estudou até mais que ontem.

Em várias ocasiões, nesse momento, ele enfiava a mão no bolso do paletó e retirava um pequeno embrulho, que colocava em minhas mãos, dizendo:

– É para você.

Ao abri-lo, ali estavam balas e doces diversos, que eu devorava alegre e feliz. Esses eram momentos sagrados em minha vida, e somente naquele instante de saudosas recordações consegui valorizá-los com toda a justeza.

Lembrei-me também dos meus anos de colégio, em que, já habituado aos estudos, eu passava em casa parte da noite fazendo as lições que deveria mostrar no dia seguinte aos professores. Foi numa dessas noites que meu pai me perguntou:

– Max, você já pensou em que vai ser, quando adulto?

A pergunta não me pegou de surpresa porque, notando há um ano aproximadamente a solicitude e a dedicação do médico que visitava de tempos em tempos a minha mãe, já enferma, eu concluíra comigo mesmo: "Eu também serei médico um dia". Assim, a resposta à pergunta do meu pai surgiu sem muita reflexão:

– Serei médico, assim como o doutor Siller.

Meu pai titubeou um pouco, depois me disse:

– Não é fácil custear as despesas de um filho médico, mas, se é isso que você quer, sua mãe e eu faremos o sacrifício necessário para realizar o seu sonho.

Sem compreender muito bem o que ele dizia, eu abri um largo sorriso e concluí:

– Então, eu serei médico mesmo... como o doutor Siller.

Tive de estudar muito mais do que já fazia para conseguir ingressar na faculdade de medicina. Mas, para felicidade dos meus pais, cheguei um dia em casa, gritando a plenos pulmões:

– Fui aprovado! Vou estudar medicina.

Minha mãe, mesmo adoentada, correu até mim e me abraçou apertado. Naquele momento de recordações junto da minha esposa, olhando através das paredes da casa, senti o abraço da minha mãe e escutei mais uma vez as suas palavras:

– Parabéns, meu filho! Você ainda será um grande médico.

Algum tempo depois, quando meu pai chegou em casa e soube da notícia, disse com emoção:

– O sacrifício não será em vão. Seja feliz, Max.

Ana Maria, notando as lágrimas que já escorriam dos meus olhos, comentou:

– São muitas recordações, não é, Max?

– Muitas, Aninha. Meus pais fizeram tudo o que puderam por mim.

Lembrei-me também da tarde em que, voltando da universidade, cheguei em casa e meu pai apressou-se em encontrar-me, falando consternado:

– Sua mãe partiu, Max. Deus a chamou para junto de Si. Saiba, entretanto, que ela o amava como a ninguém.

Foi a notícia mais triste de toda a minha vida, com exceção daquela que recebi quatro anos depois, quando me tiraram da sala de aula para dizer:

– Corra para sua casa. O seu pai está muito mal.

Consegui chegar a tempo de abraçá-lo e sentir a sua mão trêmula em meu corpo. Em seguida, ele faleceu sem ter podido dizer nenhuma palavra, mas demonstrando naquele derradeiro abraço todo o amor que sempre me dedicou.

Evocando todas essas cenas, fiquei ali plantado diante da casa vazia, absorto em minhas íntimas recordações. Ana Maria permaneceu em silêncio, respeitando as minhas memórias doloridas. Depois, como se acordasse de um sono profundo, eu disse-lhe, ainda comovido:

– Você quer conhecer a Universidade de Viena?

Deixamos o local onde vivi a minha infância e juventude e partimos para a universidade em que tive o privilégio de cursar medicina, com especialidade em psiquiatria. A Universität Wien, como é chamada, foi fundada em 1365 pelo duque da Áustria, Rodolfo IV, sendo por tal motivo denominada *Alma Mater Rudolphina*. Quando me vi diante do antigo prédio, com suas linhas clássicas, novamente me emocionei. O movimento dos alunos que entravam e saíam do prédio principal lembrou-me dos tempos em que eu também passava por ali, não falando alto e rindo como os alunos que estava vendo agora, mas desacompanhado, silencioso e reservado, com os livros em uma pasta preta com que meu pai me presenteara.

Seguimos para a Faculdade de Medicina, onde mostrei a Ana Maria algumas salas de aula e a biblioteca na qual tinha passado muitas horas de estudo. Depois, a pedido da minha esposa, nos dirigimos ao Hospital Psiquiátrico. Foi ali que tiveram início as minhas atividades médicas. Comparando com os conhecimentos e a experiência que eu tinha naquele momento, tive certa vergonha da maneira como encarava a psiquiatria e do modo como me relacionava com os pacientes nesses momentos iniciais da minha profissão. Comentei com Ana Maria, que me disse, compreensiva:

– Max, tudo tem o seu tempo, todos têm as suas fases. Naquele momento, você fez o que pôde.

Quando já nos preparávamos para sair, escutei uma voz atrás de mim:

– Doutor Helmer, por favor.

Olhei para trás e vi o dr. Müller, que chegava para me cumprimentar. Müller já trabalhava no hospital antes da minha admissão. Era um dos poucos médicos com quem eu chegava a trocar algumas palavras.

– Há quanto tempo, doutor Helmer. Como tem passado?

– Bom dia, doutor Müller. Eu me mudei de Viena. Ah! Esta é minha esposa.

– Muito prazer. Eu trabalhei algum tempo próximo do seu marido. Mas para onde você foi?

– Para São Paulo, no Brasil.

– São Paulo? Brasil?

– Pois é. Fui convidado por um colega brasileiro e me sinto feliz por isso. Até me casei por lá. Estamos em viagem de lua de mel.

– Meus parabéns.

Após os cumprimentos e as surpresas, o dr. Müller virou-se para Ana Maria e disse com ar de sinceridade:

– Seu marido ficou conhecido aqui pela sua competência. E pela maneira cortês de tratar os pacientes. Nem todos os médicos são assim.

A essa altura, minha esposa já dominava a língua alemã, de modo que pôde participar da conversa, que continuou por mais alguns minutos antes de nos despedirmos. Quando já estávamos na rua, Ana Maria comentou:

– E pensar que você chegou a ter vergonha do atendimento que fazia... Você escutou bem o que seu colega lhe disse?

– Essa foi para mim a maior surpresa. Eu não me via assim aqui em Viena.

– É verdade que hoje o seu atendimento é bem superior, mas o início da sua carreira correspondeu aos primeiros passos para chegar ao nível em que se encontra hoje. E você ainda vai crescer mais, com certeza.

Não tive resposta. Ou preferi mesmo o silêncio, para poder meditar um pouco sobre essas palavras tão encorajadoras da minha querida esposa.

No tempo em que permanecemos em Viena, visitamos o Museumsquartier, com sua arquitetura barroca e também contemporânea; a Catedral de Santo Estêvão, de estilo gótico; o Palácio Belvedere, construído em estilo barroco; e a

Ópera Estatal de Viena, onde ouvimos Mozart e Strauss. Outros locais turísticos foram ainda visitados por nós. No Museu de Arte Moderna de Viena, o Mumok, por exemplo, admiramos obras de pintores reconhecidos, como Pablo Picasso, Andy Warhol, Joseph Beuys, Jasper Johns e Roy Lichtenstein. Ana Maria estava encantada diante da beleza exuberante de quase tudo o que tínhamos oportunidade de visitar e de admirar.

Ao deixar Viena, visitamos Salzburgo, cujo centro histórico foi muito elogiado pela minha esposa, e St. Pölten, na Baixa Áustria, às margens do rio Traisen, cidade barroca que Ana Maria amou de coração.

A última parte do nosso passeio foi realizada na França. Visitamos Paris e Tours, na região central, conhecida como o Jardim da França, como a denominou Honoré de Balzac, ali nascido. Em Tours, fizemos como agem muitos turistas, visitando inicialmente a parte central da cidade e conhecendo depois o lado mais moderno. Íamos fazer um passeio de caleche, um tipo de carruagem com quatro rodas e dois assentos, puxada por um par de cavalos. Todavia, com sua apurada sensibilidade, Ana Maria recusou-se por entender que os cavalos deveriam viver livres, soltos, e não trabalhando para turistas se divertirem. Ali conhecemos, entre outras preciosidades, o Castelo de Tours, o Jardim Botânico, a Basílica de São Martinho e a Catedral Saint Gatien. À noite, após visitarmos a Gare de Tours, fomos ao teatro. Assistimos à ópera *A Flauta Mágica*, de Mozart. Informei a Ana Maria que essa ópera tivera a sua estreia em Viena, local que havíamos visitado anteriormente, e que Mozart tinha desencarnado dois meses após a estreia. O folheto que recebemos na entrada falava das influências dessa ópera, o Iluminismo filosófico, a Revolução Francesa e a maçonaria. A bela música de Mozart e a atuação precisa dos atores, com suas vozes impecáveis, encantaram Ana Maria. Mas a grande surpresa viria na saída do teatro, quando vi um senhor que tinha nas mãos um livro com o título: *Après la Mort*. Esse é um livro de Léon Denis, traduzido literalmente para o português como *Depois da Morte*. Naquele momento, eu não sabia quem era o autor, mas tinha ouvido falar da obra no meu curso de Educação Mediúnica. Perguntei para Ana Maria, que me deu a resposta. Tomei coragem e perguntei em francês se aquele senhor era espírita. Ele sorriu e respondeu afirmativamente. Fiz-lhe nova pergunta:

– O senhor frequenta algum centro espírita aqui em Tours?

– Não. Eu sou brasileiro. Frequento um centro espírita na cidade de São Paulo, onde resido.

Ri diante da resposta e falei em bom português:

– Então, não precisamos falar em francês. Eu e minha esposa também moramos em São Paulo.

Apresentamo-nos e nos abraçamos efusivamente. Seu nome era Marcelino e tinha 71 anos. Era viúvo e estava fazendo uma excursão por alguns países da Europa. Resolvemos tomar um chá, a fim de nos conhecermos melhor.

– Fico feliz, Ana e Max, por conhecê-los e por saber que também abraçaram a doutrina dos espíritos. Talvez vocês achem esquisito eu estar levando comigo ao teatro um livro de Léon Denis, não é mesmo? Eu explico: cheguei no comecinho da noite nesta localidade e vi um rapaz vendendo livros sobre um cobertor espalhado em parte da calçada. Para colaborar, resolvi comprar alguma obra que pudesse me interessar. Foi quando me deparei com *Depois da Morte*. Hora e meia mais tarde, eu estaria no teatro, de modo que o levei comigo. Tenho um amor particular por esta obra, pois foi após sua leitura que minha esposa se interessou pelo Espiritismo. A partir daí, eu também a li e pouco tempo depois abracei a doutrina que ainda alimenta a minha vida. Mas estou sendo egoísta, falando apenas de mim. Quero também conhecê-los.

Falamos a respeito da nossa profissão, do nosso casamento e da felicidade que estávamos vivendo naquele período. Marcelino era palestrante e estaria na noite seguinte em Paris falando sobre "Livre-arbítrio e Providência", um dos capítulos do livro que tinha em mãos. Como Ana Maria e eu estaríamos voltando para o Brasil dali a dois dias, combinamos que assistiríamos à palestra de Marcelino.

Na noite seguinte, rumamos para o local, uma casa em cuja sala principal havia um estrado sobre o qual estava uma mesa com quatro cadeiras e, nos lados, belas flores ornamentando o espaço. Às vinte horas, havia umas trinta pessoas, o que correspondia à lotação quase total da sala. Nesse momento, entraram quatro pessoas, entre elas Marcelino, que se assentaram à mesa. Após breve oração, uma senhora de seus quarenta anos apresentou o palestrante, que deu início às suas palavras. Apesar da idade, Marcelino tinha um físico forte, e a sonoridade da sua voz espalhava-se vibrante por toda a sala. Começou, em bom francês, fazendo alusão a Léon Denis, que fornecera a base da palestra:

– É o grande pensador espírita, Léon Denis, quem nos recorda que a questão do livre-arbítrio é uma das que mais têm preocupado filósofos e teólogos. Afinal, como conciliar a vontade, a liberdade do homem com o exercício das leis naturais e a vontade divina? Por toda a história da humanidade, houve aqueles que se dobraram ao determinismo e aqueles que pregaram a liberdade absoluta do ser humano. Determinismo, dizem os dicionários, é a doutrina filosófica segundo a qual tudo, no universo, inclusive a vontade humana, está submetido à necessidade. Já o livre-arbítrio é, segundo os estudiosos, a faculdade que tem o indivíduo de determinar, com base em sua consciência apenas, a sua própria conduta. É a liberdade de escolha, pelo indivíduo, de seu modo de agir, independentemente de qualquer determinação externa.

E aí? Como ficamos nós, espíritas? O ser humano é livre ou não para optar sobre a sua existência?

Eu estava prestando atenção às palavras de Marcelino, e o tema era de interesse geral. Todavia, a figura do palestrante lembrava a fisionomia e o porte do meu pai. Não pude evitar o devaneio. Meu pai assomou com predominância à minha memória e junto dele a minha querida mãe. Lembrei-me particularmente da alegria deles quando anunciei que decidira cursar medicina. Eles sabiam que teriam de fazer economia, pois, além de eu não poder trabalhar durante os anos de estudo, os gastos com livros, em particular, seriam grandes. Mas, apesar disso, a alegria que eles demonstraram pela minha escolha chegou a me comover. Também naquele momento, em plena palestra de Marcelino, eu fiquei tão comovido, que comecei a chorar de modo disfarçado. Foi justamente quando vi na minha frente a figura do meu pai e da minha mãe, sorrindo para mim. Eles pousaram também os olhos em Ana Maria, que escutava atenta a palestra. Depois de a contemplarem, minha mãe disse apenas: "Max e Ana Maria, meus filhos, sejam felizes". Nesse momento, notei que ao lado dos meus pais, outro casal também nos observava. Lembrei-me de tê-los visto numa foto mostrada um tempo atrás por Ana Maria. Eram seus pais. Consegui escutar as palavras daquela que seria minha sogra: "Vocês merecem toda a felicidade". Em seguida, todos desapareceram lentamente, como se uma neblina os encobrisse. A partir daí, uma felicidade imensa tomou conta da minha alma. Olhei para a minha esposa, que, sem saber de nada, sorriu levemente e continuou a prestar atenção nas palavras de Marcelino. Procurei igualmente concentrar-me na palestra. O palestrante dizia:

– Como dizia no início, há aqueles que consideram o ser humano sempre livre, usufruindo de uma liberdade absoluta.

Por outro lado, existem pessoas para quem a liberdade não existe, sendo o homem sempre determinado. Afinal, somos livres ou joguetes da sorte? Temos livre-arbítrio ou somos dominados pela fatalidade? Diz com sabedoria Léon Denis que a fatalidade aparente, que semeia males pelo caminho da vida, é decorrência do nosso passado. É o efeito de uma causa anterior. É também o complemento do programa que aceitamos antes da nossa reencarnação. É verdade que nas camadas inferiores da criação o instinto, espécie de fatalidade, é que conduz o homem. Apenas quando evolui é que aparecem os primeiros rudimentos das faculdades do homem, que desperta para a liberdade moral. Dotada, então, de consciência e de liberdade, é pelo livre-arbítrio que a alma fixa o próprio destino, preparando suas alegrias ou suas dores.

"Lembremos, contudo, que, se a semeadura é livre, a colheita é obrigatória. Não podemos colher rosas de espinheiros, nem maçãs de ervas daninhas. Depois de praticado o ato, que é causa, virá a consequência, que é efeito. Assim, de acordo com a doutrina espírita, o ser humano, pelo uso do livre-arbítrio, tem o poder de construir o próprio destino; quanto mais livre for, mais responsável será; a fatalidade ou o determinismo que acometem sua vida derivam das provas escolhidas antes de reencarnar. O seu livre-arbítrio é, pois, relativo, mas permeia todo o existir humano. E outro aspecto importante: se o homem fez escolhas erradas, é responsável por elas; todavia, despertando em si a vontade de voltar ao bom caminho, a Providência Divina dar-lhe-á auxílio e proteção. Léon Denis diz algo como: "A Providência é o espírito superior, é o anjo vigilante em face da adversidade, é o consolador invisível, cujas inspirações abrasam o coração enregelado pela desesperança, cujos fluidos vivificadores amparam o viajante esmorecido pelo cansaço".

O destino, caros irmãos, é resultante, por meio de vidas sucessivas, de nossas próprias ações e livres resoluções.

Mas, não importa qual seja, Deus, pela Providência, estará sempre de braços abertos a nos iluminar o caminho, se assim o desejarmos. Ele não abandona nenhum de seus filhos."

Marcelino foi muito aplaudido pelos presentes. Fomos também abraçá-lo, quando trocamos endereços e números de telefone, combinando encontrar-nos em São Paulo. Pudemos ainda trocar breves palavras com os diretores da casa espírita. Já no hotel, onde passaríamos a última noite na França, contei a Ana Maria a visão que tivera durante a palestra e as palavras de nossas mães. Ela falou que havia percebido uma presença à sua frente e que uma energia muito agradável a envolvera. Narrei-lhe também outra visão: durante as últimas palavras de Marcelino, vi descerem do alto, sobre toda a sala, pontos de luz semelhantes a flocos de neve muito brilhantes, desfazendo-se em cada pessoa sobre a qual caíam. Foi emocionante.

⌘

Na manhã seguinte, iniciamos o retorno a São Paulo, fisicamente cansados e espiritualmente alimentados e revigorados. No aeroporto, quando o avião decolou, Ana Maria disse com carinho:

— Ricky deve estar com saudade de nós, coitadinho. Não vejo a hora de ir buscá-lo no apartamento da doutora Júlia. Todas as noites eu fiz vibrações para ele.

O amor da minha esposa pelos animais sempre foi muito grande. Lembrei-me de que o professor Acácio dissera certa vez:

— Quem não ama os animais também não consegue amar o ser humano.

Fiquei feliz por poder ter dali para a frente, ao meu lado, uma alma que conseguia amar os animais e, sem dúvida, também os seres humanos.

Algum tempo depois que o avião deixara a capital francesa, começamos a conversar sobre a viagem que acabávamos de fazer. Ana Maria confessou ter amado cada um dos dias em que estivemos na Europa.

– Max, a sua emoção, quando estávamos diante da casa em que morou com seus pais, me enterneceu.

– Foram muitas recordações, Aninha. Parece que consegui externar sentimentos afetuosos que havia sepultado no interior da minha alma. E isso me fez muito bem. Antigamente, eu tinha vergonha de manifestar o que me ia no calor do coração. Mas você e nossos amigos, entre eles o querido professor Acácio, me ensinaram pelo exemplo como é bom deixar fluir adequadamente as emoções e os sentimentos que temos perante a vida.

– Você também me ensinou uma coisa rara nas pessoas, Max: a pureza de coração.

Fiquei estupefato ao escutar essa afirmação de Ana Maria. Nunca havia pensado dessa forma. E ela continuou:

– São poucas as pessoas que conseguem conservar a pureza interior, a candura, a inocência. E você ainda as conserva em seu coração. Não as perca nunca, meu amor. Você tem uma joia rara, que deve ser sempre conservada. Lembre-se do que disse Jesus: "Bem-aventurados os que têm puro o coração, porque verão a Deus".

Não tive como retrucar, o que me deixou ainda mais impotente naquela situação. Mas a minha esposa, como se realizasse uma psicofonia, olhou pela janelinha do avião para o mar lá embaixo e disse com enlevo:

– Como é belo o oceano. Essas águas simbolizam tudo o que vai em nosso íntimo: emoções, sentimentos, paixões e desejos. Às vezes, estamos calmos, tranquilos. Somos como o mar imperturbável em suas mansas águas. De outras, estamos agitados, conturbados pelas paixões desenfreadas.

Somos, nesses momentos, o mar encapelado e enfurecido pelos ventos desgovernados. Procuremos, Max, manter o máximo possível a placidez das águas mansas do mar pacífico e sereno.

Procurava palavras para responder a essa bela comparação, quando notei que ela caía num sono tranquilo, fruto de todas as visitas que havíamos feito em nossas andanças por tantos lugares que a haviam encantado.

~~~~~~~~~~~~~~~

Logo depois de tocarmos a campainha, surgiu na porta a figura alegre da dra. Júlia.

– Que surpresa agradável! Eu os esperava amanhã. Entrem, por favor.

– Júlia – disse Ana Maria –, já é tarde. Vamos pegar Ricky e voltamos amanhã para uma boa conversa.

– Não deixem de vir. Quero saber dos passeios que vocês fizeram em sua lua de mel.

Agradecemos o favor que a dra. Júlia nos fizera e rumamos para nosso apartamento em companhia do gatinho que fora do professor Acácio e que não parava de ronronar. Na noite seguinte, fomos fazer a prometida visita. Contamos todas as nossas peripécias pela Áustria e pela França. Júlia ora enternecia-se, ora ria conosco. Quando falamos a respeito de Marcelino, ela ficou surpresa:

– Marcelino Andrade?

Respondi que não sabia, mas Ana Maria deu certeza de que esse era o seu sobrenome:

– Ele mencionou o sobrenome. Talvez Max não tenha ouvido. É Marcelino Andrade, sim. Por que a pergunta?

– Eu o conheço. Faz alguns meses que não o vejo, mas o conheço bem. Ele já veio aqui várias vezes e eu também o visitei na sua casa, no bairro de Santana. Trata-se de um homem íntegro, inteligente e culto. E também de um espírita exemplar. Ele já fez muitas palestras em centros espíritas de São Paulo e do interior, mas não sabia que estava fazendo o mesmo no exterior. Vocês gostaram da palestra?

– Foi excelente, não é mesmo, Max?

– Concordo plenamente. Deu para perceber que ele tem grande conhecimento e que é muito envolvente em sua exposição.

Nesse momento, a dra. Júlia ajeitou-se na poltrona e perguntou:

– Vocês não conhecem a história desse homem, não é verdade?

– Não. Não conhecemos – respondi imediatamente.

– E gostariam de conhecê-la?

Ana Maria riu e disse com interesse:

– Deixe de ser misteriosa, Júlia. Diga logo.

– Pois bem, Marcelino foi um jovem muito estudioso e trabalhador também. Cursou engenharia mecânica e começou a trabalhar numa grande montadora. Por essa época foi que conheceu uma moça que acabava de licenciar-se em pedagogia e iniciava a sua carreira de professora do ensino médio. Ele era positivista, e ela, espírita. Na verdade, Marcelino era adepto do positivismo científico, fundado por Augusto Comte no século XIX, e seguia o credo da religião da humanidade, de acordo com o positivismo religioso, fundamentado na busca incessante de coordenação do sentimento, do pensamento e das atividades. Joana tinha esse nome em homenagem à grande médium Joana d'Arc. Apesar da diferença de credos, um grande amor nasceu na alma de cada um deles e logo se casaram. O casamento, entretanto, teve curta duração. Três anos depois, Joana, que tinha arritmia cardíaca, sofreu morte súbita. Marcelino ficou desvairado. Fazia imprecações contra Deus, amaldiçoando as religiões e dizendo-se vítima do Nada, que seria superior ao Criador.

Chegou a gritar frases sem nexo a conhecidos, que temiam ter ele enlouquecido. Todavia, com o passar do tempo, foi entrando num mutismo permanente, passando dias sem dizer palavra e sem se alimentar. A imensa tristeza que lhe ia na alma era observada no seu corpo curvado e em seu semblante lúgubre. Já se havia passado um ano e meio que sua esposa desencarnara, quando um novo fato mudou a vida daquele homem acabrunhado.

– Quem vê Marcelino hoje, sereno e prudente, não pode imaginar que ele tenha passado por tudo isso – comentei.

– E qual o fato que o tirou dessa depressão? – perguntou Ana Maria.

– Quando todos esperavam pelo pior, certo dia uma senhora, que fora visitá-lo, entrou em sua casa com uma carta na mão. Estava agitada e dizia às pessoas que ali estavam que a carta era do seu filho, falecido há mais de um ano. "Ele está bem", ela repetia, acrescentando: "Está sendo atendido no plano espiritual. Tem saudade dos pais, da namorada, mas afirma que está feliz agora". Era uma mensagem psicografada que ela obtivera numa casa espírita. Passada a euforia daquela senhora, para surpresa de todos, Marcelino levantou a cabeça e perguntou: "Mas isso é verdade mesmo? Joana me falava desse tipo de carta, que era escrita no centro espírita que ela frequentava". Todos ficaram pasmos e ao mesmo tempo alegres. Ele havia falado com tranquilidade, como se nada houvesse acontecido. A senhora apressou-se em responder que era verdade e que ela sentira a presença do filho, enquanto a mensagem era psicografada. Para maior surpresa ainda dos presentes, Marcelino pediu que o levassem ao centro espírita que era frequentado por sua esposa. Assim foi feito, de modo que, numa noite, seu cunhado o conduziu até o local. Depois de assistir a duas ou três preleções, começaram a ser entregues as mensagens do mundo espiritual. Marcelino recebeu uma delas. Em duas folhas manuscritas, Joana lhe falava de sua situação no plano espiritual, afirmando estar aprendendo muito sobre a vida. Dizia também de sua saudade por Marcelino, ao mesmo tempo em que corroborava o que já lhe havia dito algum tempo atrás: quando duas almas se amam, voltam a encontrar-se para crescerem juntas. Assim, num futuro, eles teriam a chance de se reencontrarem. Pedia-lhe igualmente que confiasse em Deus e não deixasse de orar, para que sua vida pudesse voltar à normalidade. No final, ela reiterava o seu amor por ele. Marcelino leu a mensagem ainda no corredor do centro espírita e começou a chorar convulsivamente. Depois, recomposto, disse ao cunhado que desejava comprar *O Livro dos Espíritos* para começar a conhecer a doutrina abraçada por Joana. A partir daí, a depressão desapareceu e ele voltou muito mais motivado ao trabalho. Foi o início do seu envolvimento com o Espiritismo, de que ele é hoje um dos grandes divulgadores.

— Muito interessante essa história — eu disse.

— E comovente também — acrescentou Ana Maria. — Nós vamos entrar em contato com ele na próxima semana. Ele faz questão de nos receber em sua casa.

Conversamos ainda por longo tempo, em que as lembranças que me envolveram na Europa e a felicidade da minha situação presente, ao lado de Ana Maria, se enlaçavam com ternura e amor.

19

Aplicando conhecimentos

Após tão emocionantes férias, retornei ao trabalho no hospital. Estava renovado e disposto a melhorar ainda mais o meu atendimento aos pacientes. Não havia como alegar ignorância, pois aprendera muito com Albert, Leonor, o professor Acácio, e agora aprendia ainda mais com a minha própria esposa e com a doutrina espírita. Ela me dissera um dia que ser sábio não é apenas conhecer muito. Há quem muito conhece, mas passa longe da sabedoria, e há igualmente quem tem pequenos conhecimentos e se conduz como um verdadeiro sábio. Platão afirmou que sabedoria é a ciência que está na base da ação virtuosa. Já o sábio é uma pessoa virtuosa. Para Sócrates, seu mestre, a sabedoria é quanto o homem pode saber sobre si mesmo. E consiste também em vencer a si mesmo. Logo, para ambos, sabedoria e virtude estão entrelaçadas, de modo que busquei agir em minha profissão com sabedoria, procurando desenvolver virtudes que me faziam falta. E não eram poucas.

Ana Maria me dissera ainda que, para sermos sábios, precisamos conhecer, mas não basta o conhecimento intelectual. É preciso que apliquemos na vida aquilo que aprendemos, de modo a aprimorarmos a nossa própria conduta e servirmos de exemplo para os outros. É o que ela chamou de conhecimento moral, que implica a ação na direção do bem. Assim, se eu queria melhorar o meu atendimento aos pacientes, precisava de conhecimentos que me levassem à essência daquilo que estava estudando. Precisava compreender o meu objeto de estudo e aplicar no meu trabalho os conhecimentos adquiridos. No curso do professor Acácio, eu aprendera muito, e também no curso que estava frequentando no centro espírita; assim, aquilo que mais estava fazendo falta era aplicar esses saberes. E eu me propus a agir desse modo.

Logo na primeira semana de volta ao trabalho, atendi um senhor que, sendo farmacêutico, não conseguira remédio que lhe suprimisse a insônia, de que se queixava. Dizia ainda ter grande conhecimento sobre o tema, pois lia muito, inclusive psicanálise. Sua fala era arrogante e incisiva. Se fosse nos primeiros tempos, eu teria interrompido o seu discurso, para fazer as minhas próprias perguntas e investigar a causa da insônia. Talvez apenas receitasse algum novo sonífero e encerrasse a consulta. Porém, aprendera já a arte de ouvir, de modo que precisava aplicá-la no meu atendimento. Deixei que ele falasse, e ele falou bastante! Mas não o interrompi. A partir das leituras psicanalíticas, ele concluíra que a sua insônia era uma forma simbólica de autopunição, mas autopunição por quê? Ele não sabia. Depois que a sua fala cessou, comecei a investigar o seu íntimo. Na terceira vez em que foi a meu consultório no hospital, estava muito claro que ele estava detestando o seu trabalho. Quando estava a trabalhar, sentia falta de ar constante e, ao deixar a empresa, no final da tarde, respirava plenamente. Porém, ao ir para a cama, já começava a sentir o peito opresso. Ficava ansioso diante da perspectiva de novo dia de trabalho desalentador. É claro que, assim, ele não conseguia conciliar o sono. Como no hospital, naquela época, só se realizavam consultas psiquiátricas, não se fazendo psicoterapia, passei a atender aquele senhor no consultório particular de um colega. Aos poucos, livremente, ele começou a se queixar da falta de sentido para a sua vida.

– De que vale trabalhar apenas para o próprio sustento? – dizia ele. – A minha vida é semelhante à de um relógio que, todos os dias, marca as mesmas horas. Você acha que o relógio se sente feliz por assinalar os mesmos minutos, os mesmos segundos, todos os dias? Todavia, a finalidade da existência do relógio é marcar horas, não é mesmo? E o propósito da minha vida? Qual é?

A essa altura, a arrogância já desaparecera de sua face, de suas palavras e de seus gestos. Eu via diante de mim um homem atormentado, desorientado, que procurava o rumo certo para a sua vida.

Por ocasião do momento em que iniciou a sua queixa de falta de significado para a vida, Oswaldo – esse era o seu nome – teve um sonho, que fez questão de me contar:

– Sonhei nesta noite que estava na cidade de Nice, na França. Anteontem, li no caderno de turismo de um jornal algo sobre essa cidade. Fiquei sabendo, por exemplo, que é a capital da Côte d'Azur, banhada pelo Mediterrâneo e detentora de belas paisagens naturais e notável arquitetura. Em meu sonho, eu passeava com tranquilidade pela Promenade des Anglais, badalada avenida da cidade. Observava atentamente tudo à minha volta, quando me deparei com uma pequena e simpática livraria. A essa altura, já não sabia se estava na mesma avenida ou se me deslocara para outro ponto. O importante é que a livraria atraiu tanto a minha atenção, que resolvi entrar e olhar os seus livros. Um deles, em particular, me atraiu. Era um antigo livro de capa dura e letras douradas, já desgastadas pelo tempo. O seu título era simplesmente: *La Vie*, "A Vida". Abri-o aleatoriamente e li o seguinte: "A vida é uma oportunidade de crescimento, mas, para crescer, o homem tem de se conhecer. Sem autoconhecimento não há progresso". Não consegui ler mais nada, pois acordei e, de imediato, anotei o que estava registrado no livro.

– A que você associa esse texto? – perguntei.

Ele respondeu com presteza:

– A Sócrates, o filósofo grego. Os filósofos e cientistas anteriores a ele estavam interessados em conhecer o cosmos, o universo e o princípio de todas as coisas. Para ele, porém, primeiro tenho de conhecer a mim mesmo. Esse é o conhecimento primordial.

– Como você associa o texto do livro com o pensamento de Sócrates?

– O texto do livro parece ter sido escrito por Sócrates. Ele não escreveu livro nenhum, só o conhecemos por intermédio de terceiros, mas, se tivesse escrito, esse pensamento poderia ter sido dele.

– O que lhe dizem essas palavras?

– Que eu preciso conhecer-me melhor.

– E o título do livro?

– "A Vida". Também preciso conhecer melhor a vida. Preciso descobrir o significado que está por trás das aparências do cotidiano. Preciso encontrar um sentido para a minha vida, que está boiando solitária em mar aberto.

Quando lhe perguntei o que pensava sobre a frase "A vida é uma oportunidade de crescimento", ele fez uma análise de sua vida anterior até aquele momento e, com grande emoção, afirmou que se sentia estacionado, como um trem que tivesse os freios travados em meio a um deserto. O choro explodiu de seu peito, e aquele homem, que se mostrava seguro de si e até arrogante no início da terapia, agora tinha a cabeça pendida sobre o peito, segura por ambas as mãos, numa atitude de humildade. Passados alguns minutos, ele ajeitou-se na poltrona e disse comovidamente:

– Lembrei-me de novo de Sócrates. Ao mesmo tempo em que as pessoas julgavam conhecer o que desconheciam, ele, que conhecia tão bem o significado da vida, afirmava com toda a humildade: "Só sei que nada sei". É o que tenho vontade de lhe dizer agora.

– Pois diga, Oswaldo.

Ele olhou fixamente em meus olhos e depois falou de forma pausada, antes que o choro convulsionado fosse expelido de seu peito:

– Eu, que pensava que tudo sabia ao vir ter com você, agora me vejo na situação de alguém que, diante dos mistérios da vida, apenas pode dizer, com honestidade: "Só sei que nada sei".

Aquela sessão foi o início da transformação de Oswaldo. E foi também o prelúdio da minha nova postura diante dos pacientes que me procuravam aflitos. A terapia teve breve duração, pois ele chegou logo à conclusão de que o significado essencial da sua vida era o crescimento interior. E, quando chegou a dizer isso, confessou-me com grande constrangimento:

– Os espíritas chamam a isso "reforma íntima". Ou melhor, a reforma íntima é o instrumento do crescimento interior.

Estranhei, pois ele se mostrara até aquele momento alheio ao espiritualismo, de modo que não sabia de seus conhecimentos sobre a doutrina espírita. Ele falara com grande respeito da sua esposa, que já desencarnara. E, nesse momento, ele completou:

– Olga, a minha esposa, era espírita e sempre me falava da tal reforma íntima. Quanto a mim, li alguma coisa, mas nunca me interessei realmente por essa doutrina.

Ele já se preparava para mudar de assunto quando lhe pedi que falasse mais sobre a sua esposa e a filosofia que ela abraçara.

– Quanto à minha esposa, só tenho rosas para oferecer. Não, ela não era uma santa no sentido de pessoa perfeita, sem sombra de defeitos. Não era bem assim, mas, se estivéssemos numa escadaria evolutiva no aspecto espiritual, por certo ela estaria muitos degraus acima de mim. Duas eram suas grandes virtudes: uma, a compreensão. Nunca pude vê-la apontando um dedo acusador contra alguém. Pelo contrário, procurava apreender o lado positivo das pessoas, buscava justificar os atos impensados que praticassem. São raras as pessoas desse porte. Outra grande virtude que Olga ostentava era a espiritualidade elevada. Ela não se descurava da vida terrena, tendo sempre os pés no chão. Mas dava maior valor ao lado espiritual do ser humano. E dizia isso para mim, que não me preocupava com esse aspecto da existência humana. Naquele tempo, importava-me muito mais a dimensão material da vida.

– E hoje? – perguntei.

Oswaldo pensou um instante e respondeu cabisbaixo:

– Não sei. Realmente, não sei. Talvez por isso ainda esteja à procura do real sentido da vida. Agora, exatamente agora, estou convicto de que nascemos para crescer enquanto seres humanos. O fim supremo e único do homem é sua autorrealização. Mas entre falar e agir vai uma distância imensa, não é mesmo? E mais: autorrealização pressupõe autoconhecimento. O livro do meu sonho dizia que sem autoconhecimento não há progresso. E ainda conheço pouco sobre mim mesmo. Preciso da sua ajuda para me conhecer melhor.

A maneira como Oswaldo se colocava durante a sessão havia mudado da arrogância para a humildade. E esse era o caminho para a sua melhoria interior. Em pouco tempo, ele afirmaria que já não precisava mais da terapia, mas até lá havia ainda um sentido a ser descoberto, embora já tivesse sido vislumbrado. Quanto a mim, começava a aplicar de modo mais correto as lições que aprendera do Professor, dos meus amigos e da minha esposa.

Assim que voltamos da nossa lua de mel, Ana Maria e eu procuramos o centro espírita que frequentávamos, ela para reassumir as aulas e eu para recebê-las com todo o interesse e respeito. Eu já sentia falta das lições semanais em que aprendia novos conceitos da doutrina espírita e novos ensinamentos práticos de vida. A minha mediunidade de vidência e audiência estava completamente revelada, embora sem uma finalidade que pudesse ser detectada por mim. Foi por meio das aulas que me esclareci a respeito, sabendo que a mediunidade em geral tem utilidade precisa para cada médium. Ela é um instrumento para a demonstração de que somos essencialmente espíritos imortais. É também um meio de auxílio ao próprio médium e ao próximo. É o que acontece, por exemplo, com a mediunidade de cura, que tantas pessoas utilizam no passe ou em cirurgias espirituais. Uma utilidade particular da mediunidade está no impulso que dá à reforma interior de cada um. Sem reforma íntima não pode haver progresso moral. Pois bem, através da mediunidade, somos incentivados à realização da nossa melhoria moral. Aprendi ainda outras duas finalidades da mediunidade: a confirmação dos ensinos de Jesus, disseminados ao mundo nas páginas do Evangelho, e o consolo aos que sofrem. Isto, particularmente, eu presenciava toda semana no centro espírita, quando, por meio da psicografia, os entes queridos que já haviam partido para o plano espiritual deixavam recados de amor, alegria e esperança aos parentes que tinham ido buscar alívio para a dor da suposta separação.

Agora a mediunidade começava a fazer sentido para mim. Não se tratava de privilégio para algumas poucas pessoas escolhidas a dedo por Deus, mas de uma tarefa a ser cumprida pelos médiuns, que deveriam fazer dela uma missão.

– A mediunidade – dissera uma das expositoras do curso –, no âmbito do Espiritismo, deve constituir-se em *mediunidade com Jesus*, isto é, a mediunidade que tem por modelo de conduta os ensinamentos e o exemplo do Divino Mestre.

Nesse ponto, Ana Maria tomou de uma anotação e disse, repetindo as palavras que ouvira de um grande divulgador do Espiritismo, Martins Peralva:

– Quando nos moralizarmos e nos tornarmos realmente altruístas, superando a animalidade primitivista e a ambição desmedida, nos converteremos em pontes luminosas, através das quais o Céu se ligará à Terra. – E acrescentou: – Tenhamos em mente essas palavras. Cada médium, em vez de envaidecer-se por julgar possuir o dom mediúnico e ser de alguma forma superior a seus irmãos, deve lembrar que, em sua maioria, os médiuns receberam a faculdade mediúnica por empréstimo, e não por merecimento. Receberam-na para resgatar dívidas contraídas em existências passadas por meio de seu uso sincero em benefício do próximo. Que cada um dos médiuns possa, assim, ser uma ponte luminosa a unir o Céu e a Terra.

Essa aula tirou de mim uma grande interrogação: qual é a utilidade da mediunidade? Naquele momento, eu conseguira identificar a importância da faculdade mediúnica. Uma das três expositoras deixou ainda a nós, alunos sequiosos da Verdade, uma última lição:

– Quando o médium assim entende a faculdade mediúnica, tem a oportunidade tanto de ajudar o próximo como a si mesmo, promovendo com sua parcela de devoção o progresso paulatino da humanidade. Para isso, porém, é necessário que cultive constantemente o exercício da humildade e a disposição para aprender e servir, integrantes essenciais da mediunidade com Jesus.

As aulas prosseguiram sempre com o objetivo não só de nos alimentar intelectualmente, mas, de modo particular, de nos incentivar à transformação interior, visando o nosso autoaperfeiçoamento.

Numa noite, quando Ana Maria e eu nos preparávamos para mais um encontro de instrução e progresso, tocou o telefone do apartamento. Uma voz agradável disse do outro lado da linha:

– Boa noite. É o doutor Max?

– Sim. Quem fala?

– Sou Marcelino Andrade. Nós nos conhecemos na França.

– Mas é claro! E eu tive a honra de assistir com minha esposa à sua magnífica palestra em Paris. Eu ia ligar para você, mas fico feliz por você ter-me contatado antes.

– O prazer é todo meu, doutor Max. Eu estou ligando para combinarmos uma data em que possamos nos encontrar e nos conhecer melhor.

– Pois que seja aqui em meu apartamento, Marcelino. Ficaremos honrados com a sua presença. Qual a melhor data para o senhor?

– O que você acha de eu visitá-lo e à sua esposa na próxima quarta-feira à noite, lá pelas vinte horas?

– Será um prazer. Estaremos aguardando a sua visita. Com certeza teremos muita coisa boa para conversar.

– Concordo plenamente. Pode contar com a minha presença.

Ana Maria gostou muito e teve a ideia de convidar também a dra. Júlia, que já conhecia Marcelino. Ponderei que a presença da nossa amiga enriqueceria ainda mais o nosso encontro.

Na data combinada, pouco antes das oito da noite, chegava o nosso novo amigo, com um sorriso de cordialidade. Logo em seguida, entrava em nosso apartamento a dra. Júlia, que foi cumprimentada com alegria por Marcelino:

– Que surpresa! Como você está, Júlia?

– Muito bem, Marcelino. E, quando soube que você viria aqui, não pude deixar de marcar presença. Sei que vou aprender boas coisas com você, como sempre acontece ao encontrá-lo.

– Não fale assim, pois posso me envaidecer – disse Marcelino, rindo. E concluiu mais sério: – No *Evangelho segundo o Espiritismo* o espírito Georges, que se intitula "Um Espírito Familiar", diz sabiamente que a vaidade é "planta maligna, abafa a bondade em seu nascedouro; todas as qualidades são aniquiladas por seu veneno". Que horror, não é mesmo?

Fizemos algumas considerações sobre a vaidade e depois perguntei se ele costumava fazer palestras como aquela em Paris.

– Faço palestras na casa espírita que frequento e em algumas outras, em São Paulo.

– Gostaríamos de assistir à próxima.

Prontamente ele retirou do bolso uma agenda e nos informou, acrescentando em tom jocoso que nos pagaria um café na saída.

– Mas me falem sobre vocês. Sei que são médicos. Onde trabalham? Que centro frequentam?

Pedi que Ana Maria respondesse:

– Na verdade, Max é psiquiatra e neurologista; quanto a mim, sou psicóloga hospitalar.

Marcelino desculpou-se por ter confundido as profissões, e a minha esposa falou sobre o hospital onde trabalhávamos.

– Então vocês trabalham no mesmo local, não é, Júlia?

– É verdade. Tenho o prazer de encontrar-me com este lindo casal várias vezes por semana. Às vezes até conseguimos almoçar juntos. Mas a correria do nosso trabalho não permite longas conversas.

Quando o diálogo já estava bastante descontraído, perguntei qual seria o tema da próxima palestra de Marcelino.

– Falarei sobre "A porta estreita". – E citou: – "Entrai pela porta estreita, pois larga é a porta e espaçosa a senda que leva à perdição, e muitos os que por ela entram." Está em Mateus, capítulo sete, versículo treze.

Quando esperávamos algo mais, Marcelino riu e disse:

– Não pensem que conheço a Bíblia de cor. Decorei esta passagem porque irei falar sobre ela. O que nos interessa não é decorar os textos, mas praticar o que há de bom neles.

– Concordo plenamente – falou a dra. Júlia, acrescentando: – Mas você está guardando o conhecimento para si.

Garanto que Max gostaria de ouvir mais, não é, meu amigo? – E piscou um olho para mim.

Marcelino entendeu a brincadeira e fez questão de continuar:

– A advertência de Jesus será o fundamento da minha palestra. O que acabo de citar tem uma continuação. Diz Jesus em seguida: "Quão estreita é a porta e apertado o caminho que leva à vida, e poucos são os que o encontram". Quando eu procurava atinar com o real significado de tais palavras, ouvi uma palestra em que o orador buscou explicar a metáfora usada por Jesus. Tentarei colocar com minhas palavras o seu pensamento. Diz ele que muitas pessoas peregrinam pelo mundo na larga avenida dos prazeres efêmeros e tropeçam no labirinto do tédio ou dos excessos de todo gênero. Isto quando não se entregam ao delito, à transgressão. Já ao final do ensinamento, ele insiste que, em todas as circunstâncias, é necessário que nos recordemos de que a *porta larga* simboliza a paixão desregrada do "eu", ao passo que a porta estreita exprime o amor intraduzível e ilimitado de Deus.

– Perfeito! – disse a dra. Júlia. Com o que todos concordamos. E Marcelino continuou:

– Pois a minha preleção terá como viga mestra essa interpretação, acrescida dos comentários de Kardec que, na verdade, coincidem com o ponto de vista de Emmanuel. O Codificador afirma que larga é a porta da perdição, porque numerosas são as paixões más e também porque o caminho do mal é trilhado por maior número de pessoas. Por outro lado, é estreita a porta da salvação, pois quem a queira transpor deve esforçar-se arduamente para vencer suas más tendências. E são poucos os que se sujeitam a isso.

Eu, que era um simples iniciante no estudo do Evangelho – e ainda hoje me considero um pequeno aprendiz –, fiquei admirado com a profundidade das palavras de Jesus e com a admirável interpretação de Kardec e Emmanuel. Exclamei maravilhado:

– Isso mais parece a minha vida!

Ana Maria compartilhou:

– E a minha também. Creio que assim seja com a maioria das pessoas.

– É verdade – constatou a dra. Júlia.

Marcelino olhou-nos com um sorriso condescendente e prosseguiu:

– Kardec explica o porquê de a maioria preferir a porta larga. Vivemos num mundo de expiação e prova, isto é, um mundo em que ainda predomina o mal. A inteligência elevada de uma grande porção de seus habitantes atesta que não vivemos em um mundo primitivo. Suas qualidades inatas demonstram que os espíritos aqui encarnados já alcançaram um certo progresso. Todavia, a grande quantidade de vícios de que se alimentam comprova a existência de uma grande imperfeição moral. A boa notícia para nós é que estamos vivendo um período de transição. Estamos paulatinamente deixando o nível de mundo de expiação e prova para, com muito esforço, atingirmos o patamar de mundo de regeneração. Num mundo de expiação e prova predomina o egoísmo, causador de todos os males. Já no mundo de regeneração, seus habitantes buscam insistentemente superá-lo. Predomina a consciência da necessidade de vencer o egoísmo pela prática do bem. Mas, meus amigos, ainda sentimos o ar pesado de um mundo de expiação e prova, em que o egoísmo, o mal são predominantes. Eis por que preferimos muitas vezes a porta larga dos prazeres sensoriais, dos vícios e da imperfeição moral. Bem, a minha palestra segue por esse caminho, ampliado por outras considerações.

– Gostei muito – disse Ana Maria. – E quero estar presente, se for possível. Você também, não é, Max?

– O prazer será imenso.

Também a dra. Júlia demonstrou interesse em comparecer ao local em que seria realizada a palestra. Ficamos sabendo que se tratava de um centro espírita da Grande São Paulo e combinamos com a doutora que iríamos os três no mesmo carro. Em seguida, Marcelino quis saber a respeito do curso que eu havia feito com o professor Acácio. Busquei resumi-lo:

– Tratava-se de um curso para alunos e profissionais da psicologia e da psiquiatria. A sua estrutura estava fundamentada na Logoterapia de Viktor Frankl e na filosofia de Martin Buber, acrescidas de outras teorias de grande relevância. O seu objetivo era mostrar a importância essencial de se atinar com o sentido da vida. Afinal, como dizia Frankl, o homem pode suportar tudo, menos a falta de sentido. O desapontamento pela incapacidade de encontrar sentido na vida caracteriza o vazio existencial, muito comum em nossos dias. Mas havia outros objetivos, como humanizar e espiritualizar o atendimento clínico, tornando-nos mais receptivos e dedicados a nossos pacientes.

– Creio que tenha sido excelente esse curso pelos temas que devem tê-lo composto.

– Foi mesmo, Marcelino. E o professor Acácio se constituía no modelo para a nossa transformação. Infelizmente, ele não está mais entre nós.

– Este lindo gatinho, chamado Ricky, é herança do Professor – disse Ana Maria, acariciando a cabeça do gatinho que se recostara em seu colo.

– É muito gratificante tê-lo conosco. Cada vez que deposito nele o meu olhar, lembro-me do nosso grande amigo. Mas o que me cativa realmente é o afeto que existe entre nós – concluí.

Neste ponto, a dra. Júlia, que melhor conhecia nosso novo amigo, voltou ao tema do sentido da vida, dizendo a Marcelino:

– Você já me falou muito sobre esse assunto. Diga alguma coisa a nossos amigos.

Demonstrando humildade, ele falou com sua voz tranquila:

– Creio que meus amigos dominam o tema melhor que eu. O que lhe disse há pouco tempo foi que a busca do sentido da vida é uma procura de cada um. Todos precisamos dessa bússola em nossa existência ou então caminharemos às cegas em plena escuridão. Como posso viver em plenitude se não sei de onde vim nem para onde tenho de me dirigir? Como posso ter vida plena se não sei quem sou; se sou um estranho a mim mesmo? Lembremo-nos do grande Sócrates, que, lá pelo século V, já refletia sobre isso. Segundo dizia, a melhor tarefa para o homem é viver bem. No entanto, viver bem não significa a satisfação dos prazeres sensuais, a busca frenética dos bens materiais ou a vida ociosa. Viver bem é viver da contemplação e do cuidado de si. Para ser feliz, pensava ele, o homem precisa conhecer a si mesmo. Apenas alcançando o autoconhecimento podemos emergir das sombras para a luz, do sofrimento para a felicidade.

– Para ele, o que é conhecer a si mesmo, Marcelino? – perguntei.

– Penso que seja não nos preocuparmos tanto com as coisas terrenas, tais como riquezas, posses, honrarias, *status*, poder. Em vez disso, ocuparmo-nos com o conhecimento de nossos defeitos e das nossas virtudes, eliminando os primeiros e cultivando as últimas. Dizem que Sócrates teria afirmado: "Ó homem, conhece-te a ti mesmo e conhecerás os deuses e o universo". Num dos *Diálogos* de Platão, porém, ele propõe: "Conhece-te a ti mesmo e nada em excesso". Os pensadores anteriores a Sócrates estavam mais preocupados em conhecer o mundo, o cosmos. No entanto, para ele, era muito mais importante o conhecimento de nós mesmos. Afinal, de que vale conhecermos o universo se não tivermos conhecimento da nossa essência espiritual? Sócrates era um espiritualista, portanto, o conhecimento de si significava para ele a convicção de que somos um espírito imortal que habita um corpo terreno. Este é apenas a vestimenta daquele. Então, o que é mais importante: a nossa roupa ou nós mesmos? Assim, penso que conhecer-se é para o grande Sócrates ter consciência desse fato e cuidar em primeiro lugar da alma imortal que somos nós.

– Também penso assim – aparteei –, mas você abriu-me ainda mais os olhos.

– Lembro-me do caso de um jovem – continuou Marcelino – que, pertencendo a uma família de certas posses, perambulava pelas ruas com amigos da mesma idade, cabulando aulas e bebendo em excesso. Chegava muitas vezes em casa pela madrugada, ébrio, e caía na cama, só se levantando no dia seguinte ao final da tarde, para ir à faculdade, que apenas estava iniciando e à qual quase não comparecia. Numa noite, depois de já ter bebido muito, entrou no automóvel que ganhara do pai e saiu em disparada, encarando um "racha" com um desconhecido. A toda velocidade, porém, não viu uma criança que atravessava a rua. O carro avançou sobre ela. Ao perceber o que estava acontecendo, ele virou bruscamente o volante, de modo que o carro tombou, capotando pelo asfalto até projetar-se num poste da rua. Felizmente, a criança não foi atingida pelo automóvel, mas tropeçou e caiu, quebrando o braço. Quanto ao rapaz, teve várias fraturas, quebrando costelas, um dos braços e uma das pernas. No hospital, sem saber como terminara o seu gesto insano, ele perguntou a respeito da criança. Ficou feliz ao saber que ela estava bem e pediu ao pai que custeasse todo o tratamento de sua fratura. Tratava-se de um menino de sete anos, filho de um casal muito pobre que morava pelas redondezas da rua onde houvera o acidente. Além dos inevitáveis pedidos de desculpa, o pai reembolsou a família com uma boa quantia e considerou o caso encerrado. O jovem, porém, ficou muito impressionado com o que acontecera e meditou bastante sobre isso no hospital. Quando teve alta, todos estranharam: ele mudara completamente. Até o modo galhofeiro de falar já não existia em sua boca. Estranhando, a mãe lhe perguntou o que acontecera. Ele respondeu: "Mãe, não sei bem o que ocorreu comigo. Mas vou contar-lhe o que aconteceu numa das noites em que estive no hospital. Vi uma senhora muito bonita e com um brilho azulado ao redor do corpo. Ela chegou ao lado da cama e com um sorriso muito bonito me disse: 'Meu filho, chegou o momento de preparar-se para a sua missão. Estarei a seu lado, incentivando-o para o bem e o protegendo contra o mal'. Quis perguntar quem era ela, mas a senhora foi desaparecendo lentamente até sumir. A partir desse momento, perdi o gosto por tudo o que vinha fazendo e resolvi mudar de vida. Eu não tinha conhecimento de mim mesmo, mas hoje começo a conhecer-me e chego à conclusão de que sou muito mais do que imaginava ser". Pois, desde esse momento, a sua vida começou a mudar. Ele trocou as suas amizades e transformou os seus hábitos. Concluiu o curso de medicina e começou a clinicar em consultório particular. Depois de poucos anos, caiu-lhe às mãos uma biografia de Bezerra de Menezes. Ele ficou fascinado com o desprendimento e o amor ao próximo daquele médico exemplar. Tomando-o por modelo, ingressou nas fileiras do Espiritismo e passou a fazer a caridade, tanto em seu consultório como no interior do centro espírita, onde doava três horas de seu tempo todos os dias, atendendo com amor quem o procurava. Desencarnou muito cedo. Com trinta e cinco anos, deixou o plano terreno conhecendo a si mesmo, como propagava Sócrates a quem tivesse a honra de ouvi-lo.

– Que bela história! – eu disse admirado.

– Que belo exemplo! – completou Ana Maria.

A dra. Júlia, que tudo escutava em silêncio, acrescentou:

– Outro aspecto positivo desse caso é que os pais do jovem, que sempre haviam estado ausentes na educação do filho, também mudaram de conduta e promoveram transformações benéficas em sua vida.

Marcelino concluiu:

– Desde a ocorrência do acidente automobilístico, aproximaram-se do filho e acompanharam depois toda a sua breve e exemplar carreira.

Perguntei, cativado pela história comovente:

– E o espírito que apareceu ao jovem quando estava internado no hospital? Chegou-se a saber de quem se tratava?

– Desculpe-me, caro Max, esqueci-me de dizer: no leito de morte, o jovem, agora médico, teve nova visão. A mesma senhora aproximou-se dele e, segundo suas palavras, anunciou-lhe que a sua curta missão chegara ao fim. Ela o estaria esperando para a partida. E ainda ele contou aos pais, como última confidência, que se tratava de sua avó na existência anterior. Mas o que eu gostaria de frisar é que, em algum momento da nossa vida, pomos tudo de lado para buscar resposta à pergunta: "Quem sou eu?"; "Qual a finalidade da minha existência?". Esse jovem displicente e egocêntrico teve, num momento crucial da vida, respostas satisfatórias, buscando pôr em prática o resultado de suas reflexões. E levou avante a missão de sua vida.

– Enquanto ele não encontrou o significado da sua existência, enquanto ele não se conheceu realmente, permaneceu perdido na angústia de viver sem saber porquê. Todavia, quando sua mente tornou-se esclarecida, a sua existência mudou radicalmente e ele concretizou os seus potenciais – acrescentou Ana.

– É isto mais ou menos o que vou dizer na minha próxima palestra – disse Marcelino.

※

A visita de Marcelino colaborou para que eu buscasse pôr em prática tudo o que vinha aprendendo desde que tive a felicidade de conhecer Albert e Leonor, há algum tempo. Isso me deu ainda novo ânimo para continuar o processo terapêutico, atendendo Oswaldo, que chegara arrogante para o primeiro contato e que agora se mostrava verdadeiro em sua humildade. Foram necessárias algumas sessões para que ele se encontrasse realmente. Mas, na penúltima sessão, ele chegou radiante e me disse:

– Doutor Max, eu ainda me debatia com o significado da vida, quando li nesta semana o seguinte: "O fim supremo do homem é a sua trajetória progressiva rumo à autorrealização". Sei que isso é quase o óbvio, principalmente porque já havíamos conversado muito a respeito, porém, faltava-me o "estalo", o *insight*, como se diz. E, assim que li aquela frase, uma luz brilhou na minha mente e eu disse para mim mesmo: "Oswaldo, a sua autorrealização passa pela ajuda a quem precisa de mãos amigas". E, nesse mesmo momento, decidi trabalhar no ambulatório médico de uma instituição filantrópica que atende pessoas carentes. Como sou auxiliar de farmácia, senti-me feliz por poder doar de meus conhecimentos e habilidades em benefício ao próximo. Consegui unir o sentido universal de vida, que é o progresso espiritual do homem, com o sentido particular para a minha própria vida. Nesse momento, nasci de novo. Tornei-me outro homem. Começo a trabalhar amanhã e estou ansioso por poder colocar em prática tudo o que aprendi com você.

Confesso que fiquei emocionado. E isso por dois motivos: primeiro porque o meu paciente conseguira chegar ao cerne de seu problema, que era a falta de sentido na vida; e segundo porque isso também significava que eu, igualmente, começara a aplicar o que aprendera com meus amigos mais evoluídos espiritualmente.

20
Notícias

A nova amizade que Ana Maria e eu conseguíramos nos deixou extremamente felizes. Marcelino era um grande amigo e um excelente mestre também. Logo que nos visitou, fui procurar Albert no hospital, a fim de falar sobre a agradável e instrutiva reunião em meu apartamento. Encontrei-o a conversar com um colega. Assim que me viu, encerrou o diálogo e veio ao meu encontro.

– Caro Max – disse com um largo sorriso –, tenho uma bela notícia para lhe dar.

– Pois diga logo, amigo.

– Finalmente conseguimos: Leonor está grávida!

– Eu bem lhe disse para ter paciência. Meus parabéns, rapaz. Fico feliz. E já vou contar para Aninha.

– Orem por nós, Max, a fim de que dê tudo certo.

– Nós o faremos todos os dias, com certeza. Mas me diga uma coisa: quando poderemos visitar os futuros pais?

– Sábado está bom para você?

– Está ótimo.

– Nós os aguardamos.

No final de semana, fomos ao apartamento de Albert e Leonor, que nos receberam com a grande amizade que nos devotavam. Era comovente sentir a alegria quase infantil que expressavam ao falar do futuro filho.

– Se for homem – disse Leonor – se chamará Augusto, Luís Augusto. Se for mulher, será Giovana, nome da minha avó materna. Um dos significados desse nome é "agraciada por Deus". E penso que cabe muito bem em nosso caso.

– E Luís Augusto, o que significa? – perguntou Ana Maria.

Albert respondeu:

– Luís quer dizer "combatente glorioso"; e Augusto significa "sagrado", "sublime", "elevado". Portanto, se for homem, será um combatente glorioso e sublime. Mas devo dizer uma coisa: não temos preferência por sexo. O que nos importa é que um espírito está chegando ao nosso lar, para conviver conosco e trabalhar junto de nós pela sua autotransformação. E, seja quem for, certamente nos trará momentos de muita felicidade.

– É assim que se fala – afirmei com grande alegria. – Sabemos que uma filha ou um filho é um espírito que acaba de deixar a pátria espiritual para retornar ao mundo terreno, a fim de continuar a sua caminhada evolutiva. Portanto, não importa o sexo da criança. Fundamental mesmo é o amor, o carinho, a dedicação e a educação que cabe aos pais promover.

Isto nos coloca diante da constatação de um palestrante, de quem ouvi há um certo tempo: "Nos dias de hoje a grande maioria dos pais se encontra em desequilíbrio. Uns dão ternura demais, outros exigem excessivamente dos filhos. Falta-lhes o equilíbrio do amor à luz do Evangelho".

– Que sábia lição – disse Leonor com justeza. Eu completei:

– Isto lembra a teoria aristotélica do *justo meio* ou *reta razão*. Dizia Aristóteles que, na sua conduta moral, o homem deve evitar os extremos, seja por falta, seja por excesso. A sua posição deve estar no justo meio-termo entre a falta e o excesso. É como se diz popularmente: "A virtude está no meio". Vou dar um exemplo: a coragem é uma virtude que está entre a temeridade – o excesso – e a covardia – a falta. Segundo o filósofo, não devemos pender para o excesso, assim como temos de evitar a falta. Emmanuel parece dizer algo semelhante quando afirma que os pais devem combater em si mesmos a ternura excessiva e o seu oposto, a exigência demasiada, que exprime falta de ternura. O pai e a mãe, sob a luz do Evangelho, encontram o justo meio, isto é, o amor que impõe regras sem perder a ternura. O que deve nortear a conduta paterna e materna é, portanto, o equilíbrio.

– Você deveria lecionar filosofia, Max – falou com entusiasmo Leonor. – Ficou tão clara, em poucas palavras, a importância da educação centrada no equilíbrio, que jamais esquecerei. Sei que não é fácil caminhar sempre no meio, mas é uma necessidade.

– Costuma-se dizer que a educação antiga era rígida demais – aduziu Albert. – Parecia haver mais interesse pela austera disciplina do que pelo amor. Hoje, porém, começa a ocorrer o contrário: há excesso de ternura e quase nenhuma disciplina. Os pais não estão pondo limites aos filhos, de modo que eles crescem pensando que podem tudo fazer impunemente. A frouxidão dos pais leva à falsa sensação de que a criança tudo pode. Quando os filhos começam a socializar-se, a vida lhes mostra de maneira muito dura, às vezes, que ninguém é o centro do mundo, o foco supremo das atenções. E, desse choque terrível, nascem em muitos casos a frustração e a inadaptação do jovem perante a sociedade.

Aproveitei a pequena pausa para concluir:

– Concordo plenamente com você, Albert. E acrescento que nessa frustação, nessa inadaptação, enfim, nesse desencanto, está embutida a sensação de gratuidade da vida. É quando o jovem não encontra respostas satisfatórias para o seu desapontamento e insatisfação que percebe equivocadamente a falta de sentido para a vida.

– Usa-se às vezes a forte expressão "juventude degenerada". E o que é isso senão prosseguir anormalmente pela vida? O que é senão seguir por caminhos salpicados de densa neblina e trevas paralisantes? Quando, desnorteado, o moço não encontra a estrada principal, acredita que ela não existe. E rola pelos precipícios existenciais, como, estarrecidos, temos visto inúmeras vezes em nossos dias. Talvez a minha comparação tenha sido muito forte, mas, infelizmente, é o que tem acontecido a muitas famílias nos últimos tempos.

Ana Maria, que assim se expressara, silenciou em profunda meditação. Albert, muito sério, assentiu, dizendo:

– Você está certa, Ana. Max me falou um dia de um psicólogo que trata do vazio existencial. Esqueço-me do seu nome.

– Rollo May.

– Exatamente. Ele pergunta quais são os principais problemas interiores do homem contemporâneo, não é mesmo? Por favor, fale você, Max.

Depois de falar que ele mesmo poderia continuar, busquei resumir o pensamento do psicólogo humanista:

– Analisando a situação do mundo, Rollo May conclui que o vazio é problema fundamental do homem na época em que vivemos. Ele explica que, ao falar do vazio, não só está a dizer que muita gente ignora o que quer, mas também que frequentemente não tem uma ideia nítida do que sente. Segundo Viktor Frankl, o vazio existencial surge devido à falta de objetivos que mereçam ser buscados durante a existência. Isso equivale a dizer que a pessoa é desprovida de um conteúdo significativo pelo qual viver.

– Mais uma vez – disse Leonor – fica patente a responsabilidade dos pais, que têm o sagrado dever de encaminhar os filhos pela vida. E vejam o grave problema que surge se os próprios pais não veem nenhuma finalidade na vida.

Admiti a veracidade do que ela estava dizendo e continuei a minha explicação:

– O simples fato de alguém sentir o vazio existencial não é por si só patológico. Isso acontece com todos nós em algum momento da vida. A patologia se manifesta quando nos recusamos a dar uma resposta à angústia decorrente do vazio. Há quem, ao sentir o vazio existencial, apele para os psicofármacos, o cigarro, o álcool, o jogo, o sexo desregrado e até as drogas mais pesadas. Assim agindo, o indivíduo impede a busca do sentido.

– E quantos jovens acabam entrando por essa rua sem saída – considerou Ana Maria, completando: – De acordo com a Logoterapia de Viktor Frankl, o homem é um ser que necessita de autossuperação; é um ser que busca valores e papéis em harmonia com um sentido específico para si mesmo. E tal sentido tem de ser perseguido. No entanto, se, diante do vazio, apelamos para saídas menos dignas, não conseguimos chegar à razão do nosso viver. Há mesmo quem até se suicide ao se defrontar com esse quadro, sentindo-se impotente diante da vida.

Nova pausa para reflexão, e Albert concluiu:

– Veja, Leonor, nosso grave compromisso como pais que logo seremos. E ainda há quem coloque filhos no mundo sem fazer nenhuma reflexão semelhante à que estamos fazendo agora.

– Felizmente, Albert, ainda que estejamos em meio ao mar em plena tempestade, nós temos uma bússola que falta a muitas pessoas. Nós temos o nosso credo, a nossa filosofia espiritualista. A doutrina espírita nos ajuda a encontrar o significado da nossa existência, tanto em termos genéricos como específicos. E é fundamentados nela que daremos a nossos filhos a educação que eles merecem.

Após ouvir a expressão "nossos filhos", o semblante de Albert se iluminou, e ele riu ao perguntar:

– Quer dizer que não será apenas um? Eu nem estava sabendo...

Nesse momento, a conversa tomou outro rumo. Começamos a falar da educação que nós tínhamos recebido de nossos pais e daí pulamos para o nosso trabalho.

– Eu adoro a minha profissão – disse Leonor. – Estou sempre participando de congressos e fazendo cursos de atualização, pois a odontologia vem mudando muito nos últimos tempos. Quem não se renova acaba ficando para trás. O mesmo acontece com Albert e certamente com vocês.

– O estudo, Leonor, é para toda a vida – falei entusiasmado. – E isto vale também para o conhecimento da doutrina que abraçamos.

Albert deu um largo sorriso quando falou, demonstrando emoção:

– Que diferença entre o Max de hoje e aquele que conheci em Viena. Lá você estava perdido e apavorado diante da vida.

– Eu estava completamente extraviado, Albert.

– Eu li isso em seus olhos quando nos reunimos naquele café. Mas hoje você me serve de modelo, amigo.

Fiquei ruborizado e procurei mudar o rumo do diálogo:

– Não exagere, irmão. Não sou modelo de coisa nenhuma. Eu é que me guiei seguindo as suas orientações e o seu exemplo. Se cheguei até aqui foi porque você me deu a mão ao notar que eu me afogava na lagoa da vida. Não fosse você, eu nem teria conhecido o amor da minha vida.

Ana Maria sorriu e disse afetuosamente:

– Eu também devo agradecer-lhe, Albert. E pelo mesmo motivo.

– Encontrar o caminho de volta para Deus é sempre reconfortante – falou Leonor.

– Eu que o diga, Leonor – falei pensativo. – Foi ao observar a vida que você e Albert levavam que me dei conta da realidade do afastamento de Deus. Senti-me como uma ovelha fora do aprisco. Creio por isso que uma das passagens mais comoventes do Evangelho é a volta do filho pródigo para a casa do seu pai.

Nesse momento, olhei atentamente para Ana Maria e lhe disse com emoção:

– Talvez você nem se lembre, Aninha, mas certo dia me falou que havia assistido a uma palestra sobre o significado dessa passagem. Quando você disse que o jovem tivera de se tornar guardador de porcos e que nem mesmo os restos de comida daqueles animais lhe cabiam, senti-me o próprio. Ao voltar para casa, a imagem do filho pródigo, faminto e espiritualmente desesperado, não me saía da mente. Esse foi o grande impulso para a minha transformação interior.

– Mas essa é uma notícia que me deixa envaidecida, Max. Eu me lembro, sim, dessa conversa. Só não sabia que tinha sido tão proveitosa para você. Fico feliz por isso.

O encontro prosseguiu por mais algum tempo. Quando notei certo cansaço em Leonor, olhei significativamente para Ana Maria e anunciei a nossa despedida. Prometemos orações para que tudo corresse bem com nossa amiga dali para a frente.

∽◠◉◠∾

A vida continuava com a brevidade de sempre quando certa manhã, no hospital, Albert me procurou sorridente e anunciou:

– Giovana está próxima, caro Max.

Desligado, repeti com grande interrogação na testa:

– Giovana?

– A "agraciada por Deus" – disse ele em êxtase.

Só então me dei conta de que era o nome escolhido para a sua filha, caso viesse a nascer uma menina.

– Então, teremos uma nova garotinha no pedaço?

– É isso aí, meu irmão.

Abracei-o, sentindo grande emoção. À noite, Ana Maria teve longa conversa com Leonor por telefone.

– Leonor está feliz, Max. É mesmo uma menina e o parto está próximo. Tudo vai bem, como observou o médico que acompanha a sua gravidez.

Mais algumas semanas e Ana Maria entrou em meu consultório, anunciando que Giovana acabara de nascer. Albert nos chamava para conhecermos a sua filhinha. Seguimos até o quarto em que Leonor, ainda abatida, mas toda sorridente, mostrou-nos o grande tesouro da sua vida. Era mais uma notícia feliz.

Nas primeiras semanas, fizemos várias visitas a nossos amigos. Mas, numa noite, quando Giovana já estava mais crescidinha, eles foram nos visitar de surpresa. Ficamos felizes e logo começamos uma conversa descontraída, até que Albert me perguntou se eu sabia qual era o bem supremo para Aristóteles. Mesmo eu gostando de filosofia, não era um especialista no assunto, de modo que respondi negativamente, embora tivesse a minha sugestão. Conversamos muito naquela noite, enquanto a pequena Giovana dormia a maior parte do tempo. Foi uma noite de muitas alegrias. Todavia, a pergunta de Albert ficou martelando na minha cabeça. Propus-me a pesquisar, mas o trabalho acabou por me envolver, até que recebi uma ligação de Marcelino, propondo-se a cumprir a sua promessa de nos visitar. Marcada a data, ele compareceu com um presente, que me deixou feliz: uma pintura assinada por Waldomiro de Deus. Naquela época, Waldomiro já estava se tornando o grande pintor *naïf* que hoje é.

– Você o conhece? – perguntou Marcelino.

– Sim. Li há pouco tempo uma reportagem sobre ele. Trata-se de um grande pintor *naïf*, isto é, primitivista. Os pintores primitivistas são em geral autodidatas e pintam obras que misturam sonho e realidade, tendo por característica a simplicidade e o afastamento das regras da arte acadêmica.

– Isso mesmo. Pois escolhi este quadro em que Waldomiro de Deus pintou romanticamente Francisco de Assis e os pássaros que tanto amava.

– Os traços simples e diretos de Waldomiro, assim como as cores limpas que ele utiliza, me fascinam. Mas deve ter custado caro, Marcelino.

– Nem tanto. Waldomiro ainda está em ascensão, embora já seja um grande pintor. Comprei este quadro numa feira de arte primitiva.

– Vou pendurá-lo aqui na sala. Você acertou no artista e no tema, meu amigo. Gosto do estilo de Waldomiro de Deus e admiro grandemente Francisco de Assis, o exemplo de humildade e de amor aos animais e à natureza.

Ana Maria ficou extasiada diante do quadro e agradeceu muito ao nosso novo amigo. Conversamos bastante até eu lhe fazer a pergunta que Albert me colocara e sobre a qual eu não tivera tempo para pesquisar:

– Você sabe qual é o bem supremo para Aristóteles?

Marcelino parou um instante, olhou levemente para cima e disse em seguida:

– Sou um estudioso nato da filosofia. E estou relendo a história da filosofia antiga, de modo que já vou me recordar...

Passados mais alguns segundos, ele sorriu e começou a explicar-me:

– Agora sim. Aristóteles é contrário ao hedonismo, para o qual o bem supremo, finalidade e fundamento da vida moral é o prazer. Em outras palavras, o prazer é o caminho que nos leva ao alcance da felicidade. Opondo-se a essa visão de mundo, Aristóteles afirma que o bem supremo dos homens é a felicidade, para a qual tendem todas as coisas. Felicidade, e não prazer – acentuou Marcelino.

Fui me lembrando dos estudos que havia feito sobre Aristóteles ainda quando na universidade em Viena. Era exatamente como vinha falando o meu amigo. Continuei a escutá-lo com atenção.

– Segundo Aristóteles, todo ser tende necessariamente à realização da sua natureza. Como a razão é a essência característica do ser humano, ele realiza a sua natureza escolhendo um modo de vida racional e tornando-se consciente dessa escolha. Desse modo, ele alcança a felicidade e a virtude. Melhor dizendo, ele alcança a felicidade mediante a virtude.

– Seria demais perguntar o que é virtude para Aristóteles? – perguntou Ana Maria com certa timidez.

– Claro que não – respondeu Marcelino, passando à explicação: – Segundo Aristóteles, a virtude é uma atividade em harmonia com a razão, ou seja, uma atividade que pressupõe o conhecimento racional. Completando: o homem alcança a felicidade mediante a virtude. O fim do ser humano é a felicidade. Entretanto, para a sua conquista é necessária a virtude. E a virtude necessita da razão.

Fez-se uma pausa, e Marcelino continuou:

– É Aristóteles quem nos diz que há para as ações que praticamos uma finalidade que desejamos por si mesma, sendo tudo o mais desejado por causa dela. E, evidentemente, tal finalidade deve ser o bem e o melhor dos bens. A sua conclusão é que o melhor dos bens para o ser humano é a felicidade.

Ana Maria pensou por algum tempo e depois disse:

– Aristóteles tem alguns pontos que se harmonizam com a doutrina espírita. Por exemplo, ele diz que todo ser tende necessariamente à realização da sua natureza. E nós, espíritas, dizemos que existe a Lei do Progresso, segundo a qual tudo tende para o autoaperfeiçoamento. Todos os seres da criação estão submetidos a essa lei pela bondade de Deus, que quer a melhoria de tudo o que existe. Assim, nós, espíritos imortais, vamos subindo degrau a degrau rumo à nossa plenitude, à nossa perfeição.

– Exato, Ana Maria – disse Marcelino com um largo sorriso.

– E também no tocante à virtude há semelhança com a nossa doutrina. Diz Aristóteles que a virtude é uma atividade em harmonia com a razão. Sem dúvida, para o Espiritismo, o exercício da virtude também está em conexão com o uso da razão. Dizemos que a virtude se caracteriza pelo conjunto de todas as qualidades essenciais que constituem o homem de bem. Creio que Aristóteles não se oporia a esse conceito.

– Também penso que não – respondeu Marcelino, acrescentando: – Há comentaristas de Aristóteles que assinalam ser a felicidade suprema para ele a plena evolução da atividade intelectual. Todavia, esse é um ideal tão elevado que poucas vezes é alcançado pelo homem. No entanto, a felicidade plena deveria ser incessante. "Homens", chega Aristóteles a dizer, "cumpramos a nossa missão de homens e contentemo--nos com uma felicidade relativa". Por certo, quem usa essa citação para criticar negativamente o pensamento aristotélico está tendo uma visão deturpada da realidade...

Antes que Marcelino pudesse concluir seu pensamento, não pude deixar de comentar:

– Eis aí mais um ponto de contato com o Espiritismo. Mesmo em fase de transição, ainda prevalece para nós o mundo de expiações e provas, não é verdade?

– Sem dúvida – respondeu meu amigo.

– Num mundo de expiações e provas, o mal ainda sobrepuja o bem. E, onde o mal triunfa, não pode mesmo haver felicidade plena. Daí ser a nossa felicidade apenas relativa, como relativa é a nossa liberdade.

– Eu diria a mesma coisa.

Ana Maria, que estava apenas escutando, sorriu e disse:

– Você já pode começar a pensar em um dia ser expositor do nosso centro espírita, Max. O seu raciocínio foi perfeito. Apenas nos mundos celestes ou divinos a felicidade ocorre em sua plenitude; apenas aí ela é absoluta, pois nesses mundos reina exclusivamente o bem.

– Parece que estamos todos de acordo – falou Marcelino, olhando para mim, que aprovei com a cabeça. – Entretanto, há um ponto essencial em que a doutrina espírita diverge do pensamento aristotélico. Para nós, a finalidade última, o bem supremo ou o sentido da vida não é a felicidade. É o progresso. Nós aqui estamos para dar continuidade à nossa evolução. E fazemos isso aprendendo e pondo em prática o que assimilamos, de modo a favorecer a nós mesmos e ao próximo. A felicidade é apenas a consequência. Mas quais são os meios para podermos prosseguir em nossa escalada evolutiva? Eles estão sintetizados nos ensinamentos e no exemplo de vida do Divino Mestre. É no Evangelho que recolhemos as lições essenciais de nosso progresso moral e espiritual. Ali temos a água da vida que faz a nossa semente germinar, crescer e frutificar.

Marcelino olhou significativamente para nós e concluiu:

– Se me tivessem perguntado qual o bem supremo do homem para Aristóteles, eu teria respondido mais ou menos assim, tecendo em seguida uma comparação com a nossa doutrina.

A resposta do nosso amigo nos satisfez plenamente. Ainda trocamos várias ideias antes de Marcelino anunciar o encerramento de sua agradável e proveitosa visita.

Na manhã seguinte, procurei Albert e combinamos de almoçar juntos. Ana Maria estaria fora, em serviço, não podendo compartilhar da nossa reunião. Já no restaurante, entrei no assunto principal, depois de saber que Leonor e a pequena Giovana estavam muito bem.

– Você me fez uma pergunta em nosso último encontro. Na época eu não tinha resposta, mas Marcelino clareou-me o assunto, de modo que agora posso responder.

– Você se refere ao bem último para Aristóteles?

– Exatamente.

– Então, comece a explicação.

Falei tudo que lembrava da conversa com Marcelino.

– Gostei da explicação, Max. Durante estes dias, eu também fiz uma pesquisa e o que encontrei é o que você acaba de me dizer. A pergunta que fiz sobre o bem supremo em Aristóteles foi consequência de um programa a que assisti na televisão. Fiquei pensando: o ser humano sempre se preocupou com o seu bem supremo, com o significado da sua vida. Tenho agora uma filhinha, que precisarei conduzir pelo bom caminho, e nada melhor que esclarecê-la, numa linguagem que ela entenda, sobre o sentido da vida humana. Você, há bom tempo, estava se debatendo com esse problema. Quando começou a solucioná-lo, a sua vida passou a transformar-se maravilhosamente, não é mesmo?

– É verdade, Albert. Não dá para passarmos uma reencarnação inteira sem saber de onde viemos, para onde vamos e o que estamos fazendo aqui; enfim, sem termos noção de quem nós somos. Essas respostas têm de ser encontradas sob pena de estacionarmos indevidamente na escalada da vida. Quando lançamos uma semente no solo, se for adubada e regada, ela naturalmente irá desabrochar e crescer, cumprindo a sua finalidade. E nós, que temos o livre-arbítrio, não podemos usá-lo para interromper por uma existência inteira o nosso desenvolvimento, o nosso autoaperfeiçoamento. É verdade que somos livres até para fazer essa escolha, mas, se assim fizermos, seremos igualmente responsáveis por essa decisão alienada.

Albert olhou para mim e, dando um largo sorriso, comentou:

– Como a doutrina espírita lhe fez bem, Max.

Da minha parte, também fixei-o bem e respondi:

– Felizmente encontrei amigos que me lançaram o colete salva-vidas sem nada esperar em troca. Não fossem vocês, talvez eu tivesse me afogado, Albert.

Ele riu, deu um tapinha em meu braço e aparteou:

– Não fizemos nada mais que nossa obrigação. Agora, ao trabalho, que o dever nos chama!

Depois, mais sério, concluiu poeticamente:

– Estas últimas semanas nos trouxeram muitas notícias, Max. Belíssimas notícias e proveitosos ensinamentos. Não percamos tempo; vamos aproveitá-lo, antes que os ventos o levem e só nos restem folhas amarelecidas nas mãos.

21

O grão de mostarda

Continuei buscando colocar em prática tudo o que havia aprendido nos últimos anos e que a universidade não me ensinara. O meu trabalho havia se tornado um campo de provas em que, a cada vez que me flagrava agindo em desconformidade com o que havia aprendido, procurava fazer a devida correção. O mesmo acontecia no meu relacionamento com Ana Maria e com os meus preciosos amigos. Notei mesmo, por essa época, que me tornara mais tolerante e compreensivo. Não mais suspirava com irritação quando alguém me contradizia ou quando não me fazia entender diante de um paciente obstinado. Mas comecei realmente a perceber essa mudança quando, certa noite, assistia a um jornal televisivo juntamente com Ana Maria. O repórter narrava o caso de um homem que há várias semanas vinha espreitando a sobrinha menor, por ele acolhida após a morte dos pais num acidente de trânsito. A esposa notara o olhar diferente do marido quando a sobrinha transitava pela casa. Porém, julgando ser exagero da sua parte, não pensou mais no caso. Todavia, certa noite, após o jantar, quando ela conversava com o marido sobre uma amiga que adoecera e estava acamada, ele sugeriu que fosse visitar a enferma. "Daqui a duas horas, eu irei buscá-la", ele teria dito. A esposa fez menção de levar a sobrinha, mas ele foi taxativo: "Ela tem de fazer as lições de casa. Passeio só depois do estudo". Julgando a ordem bastante sensata, ela deixou a residência, pedindo que ele não se atrasasse. Ao ver-se só com a sobrinha, ele fechou cuidadosamente a porta da rua e as janelas, seviciando e violentando a adolescente. Assustado com o ato que praticara, tomou de uma faca de cozinha, assassinou a garota e, forjando um assalto, derrubou cadeiras, tirou móveis do lugar e feriu o próprio braço. Em seguida, saiu gritando pela rua, dizendo que fora assaltado e pedindo socorro. De nada valeu a encenação. A polícia conseguiu descobrir o que realmente havia sucedido. Quase linchado pela população, ele foi preso e levado à delegacia sob escolta.

Essa foi a reportagem da tevê. Em outras épocas, eu teria logo feito o julgamento do assassino, condenando-o com a pena de morte. Porém, nessa noite, eu virei-me naturalmente para a minha esposa e disse com tranquilidade:

— Façamos uma oração por esse homem, por sua esposa e por essa adolescente. Eles estão precisando de muitas preces.

— Max, como você mudou! — disse Ana Maria. — Dada a sua moralidade e seu senso crítico, você sempre exigiu muito dos outros, mas agora o estou vendo compreensivo como nunca se mostrou antes. Isso é empatia, qualidade que falta à maioria das pessoas.

Sem conseguir ver-me como ela me pintava, ia esboçar um desacordo, mas Ana Maria continuou:

– Quem julga a conduta alheia presume-se com procuração divina, que lhe dá amplos poderes de juiz de seu irmão. Aqui na Terra existe a justiça dos homens, competente para julgar crimes humanos. Sem dúvida, esse estuprador e assassino receberá a sua sentença. Todavia, acima da justiça humana está a Justiça Divina, que é eterna e imutável, e cabe somente ao nosso Criador. Lembra-se da passagem evangélica da mulher adúltera? Nem mesmo Jesus quis julgá-la. Ela havia traído o seu esposo e pela lei mosaica deveria ser apedrejada. Melhor dizendo, deveria ser morta por apedrejamento. Estava claro. Segundo essa lei, havia dezoito situações em que se deveria aplicar a morte por apedrejamento, e uma delas era a infidelidade conjugal. Diz o Evangelho que Jesus ensinava no templo, quando escribas e fariseus lhe apresentaram uma mulher flagrada em adultério. Pondo-a no meio, perguntaram-lhe: "Mestre esta mulher foi surpreendida em flagrante delito de adultério. Na Lei, Moisés nos manda apedrejar as adúlteras, mas tu, o que dizes?". Perguntavam, Max, para terem de que acusar Jesus. Como não obtivessem resposta, insistiram na pergunta. Jesus, nesse momento, lhes disse: "Aquele de vós que estiver sem pecado, atire-lhe a primeira pedra". Os que ali se achavam foram saindo um a um, até Jesus ficar sozinho diante da mulher. Então, ele disse: "Mulher, onde estão os que te acusavam? Ninguém te condenou?". Ela respondeu: "Ninguém, Senhor". E Jesus completou: "Nem eu, tampouco, te condeno. Vai e, de agora em diante, não peques mais". Melhor que falar é dar o exemplo, não é mesmo? Pois aí está o exemplo de Jesus, que deve ser seguido por nós e que foi agora incorporado por você, meu querido.

Fiquei constrangido, pois não havia notado até então que de fato houvera promovido uma transformação em mim.

– Hoje você está se mostrando empático. Empatia corresponde à grande virtude da compreensão. Empatia é, portanto, a capacidade de alguém colocar-se emocionalmente no lugar do outro. Para fazer isto, é preciso deixar de lado os próprios pontos de vista e valores, ingressando no mundo interior do outro sem julgamentos. Carl Rogers, o psicólogo norte-americano criador da Psicoterapia Centrada na Pessoa, sintetizou bem como se expressa empatia. Disse ele: "Ser empático é ver o mundo com os olhos do outro e não ver o nosso mundo refletido nos olhos dele". Continue agindo com empatia, isto é, continue agindo tendo por guia de seus pensamentos não o julgamento da conduta alheia, mas a sua compreensão.

Para deixar de ser o centro da atenção de Ana Maria, disse-lhe imediatamente:

– Li em algum lugar que compreender vai além do entendimento intelectual, pois pertence à dimensão emocional.

– É isso mesmo. Rogers fala em *compreensão empática*, segundo a qual conseguimos imergir no mundo subjetivo do outro e participar de sua experiência. É, portanto, a capacidade de nos colocarmos verdadeiramente no lugar do outro e de ver o mundo como ele o vê. Quando Jesus deixou de condenar a mulher adúltera, ele conseguiu compreender a sua conduta moral, ao passo que as outras pessoas que ali estavam conseguiram apenas julgá-la.

– Se Jesus, com toda a autoridade moral que possuía, agiu desse modo, quem somos nós para não seguir o seu exemplo?

– Meu amor, se estamos aqui para aprender e colocar em prática o conteúdo do nosso conhecimento, eis uma oportunidade para prosseguirmos em nosso desenvolvimento, aplicando a orientação do Divino Mestre: compreender, e não julgar. Parabéns por você estar agindo assim. Tenho certeza de que um número imenso de pessoas, ao escutar a notícia do estuprador e assassino da própria sobrinha, julgou-o e o condenou sumariamente, pedindo uns a prisão perpétua e outros a pena de morte. Você não concordou com aquilo que ele fez, pois foi um ato sórdido e vergonhoso. Mas conseguiu compreender a sua conduta anormal, pedindo orações para esse irmão, enfermo da alma, que agora muito necessita delas.

– Na verdade, Aninha, senti compaixão por esse homem, que terá de muito sofrer para superar esse crime. Se, em futuras reencarnações, essa alma conseguir espalhar amor por todos os seus caminhos, diminuirá muito a pena ou, quem sabe, terá ressarcido a sua dívida, pois só o amor encobre uma multidão de pecados. No entanto, para quem demonstrou um nível moral e espiritual tão baixo, será difícil muito cedo abrigar amor no coração. Foi por isso que decidi orar por esse irmão desencaminhado e infeliz.

Sem mais, Ana Maria orou comigo em favor daquela pessoa. Outras orações fiz em dias seguintes, até a noite em que o noticiário da tevê registrou a tentativa de assassinato daquele homem pelos próprios companheiros de prisão. Foram muitos golpes a estilete. Ele ficou estendido no chão, semimorto. Levado ao hospital, passou uma semana entre a vida e a morte, até que, numa tarde, foi ouvida uma voz que clamava perdão a Deus. Era aquele irmão, tentando ajustar-se com a lei divina antes de partir para o mundo espiritual. Ao saber de seu desencarne, Ana Maria orou mais uma vez comigo. Devo acrescentar que, ao orarmos por ele, também o fazíamos em benefício de sua sobrinha e de sua esposa. Por algum mecanismo desconhecido, nos sentimos muito unidos a esse trio de andarilhos pelos caminhos da vida. Até hoje, ao lembrar-me deles, sinto a compaixão vibrando em meu íntimo. Que Deus os acolha sempre em Seu coração.

❧◈❧

Passadas algumas semanas, recebi um telefonema de Marcelino. Como eu lhe havia pedido, ele me passava a data da sua próxima palestra. Seria num centro espírita no bairro do Butantã.

– Você pode me dizer qual será o tema?

– Por que não? Falarei sobre "O grão de mostarda".

– Estarei lá com Ana Maria.

Sou obrigado a dizer que, sendo ainda um novato no estudo do Evangelho, não atinei de início para o significado da expressão "grão de mostarda". Foi a minha esposa quem me deu os primeiros esclarecimentos. Assim, quando entramos a casa espírita, eu já possuía uma noção do tema da palestra. O ambiente, como outros que eu havia visitado, era simples e bem-arrumado. Na grande sala, os frequentadores conversavam em voz baixa. Em pouco tempo, o recinto estava lotado de pessoas, aguardando a chegada do palestrante. Marcelino entrou na sala cinco minutos antes do início da palestra. Às vinte horas em ponto, houve uma oração preparatória, feita pelo presidente do centro. Em seguida, uma moça apresentou o palestrante, fazendo-lhe sinceros elogios e dando-lhe a palavra. Finalmente, ele cumprimentou o público que lotava a sala, agradeceu a sua presença e deu início à apresentação:

– Disse Jesus em registro do evangelista Lucas: "A que é semelhante o Reino de Deus e a que o compararei? É semelhante a um grão de mostarda, que um homem tomou e plantou na sua horta, e que cresceu e se fez arbusto; e as aves do céu pousaram nos seus ramos".

Olhando para os presentes e demorando-se nas suas fisionomias, ele disse, como se estivesse surpreso:

– É só isto! Se o Divino Mestre falou mais alguma coisa, não foi registrada pelo evangelista. Mas, afinal, o que quis dizer Jesus com tão poucas palavras? O que ele nos desejava passar? Que lição nos queria dar? Digamos, em primeiro lugar, que o grão de mostarda é uma semente pequenina. Quando plantada, transforma-se num arbusto, isto é, numa planta compacta, de caule lenhoso e ramificado, menor que uma árvore, mas grande o suficiente para que pequenas aves pousem em seus ramos ou descansem sob a sua sombra. Mas o que simboliza essa semente? Em geral, quando ela é mencionada, logo se pensa na fé. De fato, Jesus compara a fé a um grão de mostarda, porém, em outra passagem; mais especificamente, em Lucas, no capítulo dezessete, versículos cinco a seis. A passagem é a seguinte: "Disseram os apóstolos ao Senhor: 'Aumenta-nos a fé'. Disse o Senhor: 'Se tivésseis fé como um grão de mostarda, diríeis a esta amoreira: *Desenraíza-te e transplanta-te para o mar*, e ela vos obedeceria'". Neste momento, está claro que Jesus se referia à fé dos apóstolos. Todavia, estamos analisando outro episódio do Evangelho, ocorrido em outro momento e em outra circunstância.

A primeira vez em que tomei conhecimento desta diminuta parábola fiquei em dúvida sobre o seu conteúdo, até alguém me explicar que o grão de mostarda referido por Jesus corresponde ao pensamento, à palavra e à ação. O nosso nível evolutivo depende dessas três áreas da conduta moral e espiritual do homem. Como se repete muito hoje, o pensamento é criador. Tudo começa pelo pensamento. Daí a importância de apenas nos alimentarmos de pensamentos elevados. Quando os pensamentos se tornam malsãos, destrutivos, nossas emoções e sentimentos também se deterioram, tornando-se o fundamento de uma vida inferior e desventurada. Todavia, quando nossos pensamentos primam pela pureza e pela elevação, promovemos a melhoria da nossa vida na medida da qualidade desses mesmos pensamentos.

No tocante à palavra, trata-se da expressão verbal dos nossos pensamentos e emoções. Assim, ela contribui para a construção do nosso cotidiano e do ambiente em que vivemos. Para que o nosso mundo exterior possa tornar-se pacífico e harmonioso, temos de cuidar antes do nosso mundo interior, habitado por pensamentos, emoções, expressos por palavras.

Finalmente, o terceiro elemento, simbolizado pela semente de mostarda, de que falou Jesus, é a nossa ação, os nossos atos, a nossa conduta. Em síntese, a nossa ação é resultante dos nossos pensamentos, das nossas emoções e das palavras que proferimos. São estes três elementos os condutores da nossa existência. Deles dependemos para uma vida em plenitude, pautada pelo progresso moral e espiritual".

A palestra continuou no mesmo nível edificante até as últimas palavras do orador: "A semente de mostarda é inicialmente muito pequena, transformando-se depois em grande hortaliça, onde vêm pousar as aves do céu. Que assim também possam ser as nossas sementes – pensamentos, palavras e atos –, atraindo para nós a paz que o mundo não nos pode dar.

Tenham todos uma boa noite, sob as bênçãos do Divino Mestre Jesus.

"Aí está", considerei, "a trilogia do desempenho cristão: pensamentos puros (aliados a sentimentos elevados), palavras generosas e atos fraternos. Meditarei sobre esta bela lição, que nos ensina a dar continuidade ao autoaprimoramento, acelerando-o cada vez mais no sentido da nossa perfeição". Fiquei por algum tempo absorto nesta lição de vida, quando escutei as últimas palavras de Marcelino:

– O grão de mostarda a que se refere Jesus é, portanto, o conteúdo associado dos nossos pensamentos, das nossas palavras e das nossas ações. E, para que sejam pautados pelo bem, não podemos nos esquecer de que todos eles nascem da nossa mente e do nosso coração. Daí termos de cuidar a todo momento daquilo que pensamos e daquilo que sentimos. Os sentimentos são expressos de acordo com os pensamentos que alimentamos. E os pensamentos são expressos em conformidade com aquilo que sentimos. Pensemos no amor, pensemos no bem e sintamos em nosso coração o amor e o bem, a fim de que nossos atos se pautem pelos sentimentos, pelos pensamentos e pelas palavras ditadas pela nossa mente e pelo nosso coração, em conformidade com o Evangelho do Cristo. Não nos esqueçamos de que, para realizarmos grandes coisas, começamos pelas pequenas. Assim como a semente de mostarda de que fala Jesus, inicialmente é muito pequena, depois se transforma em grande hortaliça, onde vêm pousar as aves do céu. Tenham todos uma boa noite, com as bênçãos do nosso Mestre Maior.

Os aplausos foram demorados. Escutei muitos elogios à pessoa de Marcelino e à sua bela e edificante palestra. Ana Maria adorou tudo o que foi dito pelo nosso amigo. Quando todos já se dispersavam, fomos ter com ele. Fui logo dizendo:

– Parabéns, Marcelino. Propus-me a refletir seriamente nos próximos dias sobre o grão de mostarda, assim mesmo como você nos apresentou nesta noite.

Minha esposa também o cumprimentou efusivamente. Em seguida, ele considerou:

– Na verdade, apenas comentei as considerações que tece Fábio Aleto no livro de André Luiz. Mas concordo com vocês que é uma lição digna de colocarmos em prática a partir do conhecimento que dela adquirimos. Vocês já imaginaram se todos se interessassem por incorporá-la em seu dia a dia? Fala-se tanto em falta de paz em nosso mundo. Espera-se tanto pela paz que os outros nos possam dar, não é mesmo? E eis em poucas palavras como nós mesmos podemos construir a paz em nosso interior para, em seguida, levá-la aos outros, levá-la ao mundo.

Ana Maria pensou por alguns segundos e, em seguida, falou com entusiasmo:

– Lembro-me agora do discurso de John Fitzgerald Kennedy, em que ele disse a cada norte-americano: "Não pergunte o que seu país pode fazer por você. Pergunte o que você pode fazer por seu país". Podemos dizer algo semelhante em relação à paz e à fraternidade: "Não perguntemos se o mundo pode nos dar a paz, mas se estamos em condições de levar a paz ao mundo". Na verdade, o mundo não pode levar a paz a ninguém, dado que ela tem de nascer no íntimo de cada criatura. Por isso, nós é que temos de irradiá--la pelo mundo.

— Essa é a verdade — concordou Marcelino, completando: — O Dalai-Lama diz algo parecido quando afirma: "Nunca poderemos obter paz no mundo exterior, até que consigamos estar em paz conosco".

Conversamos mais alguns minutos e nos despedimos. Conservei em meu íntimo as palavras profundas que ouvira do palestrante, com a intenção de aplicá-las em minha vida pessoal e profissional. Não perdi a oportunidade de conversar a esse respeito com Albert, em nosso horário de almoço.

— Foi uma preleção motivadora, Albert. Marcelino sabe como fazer calar no coração de cada ouvinte a mensagem que nasce no interior da sua alma.

— Eu e Leonor lamentamos não ter sido possível estar presentes na palestra. Mas poderemos conversar mais sobre isto. Eu convido você e Ana Maria para almoçarem em casa no próximo domingo. Será um dia de muitos diálogos. — Depois riu e acrescentou: — Se Giovana deixar...

❧

Um fato extremamente triste nos pegou de surpresa na sexta-feira que antecedia o nosso encontro com Albert e Leonor. Ricky habituara-se a dormir na cama, comigo e Ana Maria. Ele ficava sempre nos pés, depois de fazer os últimos festejos do dia, ronronando enquanto o acariciávamos. Depois deitava-se sobre um cobertor dobrado, que ajeitáramos para ele, e ali ficava até amanhecer. Pois nessa sexta-feira, tudo aconteceu como em todos os dias. Porém, ao amanhecer do sábado, vi que ele continuava dormindo. Levantei-me e fui brincar com ele, mas, quando o toquei, notei que estava frio.

— Aninha! Aninha! Ricky morreu. Meu Deus, Ricky partiu.

Ana Maria levantou-se depressa e, ao notar que o gatinho desencarnara, falou-me com uma voz chorosa:

– Façamos vibrações e uma oração para o nosso Ricky.

As palavras saíram do fundo do nosso coração. Foi Ana Maria quem efetuou as vibrações e a prece, sendo por mim acompanhada mentalmente.

– Meu Deus, neste momento de extrema tristeza pela partida do nosso querido Ricky, nós vibramos para ele paz, serenidade, segurança, carinho e amor. Que ele possa, tranquilamente, dar continuidade à sua jornada evolutiva. Que ele possa ser feliz nesse novo estágio da jornada rumo ao Pai.

Com lágrimas a escorrerem pela face, ela fez a oração:

– Meu Deus, meu pai, entregamos em Vossas mãos a alma do nosso irmãozinho querido. Vós nos brindastes com a sua presença por alguns anos, em que tivemos o privilégio e a felicidade de conviver alegremente com ele. Hoje ele nos foi tirado para dar continuidade à sua trajetória evolutiva. Que ele seja feliz, meu Pai. E que um dia voltemos a nos encontrar num novo nível da nossa existência. Obrigada pela oportunidade que nos destes de crescer com ele.

Em seguida, olhou para o alto e encerrou a sua prece, acompanhada por mim no íntimo da minha alma:

– Ricky, meu amor, siga o seu caminho, continue a sua evolução. E seja muito feliz nessa nova etapa da sua vida. Nunca o esqueceremos. Você estará sempre em nossa memória e em nosso coração. Receba o nosso amor eterno e a lembrança dos momentos felizes que nos proporcionou. Nós o abençoamos. Siga em paz para os braços do Senhor. Assim seja.

Abraçamo-nos num choro uníssono. Era um filho que partia para o próprio crescimento, assim como teríamos de fazer também algum dia.

Já no domingo, em casa de Leonor e Albert, Ana Maria, ao notar que, repentinamente, eu me tornara triste, disse com emoção nas palavras:

– Max, também estou triste pela partida de Ricky. Mas, como sabemos, ela era necessária. Seria egoísmo de nossa parte querer que ele continuasse para sempre conosco. Afinal, os animais são espíritos em estágio inicial de evolução e, assim como acontece conosco, também eles têm de dar continuidade a seu processo evolutivo, obedecendo à Lei do Progresso. Lemos em Gabriel Dellane que a alma animal é da mesma natureza que a humana, apenas diferenciada no desenvolvimento gradativo.

– É verdade, Aninha. Desde sexta-feira, tenho me mostrado mais propenso ao apego do que ao amor por Ricky. Você me abriu os olhos. A partir de agora, vou chorar menos e orar mais. Afinal, se não nos esquecermos dele, de certa forma, ele também não se esquecerá de nós. Estou libertando você, Ricky, para a continuidade da sua evolução. Siga em paz, amor e felicidade!

– É assim que se fala – disse Albert, dando um tapinha em meu ombro. – Ana Maria tem razão: os animais têm alma. Kardec fez essa pergunta aos espíritos superiores. "Se os animais têm uma inteligência que lhes dá certa liberdade de ação", perguntou o Codificador, "há neles um princípio independente da matéria?". A resposta foi clara: "Sim, e que sobrevive ao corpo". Portanto, meus amigos, os animais têm alma, sim. Disseram ainda os espíritos, em resposta a Kardec, que a alma dos animais, assim como a dos homens, tem origem no princípio inteligente universal. Entretanto, a alma dos animais é inferior à alma humana e muito distante dela.

– Mas, se a alma do homem evolui, a do animal também? – perguntei aflito, afinal, eu amava Ricky. Na verdade, Ana Maria já havia respondido a essa dúvida, mas bateu-me um pesar tão grande, que não pude pensar nisso.

Albert deu um sorriso amigo e respondeu:

– Kardec fez uma pergunta semelhante aos espíritos. Isso também está registrado em *O Livro dos Espíritos*.

– E qual foi a resposta?

– Eles responderam que tudo se encadeia na natureza por laços que ainda não conseguimos compreender. É nos seres inferiores que o princípio inteligente se elabora, se individualiza pouco a pouco e faz o ensaio para a vida. Trata-se de um trabalho preparatório, assim como o da germinação. Em seguida, o princípio inteligente sofre uma transformação e se torna espírito. É aí que se inicia para ele o período de humanidade. Portanto, meu amigo, o espírito que anima hoje o corpo de um animal animará muito mais à frente o corpo de um homem. É a expressão da Lei do Progresso, que se expressa do átomo ao arcanjo.

Fiquei felicíssimo. De fato, Ricky, com a sua morte física, estava dando cumprimento a uma lei natural, a uma lei divina, segundo a qual tudo evolui inexoravelmente. Leonor aproveitou o silêncio para dizer:

– Segundo aprendi com Ana Maria, o espírito dos animais é reaproveitado em geral na mesma espécie. Porém, após muitas reencarnações numa mesma espécie, esse espírito passa para uma outra. Em cada espécie em que reencarna, ele incorpora certas características pertencentes ao futuro ser pensante. Não há, porém, necessidade de reencarnar em todas as espécies existentes, para atingir a condição de ser humano. Mas numerosíssimas são as reencarnações até que isso aconteça. Estou certa, Ana?

– Certíssima, Leonor. Como disse Albert, a Lei do Progresso é universal. Tem validade para todos os animais, que são criaturas de Deus como nós. Caminhamos todos para a perfeição, não é verdade?

– Claro!

– Pois o ser humano somente encontrará a perfeição depois que vier a respeitar todas as manifestações de vida neste planeta. Escutei outro dia de uma amiga do centro espírita algo que me vem fazendo pensar bastante. Ela disse que a natureza não depende de nós para nada e seria capaz de sobrevivência sem qualquer intervenção de nossa parte. Podemos falar o mesmo?

Nesse ponto, Albert interveio, dizendo:

– Li que o psicólogo alemão Erich Fromm, que recebeu cidadania norte-americana, afirma que o ser humano possui debilidade biológica, a qual os animais não têm. Devido à força do instinto, eles se adaptam ao mundo que os rodeia com mais facilidade. Fromm chega a afirmar que o ser humano é o mais inerme dos animais, ou seja, o mais indefeso. Parece que esse pensamento é concordante com o seu, Ana. A natureza não depende de nós. Os animais selvagens, após o nascimento, seguem pela vida, sem necessidade da nossa interferência. Isso porque o instinto neles é mais forte que em nós. Mas é exatamente por isso, também, que alcançamos as qualidades especificamente humanas.

– Você está certo – concordou Ana Maria. – E, como já foi dito, o animal também vai além do instinto, denotando inteligência, emoções e sentimentos. E, igualmente, após o seu desencarne, conserva sua individualidade. A sua alma sobrevive à matéria após o esgotamento da energia vital, que o animava. Enfim, os animais seguem uma linha progressiva, tal qual acontece conosco. Eles não foram criados apenas para nos servir. Creiam, eles nascem, sobretudo, para evoluir.

Eu não precisava escutar mais nada. A tristeza que ainda tomava forma em meu coração dissipou-se. Apesar de já ter estudado *O Livro dos Espíritos*, eu não o havia assimilado no tocante aos nossos irmãos animais. Senti um peso caindo dos meus ombros. Nesse momento, tive uma iluminação interior e disse com um sorriso largo:

– Gente, há pouco estávamos falando da Parábola do Grão de Mostarda, não é mesmo?

– Desculpe-nos – disse Leonor. – Acabamos por nos desviar do assunto.

– Não, Leonor, não é isso que desejo dizer. O que me surgiu na mente é que tanto os animais como nós mesmos somos sementes de vida. E somos destinados por Deus a nos transformar em árvores frondosas, onde venham pousar as aves do céu. Estamos todos interligados: nós, os animais e a natureza. E, particularmente quanto a nós, temos não só de acelerar o processo de autoaperfeiçoamento como temos de auxiliar os que vêm logo atrás, a fim de que também deem continuidade a seu progresso.

Nesse momento, virei-me para Ana Maria e disse num desabafo:

– Creio que tenhamos feito isso com o nosso Ricky, Aninha. Mas não basta. Temos de fazê-lo com todos os animais, respeitando-os, protegendo-os e amando-os, ao mesmo tempo em que temos de respeitar, proteger e amar a natureza, que convive conosco sob as bênçãos de Deus...

O final de nosso encontro aconteceu com o meu coração aliviado e agradecido ao Criador. Devo acrescentar, porém, que nessa noite tive uma visão pouco antes de adormecer. O professor Acácio achegou-se aos pés da cama e, com um sorriso, acenou positivamente com a cabeça. Em seguida disse com suavidade:

– Vocês fizeram tudo certo. Muito obrigado. Ricky está muito bem.

Depois de assim dizer, ainda com um largo sorriso, desapareceu.

22

O caso de Salete

Quando já estava para se encerrar o meu curso de Educação Mediúnica no centro espírita, aconteceu um caso interessante. Um colega de turma, sabendo que eu era psiquiatra e psicoterapeuta, veio até mim para pedir ajuda.

– Claro! – respondi. – Qual é o problema?

– Não é nada comigo. Trata-se de uma amiga. Ela tentou o suicídio há alguns dias e agora está em sua casa, sem solução para o problema. Só foi atendida em termos médicos. Mas, se ela continuar carregando o que lhe vai na alma, poderá tentar novamente matar-se e o caso tornar-se fatal.

– É verdade.

– Como você é psiquiatra, talvez pudesse atendê-la. Ela é resistente a qualquer tipo de ajuda psicoterápica, mas eu me comprometo a levá-la até seu consultório.

Por essa época, eu tinha um consultório particular próximo do hospital onde trabalhava. Insistira para que Ana Maria também fizesse atendimento psicológico ali, mas ela preferia atender apenas no hospital, o que a gratificava o suficiente para recusar a minha oferta. Desse modo, concordei em receber a jovem encaminhada por meu colega de classe. Disse-me ele que era uma garota de 23 anos. Lembro-me bem do primeiro dia em que ela compareceu, acompanhada do amigo que, em seguida, se retirou. Chovia e ventava muito. Ela entrou no consultório com o guarda-chuva revirado e a roupa molhada. Após nos cumprimentarmos, colocou a blusa numa cadeira e, virando-se para mim, disse com um sorriso forçado:

– A chuva que está caindo aí fora é moleza perto do temporal que desabou dentro de mim.

Em seguida, anotei um ou dois dados iniciais e deixei que ela se expressasse livremente, dando-se início à primeira sessão, em que se colhem dados das esferas biológica, psicológica, social e espiritual do paciente. Fiquei sabendo em detalhes que ela tentara o suicídio, ferindo com uma lâmina os pulsos. Fora encontrada pela mãe sentada dentro do *box* e com os olhos perdidos no espaço. Dali, fora levada para um pronto-socorro. Motivo: o término do noivado. O seu noivo havia se interessado por outra moça e cancelara o casamento previsto para o ano seguinte. Desesperada, Salete – esse era o seu nome – começou a perder contato com a realidade, até "buscar o término da vida e acabar com tudo de uma vez". Essas foram as suas palavras. Mal sabia ela que a vida não se encerra nunca e que o suicídio leva a novos e terríveis problemas, em vez de cessar com eles. Mas ainda não era momento de tocar nesse assunto. Havia muito a escutar, antes de qualquer outra atitude. Devo, porém, dizer que não foi assim tão fácil colher os dados de que eu necessitava. Salete, primeiramente, foi taxativa:

– Doutor, eu não gosto de psicólogo, de médico e principalmente de psiquiatra. Se estou aqui é por insistência do meu amigo. Os meus problemas, quem tem de resolvê-los sou eu. Ninguém mais. Não sei por que minha mãe não me deixou no banheiro até ser completado o meu intento. Agora eu já não estaria na situação terrível em que me encontro e em pouco tempo todos se esqueceriam de mim. Assim tão fácil.

– Assim tão fácil? – repeti em tom dúbio.

– Bem, nem tão fácil assim, mas, pelo menos, tudo estaria resolvido, não é mesmo?

– Você pensa desse modo?

– Pra dizer a verdade, às vezes sim, às vezes não. Mas o sofrimento que me faz perder a razão é tão forte que não vejo outra saída.

Dialogamos ainda por mais algum tempo, até ela iniciar a narrativa de sua queixa.

– Doutor, jurei a mim mesma que não abriria a boca em seu consultório. Mas, não sei dizer por que, alguma coisa no senhor ou em mim – não estou certa – fez com que eu abrisse a boca, e não vai ser agora que vou fechá-la. Contarei tudo o que se passa e se passou comigo. Desculpe-me, mas, se você quiser escutar, eu vou "soltar os cachorros".

– Pode soltá-los – eu disse com tranquilidade.

Salete fez pequena pausa, pondo as ideias em ordem, e iniciou a sua narrativa:

– Desde criança, sempre me senti inferiorizada em relação a meu irmão mais velho. Mas não apenas no que diz respeito a ele. Diante de qualquer outra criança ou adulto, sempre eu me calava, preferindo o silêncio a expor a minha inferioridade. Isso me doía, causava-me sofrimento muito grande, mas, na inocência da minha idade, eu não sabia como reagir a não ser me calando e deixando que o outro demonstrasse a sua superioridade.

Salete, ao falar, deixava que as lágrimas escorressem pelo rosto, demonstrando a amargura que lhe ia na alma. Depois de fazer longa exposição sobre a sua infância e adolescência, ela chegou ao namoro que dera origem ao noivado, agora rompido.

– Como você conheceu Normando?

– Foi na empresa em que eu era auxiliar de contabilidade. Ele estava com dúvida sobre o imposto de renda e coube-me dar-lhe as explicações. Notei que ele me fez algumas perguntas pessoais, que nada tinham a ver com as suas incertezas. Depois de obter as respostas, passou a falar sobre cinema, perguntando o que eu achava de um filme que acabara de entrar em exibição. Disse-lhe que pretendia assisti-lo. Mais algum assunto e, em seguida, ele foi embora. Achei estranha a sua maneira de conversar comigo. Ele falava com tanta naturalidade, como se me conhecesse de muitos anos. Não sei por que, mas o seu olhar caloroso não me era estranho. Já em casa, eu não conseguia tirá-lo de minha mente. Como seria bom namorar um rapaz assim, mas ele não era para mim. Assim eu pensava realmente, portanto, procurei ler um livro para tirá-lo da memória.

– Nessa situação, quais eram as suas emoções predominantes?

– Bem-estar e...

Salete fez uma longa pausa. Temendo que ela deixasse escapar a expressão afetiva que mais a impactara, perguntei:

– Bem-estar e...?

Não foi fácil para ela, mas respondeu:

– Amor. Nunca fui de acreditar em amor à primeira vista, mas foi isso que senti naquele momento. Estou sendo uma tonta, não é mesmo?

– Você está sendo verdadeira. Continue.

O seu rosto iluminou-se quando ela disse:

– No dia seguinte, logo após o meu horário de almoço, ele surgiu do nada na minha frente. Vinha com duas papeletas na mão. De início, não consegui identificar o que era. Quando me certifiquei do que se tratava, ele se adiantou e me falou com um grande sorriso: "Comprei dois ingressos para irmos ao cinema no final do trabalho". Sem ter o que dizer, deixei escapar: "Você é louco ou o quê?". Ele riu e respondeu: "Louco eu seria se deixasse escapar a chance de assistir a um excelente filme com uma belíssima garota". Fiquei paralisada. Jamais alguém se dirigira a mim com palavras tão elogiosas. Mas alguma coisa me cutucou, de modo que respondi: "Belíssima, não. Inteligente, com certeza". Pela primeira vez, ele perdeu a postura de galã, mas conseguiu recompor-se logo, saindo com esta resposta: "Perdão, a sua inteligência brilha tanto, que só consegui enxergar a beleza". Rimos os dois, e ele continuou: "Então, você aceita o meu convite?". Na época, eu fazia faculdade à noite. E era aluna de não faltar a nenhuma aula. Disse isso a Normando. Ele me prometeu que seria apenas naquela noite. Não tive como recusar, mesmo sem conhecer quase nada dele. Bem, assistimos ao filme e depois fomos a uma lanchonete, onde ele me falou mais a seu respeito. Quando cheguei em casa, já tinha namorado. O primeiro e único namorado que tive.

Nesse momento, o sorriso desapareceu da face de Salete, e ela desandou a chorar convulsivamente. Pouco falou depois disso, até o encerramento da sessão. Com os olhos avermelhados, ela se levantou e me disse, encarando-me:

– Doutor, eu estava mesmo precisando desabafar. Sinto-me mais leve. Não resolvi o meu problema, longe disso, mas estou muito melhor do que no momento em que aqui entrei. Desculpe-me se fui mal-educada com você quando cheguei. A verdade é que eu esperava apenas sair daqui com uma receita de antidepressivo na mão e mais alguns problemas na cabeça. Em vez disso, saio aliviada e, com certeza, voltarei na semana seguinte.

Esse foi o início da terapia. No meu íntimo, senti compaixão por aquela moça, que me pareceu íntegra e digna de ter uma vida amorosa pacífica e feliz, mas que por pouco não cometera o ato insano do suicídio. Agradeci a Deus por ela ter escapado disso. Eu teria, dali para a frente, de ajudá-la a encontrar o equilíbrio e a vontade de viver. E busquei fazer isso com todo o conhecimento que possuía sobre o processo psicoterapêutico, mas, principalmente, com todo o amor fraterno que me ia na alma. Lembrei-me de quando o professor Acácio, em suas aulas, falou sobre a *consideração positiva incondicional* na Psicoterapia Centrada na Pessoa, tal como a executava Carl Rogers, isto é, aceitação, compreensão e respeito pela pessoa de seu paciente ou cliente. Desse modo, continuei a aceitar Salete como ela era e a expressar respeito por ela. Antigamente, eu desaprovava em meus pacientes tudo o que ia contra as minhas convicções e depreciava muitas vezes o que me relatavam. Porém, a partir do curso realizado com o Professor e das verdades da doutrina espírita por mim assimiladas, passei a fazer constante uso da consideração positiva incondicional e da empatia, isto é, do colocar-me emocionalmente no lugar do paciente. Lembrei-me também de Martin Buber e da relação Eu-Tu, ou seja, aquele tipo de relacionamento que propicia o verdadeiro diálogo e o encontro. Em meio a todas estas reflexões, de uma coisa eu estava muito convicto: era preciso ajudar aquela jovem, filha de Deus como eu. E foi assim que me perguntei mais uma vez, como vinha fazendo há um bom tempo: "Como agiria Jesus nesta situação?". Certamente como o Bom Samaritano, cujo papel me caberia naquele momento. E foi assim que segui para as outras sessões.

– Será que eu nasci para sofrer? – perguntou-me Salete na segunda sessão.

– A que você associa o sofrimento?

– À minha infância difícil e ao gesto terrível do meu noivo em relação a mim, abandonando-me sem nenhuma consideração. Daí a minha atitude, quando tentei pôr fim à vida.

– O que você pensa dessa atitude?

– Eu pensava que era uma decisão única e necessária.

– E agora?

– Agora começo a pensar diferente. Tantas pessoas me abordaram nos últimos dias, demonstrando interesse verdadeiro por mim, que fiquei bastante confusa quanto ao ato que pratiquei.

Salete já começava a sentir-se mais respeitada pelo interesse demonstrado pelas pessoas em relação a ela. Isso lhe soava bem, mas era apenas o começo. Poderia haver recaída. Era necessário urgentemente elevar-lhe a autoestima. Isso procurei fazer nas outras sessões. Numa delas, aconteceu algo inusitado. Sem que eu estivesse fazendo qualquer tipo de regressão, ela parou de falar e ficou olhando para o vazio, depois fechou os olhos e começou a dizer com voz alterada:

– Meu amado me abandonou! Meu amado me abandonou!

– Diga-me algo mais sobre isso.

– Meu amado Camilo me deixou por causa de outra mulher.

Até esse momento, eu não me havia dado conta do que estava acontecendo. Ela me dissera que seu noivo se chamava Normando, por isso perguntei:

– Seu ex-noivo não se chama Normando?

Ela olhou espantada para mim e respondeu:

– Meu marido se chama Camilo e eu lhe fui prometida quando tinha dez anos. O meu pai e o meu sogro combinaram tudo na porta de uma botica. Três anos depois, eu já estava casada. E agora, com duas filhas, estou abandonada na sarjeta.

Foi aí que atinei para o fato de que ela estava vivendo uma regressão a alguma existência passada.

– Em que ano estamos? – perguntei.

– Mil setecentos e oitenta – foi a resposta.

– E o seu marido acaba de deixá-la?

– Sim. Mas eu sabia que isso iria acontecer.

– O que a leva a pensar assim?

– Manuela, a filha do conde.

– E por qual motivo você pensa dessa maneira?

– Ela sempre foi mais bela que eu. Mais bela, mais rica e mais inteligente. Eu só não sabia que ela é também muito mais maldosa, insensível e cruel. Que farei agora, com duas crianças para criar?

– Onde você está?

– Em Lisboa.

– Vamos retroceder no tempo. Você é uma criança. Como se sente?

– Estou brincando sozinha no quarto. Meu irmão mais velho foi passear com o meu pai. Minha mãe dá ordens a uma criada. Todos os dias passo por isto: meu pai sai a passeio com o meu irmão, minha mãe põe a casa em ordem e eu fico sozinha neste quarto sem graça. Invejo e odeio meu irmão. Ele foi sempre o preferido e eu, a enjeitada. Em todas as situações, eu me apago e ele brilha com todo o fulgor. Odeio meu irmão.

Inquiri mais sobre os sentimentos que Salete havia tido na infância. Depois, fiz com que retrocedesse ainda mais no tempo.

– Onde você está? E o que está fazendo?

– Estou numa casinhola nos arredores de Leipzig. Meus quatro irmãos estão brincando lá fora. Escuto os seus gritos e as suas risadas. Quanto a mim, fico sozinha pela casa, pois não tenho permissão para sair. Eles podem tudo e eu não consigo fazer coisa nenhuma. Odeio meus irmãos. Eu gostaria de ser como eles, mas sou mulher, por isso me proíbem quase tudo.

Conversamos mais sobre a sua infância nessa época remota, depois pedi que ela avançasse até sua juventude.

– Estou morando nos fundos de uma casa. Sou a criada e meus patrões, por caridade, me deixam morar ali com meus dois filhos. Sinto-me muito triste e rejeitada, em completo abandono.

– E seu marido? Fale-me sobre ele.

– Aquele miserável me abandonou. O patife se enamorou de uma mulher mais jovem que eu e desapareceu da noite para o dia, sem deixar vestígios. Levou-a consigo. Mas eu previa que isso poderia acontecer. Ele não tirava os olhos dela. Brigamos algumas vezes por causa disso. Mas, quando a gente é inferior, não consegue armas para lutar de igual para igual. Ela, mais bonita, mais faceira, enfim, mais jeitosa, ganhou o seu troféu. Que faça bom uso dele.

Continuei a dialogar com Salete, que me mostrava de maneira cristalina como os sentimentos que a envolviam hoje vinham de reencarnações passadas. Tudo vinha se repetindo havia muito tempo. Até mesmo a tentativa de suicídio também ocorrera no século XIX. Depois de algum tempo, fiz com que ela retornasse ao presente. Surpresa, ela me perguntou:

– Como eu disse tudo isso?

– Acabou de ocorrer uma regressão espontânea, Salete.

– E o que é isso?

– A regressão espontânea é um tipo de volta ao passado, não provocada e natural. Quando ocorre, a pessoa pode ver e sentir, por meio de imagens, emoções, sentimentos, visões e impressões, uma outra existência vivida em época passada.

Salete não acreditava no que lhe ocorrera. Estava pasma.

– Então, é verdade que já tive outras existências? Tenho uma amiga que pensa dessa forma. Ela sempre me diz que já vivemos outras existências e que elas influenciam a nossa vida presente. Mas...

– Você não precisa crer nisso. Não estamos numa aula, e sim numa sessão de psicoterapia.

– Mas, pelo que disse, você acredita, não é mesmo?

– A psicologia materialista, assim como a psiquiatria materialista, rejeita integralmente a realidade espiritual e a doutrina da reencarnação; porém, a psicologia espiritualista e, em particular, a psicologia espírita admitem que temos inúmeras existências durante as quais vamos nos aperfeiçoando espiritualmente, promovendo assim a nossa autotransformação rumo à perfeição que nos é própria.

– Minha amiga diz algo parecido. Entretanto, se isso for verdadeiro, eu já fui abandonada outras vezes.

– E já tentou o suicídio também.

– É mesmo.

– O que mais você vem repetindo?

– O sentimento de inferioridade em relação a meus irmãos.

A jovem continuava abismada. Fez um longo silêncio, como a meditar, e depois me pediu:

– Diga alguma coisa sobre isso tudo.

– Salete, a psicologia tradicional afirma que nós formamos a nossa personalidade durante os anos de infância. É isso que você lê nos manuais e estuda nas universidades. Todavia, para a psicologia espiritualista, reencarnacionista, nós já nascemos com uma personalidade definida. O que fazemos na infância é revelar essa personalidade. Há quem a chame de *personalidade congênita*, isto é, a personalidade que o espírito traz de várias encarnações passadas. Nesse sentido, nós não começamos a formar a personalidade ao nascer; nós já nascemos com ela, podendo modificar alguns de seus aspectos durante a reencarnação.

– Escutei também alguma coisa assim de minha amiga espírita. Não tenho nada contra isso, apenas fui pega de surpresa.

– E agora, como se sente?

– Desculpe-me, mas me sinto uma besta quadrada, pois, com essa revelação, percebo que os problemas não são os outros. Sou eu mesma. Eu é que tenho de mudar. Inconscientemente, talvez, eu tenha achado mais fácil suicidar-me do que promover a minha modificação.

– Suicidando-se, você não resolveria o problema, como pensava. Apenas o empurraria para uma nova reencarnação, em que poderia estar até mais pesado, mais difícil de ser resgatado.

– Doutor Max, mais uma vez você me tirou um peso das costas. Parece que, cada vez que venho até aqui, torno-me mais leve.

A terapia prosseguiu com novos *insights* por parte de Salete. Notava-se no seu modo de se vestir, na sua maquiagem e, principalmente, na sua fisionomia e no modo de se expressar as mudanças que lhe iam na alma. Expliquei-lhe que, entre uma e outra reencarnação, quando estamos no mundo espiritual, pedimos ou somos convencidos a ter determinado pai, determinada mãe, certos irmãos, marido ou esposa e os filhos que teremos de educar.

– É verdade. Devido a minhas existências passadas, parece que mereci o castigo que me foi imposto.

– Não se trata de castigo, Salete. E sim de oportunidade de aprendizado. Deus nos coloca diante das situações difíceis pelas quais passamos a fim de que recolhamos de cada uma a lição que nos aprimore, para termos, dali para a frente, uma vida melhor.

– E eu já comecei a aprender, tanto que não me sinto mais abandonada por meu noivo nem tenho rancor dele, como acontecia antes. Sabe, doutor Max, agora tenho pena dele e de sua atual namorada. Melhor dizendo, sinto compaixão por eles. Quanto a mim, estou livre para recomeçar a minha vida num degrau mais alto da escada da vida.

O MISTÉRIO DA VIDA

Salete vinha amadurecendo rapidamente. Não apenas entendia os conceitos novos que lhe eram apresentados, como os colocava em prática no seu cotidiano. Os meses passavam e ela apresentava visível transformação. Certo dia lhe perguntei:

– Você sabe por que reencarnamos tantas vezes?

– Depois de tudo o que escutei em nossas sessões, creio que seja para melhorar-nos. Não dá para a gente crescer da noite para o dia, não é mesmo? Temos de ir levantando as paredes de nosso castelo pedra por pedra. Mas eu não vinha fazendo isso. Parecia mais que eu derrubava as pedras que já estavam assentadas. Agora que compreendi *o mistério da vida*, não há por que não dar continuidade à construção.

– Você acertou em cheio, Salete. Somos personalidades passageiras, carimbadas com rótulos também efêmeros, porém com uma missão geral, universal, que é a autoevolução da nossa essência, o espírito imortal[1].

– É por isso que temos de promover incessantemente a nossa reforma íntima, como bem diz a minha amiga espírita. Estou certa?

– É realmente isso que afirma o Espiritismo. E aqui, em nossa terapia, já tratamos disso?

– Creio que sim, quando chegamos à conclusão de que, se revelamos na Terra as nossas inferioridades, é também aqui que precisamos eliminá-las, manifestando as nossas superioridades. As inferioridades pertencem à personalidade passageira, ao passo que as superioridades se vinculam à essência imortal. A reforma íntima é que possibilita a nossa transformação, expressa pela revelação das nossas superioridades.

As sessões prosseguiram com a melhora sensível de Salete, apesar de algumas quedas, já esperadas, durante o

1 Esses conceitos fazem parte integrante da doutrina espírita e são igualmente apresentados, com características próprias, pela psicoterapia reencarnacionista, desenvolvida por Mauro Kwitko no livro *Psicoterapia Reencarnacionista: a Terapia da Reforma Íntima*. 3. ed. Porto Alegre: BesouroBox, 2011.

processo psicoterapêutico. Estávamos no quinto mês desde que a primeira sessão tivera início. Certo dia, a jovem entrou exultante em meu consultório e me disse com ar de triunfo:

– Doutor Max, estou namorando.

– Muito bem! E como se sente?

– Feliz! Quando Normando rompeu inesperadamente o nosso noivado, a vida perdeu todo o sentido para mim, como é de seu conhecimento. Eu já nem sabia mais quem era. O máximo que poderia dizer, se me fizessem essa pergunta, seria: "Um monte de lixo". Era assim que me sentia. Hoje, no entanto, sou outra pessoa. Aprendi que meus pais, meus irmãos, meus amigos, colegas de trabalho e meu ex-noivo estavam na minha vida para que eu me libertasse das amarras que me impus no passado, em outras existências. Aquela personalidade vem se desfazendo pouco a pouco, aflorando em seu lugar o meu Eu Real, a minha essência. Aprendi, doutor Max, que não sou o corpo que exibo para os outros, mas o espírito imortal, criado para a perfeição. E, sem dúvida, para a felicidade. E hoje, meu amigo, permita-me dizer assim, sinto-me feliz e liberta dos vínculos com meu ex-noivo, e estabelecendo novos vínculos, agora, com meu namorado, Dante. Desculpe-me a brincadeira, mas, lembrando o criador da *Divina Comédia*[2], eu diria que saí do *inferno* e agora espero entrar no *céu*. Aqui entre nós, acho que já estou entrando.

Como ela havia tocado no tema do sentido da vida, aproveitei ainda naquela sessão para perguntar algo a esse respeito. Ela me respondeu:

– Nunca eu havia pensado nisso. Quando o fiz, foi para considerar que a vida não tem sentido algum. Porém, hoje penso de modo bem diferente. O sentido da vida é o nosso

---

2 O autor da obra-prima *A Divina Comédia* é Dante Alghieri (1265-1321), escritor e poeta italiano, um dos grandes representantes do pensamento renascentista, sendo considerado por Victor Hugo (1802-1885) "o poeta supremo" (*il sommo poeta*).

autoaperfeiçoamento. Tudo por que passei não foi por acaso. Teve uma finalidade: a minha melhoria interior. E o tempo que me resta de existência também deverá ser consagrado por mim a meu próprio progresso e ao progresso daqueles com quem convivo. Estou convicta disso.

Expliquei-lhe que existe um *sentido geral* ou *universal*, que é exatamente a conclusão a que ela havia chegado. Mas há igualmente um *sentido particular*, próprio de cada pessoa. Viktor Frankl – expliquei-lhe – chamava-o de "sentido do momento". Cada situação, cada momento de nossa vida apresenta-nos um sentido específico em potencial. Para levarmos uma vida expressiva, temos de responder à oferta de sentido que tais momentos nos oferecem.

Ela foi muito rápida em sua resposta:

– O sentido do momento é agora, para mim, sair do egoísmo em que me vi enredada para abrir-me aos outros.

Eu não esperava essa resposta. Ela acabava de dar-me um exemplo vivo daquilo que Frankl denomina *autotranscendência*, a capacidade que tem o ser humano de elevar--se acima do seu próprio eu. Em termos da doutrina espírita, afirma Kardec que o egoísmo é a fonte de todo mal; portanto, todo tipo de abuso haverá de cessar assim que o ser humano guiar-se pela Lei do Amor. Como também afirma o Codificador do Espiritismo, o amor é o sentimento por excelência, e os sentimentos são os instintos elevados à altura do progresso realizado. No seu ponto de partida, o homem só tem instintos; quando mais evoluído, só tem sensações; mais instruído e purificado, tem sentimentos – e, destes, o mais elevado é o amor. Todos esses pensamentos passaram-me pela cabeça quando Salete complementou:

– Deixando bem claro, eu decidi concluir o curso superior que tranquei anteriormente e vou trabalhar como voluntária numa ONG que protege os animais.

A terapia daquela jovem estava chegando ao fim. Ela estava transformada. Realmente continuou seus estudos e tornou-se ativa colaboradora numa ONG em que cuidava de animais recolhidos nas ruas. Em sua última sessão, ela ainda me disse:

– Continuo a promover a minha melhoria interior. Quando soube pela regressão espontânea que, desde reencarnações passadas, venho vivendo fechada em mim mesma, resolvi romper a casca e abrir-me para os outros, inclusive para os animais e a natureza. Incorporei o que você me disse: nós reencarnamos com o propósito de melhorar nossas tendências congênitas negativas[3]. Já não me considero vítima do destino. Procuro identificar as minhas imperfeições, os meus defeitos, com a finalidade de eliminá-los, incorporando as virtudes que lhes são contrárias. Sei que isso não é fácil. Terei ainda muitas outras reencarnações no futuro, mas mantenho firme o propósito de me aprimorar cada vez mais. Como você me falou algumas vezes e como ouço nas palestras de um centro espírita que estou frequentando ultimamente: preciso promover a minha reforma íntima, a minha melhoria interior, para continuar subindo os degraus que me levam à perfeição e, com ela, à felicidade, à proximidade de Deus, meu Bem Supremo.

Sorri espontaneamente, pois era essa a modificação que eu esperava em minha paciente. Mas, antes de se despedir, ela ainda me surpreendeu:

– Doutor Max, estou aprendendo a perdoar, ainda que com dificuldade. Meu ex-noivo já está perdoado, assim como perdoei a mim mesma. Que ele seja feliz com a sua atual noiva. Afinal, se ele não tivesse rompido nosso noivado, eu não teria encontrado Dante, com quem pretendo seguir pelos caminhos da vida. Quanto ao meu relacionamento familiar,

---

3 Conceito elaborado pela psicoterapia reencarnacionista, desenvolvida por Mauro Kwitko.

mudou para muito melhor. Já não está havendo os atritos frequentes do passado e não me sinto inferior a ninguém. Aliás,
isso ocorre também no trato com as outras pessoas. Penso
hoje que não sou superior a ninguém, mas também não sou
inferior. Estamos todos no mesmo barco, lutando para vencer.

Depois das despedidas, Salete, antes de fechar a porta
do consultório, me disse com emoção:

– Doutor Max, você foi um anjo que Deus enviou para a
minha cura.

Passaram-se anos sem que eu tivesse notícia dessa
jovem batalhadora. Foi bem depois que, numa palestra em
um centro espírita, eu a encontrei junto de seu marido e duas
risonhas crianças. Conversamos por alguns minutos e a família seguiu para outro compromisso. Fiquei gratificado e
agradecido a Deus. Eu fora apenas o instrumento de quem
Ele se valera para consertar a vida daquela moça valorosa.
Mas um *instrumento* feliz...

23

Psicografias e passes

Assim que terminei meus cursos de formação no centro espírita que frequentava com Ana Maria, fui chamado a trabalhar ao lado de outros médiuns psicógrafos. Assistidos e visitantes do centro solicitavam mensagens de entes queridos que haviam desencarnado e nós fazíamos a ponte entre os dois planos da vida: o terreno e o espiritual.

A casa espírita realizava um encontro semanal em que se estudava o Evangelho, e eram entregues aos solicitantes mensagens do plano espiritual por meio da psicografia. Psicografia é o tipo de mediunidade que permite a comunicação entre os planos espiritual e terreno por meio da palavra escrita. Em outras palavras, vários assistentes iam até o centro espírita com a finalidade de receber mensagens de entes queridos que já haviam partido para o mundo espiritual.

Para que eu pudesse fazer parte do grupo de médiuns psicógrafos, concluí o curso de Educação Mediúnica e realizei inúmeros exercícios preparatórios, além de ter participado como assistente em muitas reuniões semanais de estudo e divulgação do Evangelho. Enfim, certa noite fui convidado a prestar serviço junto à equipe de médiuns psicógrafos. Lembro-me bem: era inverno. Mas eu não sentia o frio, pois estava plenamente focado naquilo que iria realizar dali a alguns instantes. Eu deveria psicografar mensagens de parentes queridos das pessoas que as haviam solicitado. Nesses momentos, precisamos estar tranquilos, concentrados e receptivos aos espíritos desencarnados. Isso significa que temos de evitar agitações, inquietações, perturbações ou alvoroço. Precisamos entrar num estado oposto, o estado de serenidade e paz interiores. Também temos de estar concentrados, isto é, intensamente atentos e aplicados àquilo que vamos realizar. Precisamos evitar a dispersão de pensamentos, que consiste em pensar em temas diversos daquilo que estamos nos propondo a executar. Nossos pensamentos não podem vagar de um lado para outro. Não podemos, por exemplo, estar pensando na conta que teremos de pagar no dia seguinte, nas compras que iremos fazer ou no automóvel que está na oficina. É imperioso que foquemos nosso pensamento e nossa intenção no ato a ser realizado dali a poucos minutos, que é a psicografia. Por último, precisamos estar abertos e receptivos aos espíritos que farão uso da nossa faculdade mediúnica para transmitir mensagens a seus familiares, que as aguardam ansiosamente. Assim dispostos, estamos preparados para bem cumprir o nosso dever como médiuns psicógrafos. Foi buscando essa atitude que aguardei serenamente o momento de psicografar.

A primeira mensagem recebida foi de um marido desencarnado, que a enviava à esposa. Esta vivia momentos de grande ansiedade, pois estava temerosa de perder o amor daquele a quem ela devotara a sua vida. Dizia o texto mais ou menos o seguinte:

Querida Matilde,

Pela generosidade de espíritos superiores a mim, venho passar-lhe esta mensagem de paz, serenidade e amor.

Já faz um ano que parti desse plano para o mundo dos espíritos. Creia-me, a separação foi dolorosa. Nos primeiros momentos, estive completamente perturbado, sem saber o que estava acontecendo. Meu maior desejo era voltar para você e para a querida Estelinha. Mas fui amparado por espíritos amorosos que me encaminharam a um hospital da Espiritualidade, de onde sairei em breve.

Aqui onde me encontro, pude refletir muito sobre a minha existência anterior e pude igualmente notar que não aproveitei a minha última estadia na Terra como deveria. Fui um tanto relapso com o principal: o aprimoramento do espírito. Deixei-a e à Estelinha bem financeiramente, mas não me apliquei em educar moral e espiritualmente a nossa pequena como deveria. Creio que você possa fazer isso com muito maior competência, e peço que o faça. Ela merece todo o amparo para ter uma existência proveitosa aos olhos de Deus.

Não se preocupe comigo. Estou sendo muito bem cuidado por espíritos que expressam tanto amor em seus atos, como nunca eu havia notado na Terra, com raríssimas exceções. Eu a amo ainda mais que anteriormente e continuarei a amá-la, enquanto for digno do seu amor desinteressado.

Aceite este amor sincero e as bênçãos para sua vida junto da nossa filhinha amada. Fique com Deus e com o amor que lhe devoto.

Do seu

Amaro.

Mesmo já tendo praticado inúmeras vezes a psicografia nos exercícios que realizei durante os cursos frequentados, fui tomado por grande emoção, que quase não me permitiu psicografar a segunda mensagem que recebi naquela noite. Tratava-se de um filho desencarnado há dois anos devido a overdose de droga misturada com álcool. A mensagem era destinada a seus pais:

Queridos pais,

Tudo bem com vocês? Assim espero. Quanto a mim, passei por maus bocados desde que deixei o mundo terreno, mas hoje começo a entrar na linha. Na linha do bem, eu quero dizer. Sei que fui um grande estorvo para vocês. Melhor que não tivesse nascido. Mas, pensando bem, era necessário que vocês tivessem um filho relapso como eu. Fazia parte do seu aprendizado e do meu também.

Tenho hoje consciência de que não respondi com amor ao amor que vocês me dedicaram. Fui mesmo muito desobediente na infância e, quando entrei na adolescência, logo comecei a fumar, a fumar... até entrar no mundo das drogas. E dali não mais saí. Mesmo quando vim ter ao mundo espiritual, sentia falta terrível das drogas. Foi o amor da minha querida avó Ernestina que me socorreu. E hoje estou muito melhor. Há momentos em que ainda sinto falta do veneno que me matou, entretanto, graças ao amparo que recebo também de outros espíritos abnegados, venho vencendo o mal que me dominou na Terra. Não me resta nenhuma dúvida de que, daqui para a frente, serei bem diverso daquilo que fui em minha última reencarnação.

Agradeço as orações que vocês sempre me fazem e que muito me confortam. Não sei como conseguem me amar, mas me sinto feliz por receber esse amor que me consola. Pela primeira vez, posso dizer honestamente: "Aceitem o amor de seu filho, que lhes pede perdão por todo o mal que lhes causou".

Sejam felizes, pois o mal maior já passou.

Abraços e beijos de seu filho,

Evanildo.

Tanto a esposa de Amaro quanto os pais de Evanildo derramaram grossas lágrimas ao ler as mensagens, mas foram choros de alegria por saberem que seus familiares estavam protegidos e que se recuperavam para dar continuidade à caminhada rumo a seu autoaperfeiçoamento.

Cabe aqui uma explicação: há três modalidades de mediunidade escrevente ou psicografia. Uma delas é a *psicografia mecânica*. Nessa modalidade, o espírito comunicante age sobre o sistema nervoso central do médium, nos nervos motores dos braços e das mãos, atuando diretamente sobre a mão do médium, de modo a movimentá-la livremente. O impulso para escrever independe da vontade do médium. Este desconhece o que sua mão escreve, só tomando conhecimento depois, ao ler a mensagem. O conteúdo da comunicação, o estilo, as palavras e as frases são do espírito comunicante. Às vezes, até a letra assemelha-se à que tinha o espírito em sua última encarnação. Outro tipo de mediunidade escrevente é a *psicografia intuitiva*. Nela, o espírito comunicante não age sobre a mão do médium para movimentá-la. Em vez disso, atua diretamente sobre a alma do médium, identificando-se com ela, numa comunicação mente a mente.

O médium capta as ideias do espírito e voluntariamente as transcreve. Assim, ele tem conhecimento do que escreve, mesmo antes de colocar no papel. O conteúdo da comunicação é do espírito comunicante, porém, as palavras, as frases, o estilo e a letra são do médium intuitivo. A terceira modalidade de mediunidade escrevente é a *psicografia semimecânica*. Nesse caso, o médium participa tanto da mediunidade mecânica como da intuitiva, pois tem a mão movimentada pelo espírito comunicante, mas também recebe a mensagem mente a mente. Mesmo não perdendo o controle da mão, o médium sente o impulso para escrever. Ele tem consciência do que escreve à medida que as palavras vão sendo redigidas. O conhecimento da mensagem, entretanto, é parcial, pois ele ignora as partes que são escritas mecanicamente, sem passar pelo cérebro físico. Dado participar de duas modalidades de mediunidade psicográfica, a maneira de escrever é mais do médium que do espírito, com exceção de algumas frases em que se pode às vezes notar características próprias do comunicante quando de sua última reencarnação.

Fiz esta explicação para dizer que, certa noite, um jovem recebeu mensagem de sua mãe e me procurou para elogiar-me, pois a letra era muito semelhante à dela e até o modo como ela escrevia. Uma senhora que estava ao lado e escutou o que dissera o jovem me abordou, dizendo que a letra da mensagem que recebera não era igual à do filho, nem mesmo as palavras que ali estavam registradas. Por que essa discrepância? Ela não estava duvidando, apenas queria entender a causa da diferença. Expliquei-lhe o que acabei de dizer: há médiuns mecânicos, intuitivos e semimecânicos. A mensagem que ela recebera era de um médium intuitivo, portanto, as palavras e o estilo eram do médium, e não do espírito comunicante. Todavia, a mensagem, esta sim, era do espírito. E há ainda outra explicação: quando é passado certo tempo além do desencarne, o espírito já pode ter mudado, pois recebeu e está recebendo lições de espíritos superiores no plano espiritual. Assuntos que lhe eram caros em sua última existência podem não ter o mesmo significado para ele na espiritualidade. Ele está progredindo moral e espiritualmente, de modo que se opera em seu íntimo uma transformação. Isto me faz lembrar de duas mensagens recebidas por diferentes médiuns. A primeira era de um espírito desencarnado há dois anos, que dizia à esposa:

Querida Paulina, minha bem-amada,

Venho lutando contra a saudade que insiste em consumir o meu coração. Tenho pouco tempo, mas quero reafirmar o que sempre lhe disse: "Você é o presente com que Deus me prendou". E é isso que me dá forças para continuar lutando contra o mal-estar da situação em que me encontro hoje.

Lininha, ore por mim. Meus instrutores me afirmam sempre que preciso continuar a caminhada, não podendo envolver-me num passado que já não existe mais. "O que permanece", me dizem, "é o amor que une você à sua esposa". No que depender de mim, esse amor continuará por toda a eternidade.

Não desanime. Você não está só. Pedi ajuda a espíritos superiores a mim, para que você também retome condignamente a sua jornada, enquanto eu a espero ansiosamente neste mundo de Deus.

Não tenho mais tempo. Preciso voltar a meu local de restabelecimento. Fica, porém, com você o meu amor eterno. Deus a proteja, Lininha!

Durval.

A viúva chorou muito, dizendo depois que era mesmo uma mensagem do seu marido, pois estava redigida como ele costumava escrever. E acrescentou:

– Nos momentos de maior afeto, Durval me chamava de Lininha, exatamente como fez no texto. E também costumava afirmar para mim: "Você é o presente com que Deus me prendou".

Ela saiu do centro lacrimosa, mas também feliz, pois estava convicta de que seu marido era bem cuidado no mundo espiritual e que ainda a amava, como quando estava neste mundo.

A segunda mensagem era de uma filha a seu pai, viúvo. Ela desencarnara em plena adolescência, há uns doze anos. Dizia o recado:

Meu pai querido,

Já faz tempo que eu venho procurando comunicar-me com você. Adorei quando me pediu uma mensagem. Sei que ainda lágrimas lhe afloram aos olhos quando se lembra de mim. Essas lágrimas são frutos do amor que me dedica. Noto, porém, a incerteza que lhe vai na alma quanto à situação em que me encontro neste plano da vida. Meu querido pai, fique tranquilo. Muitas águas passaram. De início, me senti confusa, mas a solicitude de espíritos amigos, principalmente da mamãe, fez com que me reequilibrasse e prosseguisse no caminho que me cabe percorrer.

Hoje, estou muito bem; aprendi bastante aqui e venho trabalhando no meu próprio aperfeiçoamento, para que futuramente possa ter uma vida de paz e progresso. É verdade que sinto saudades de suas palavras carinhosas, entretanto, sei que você me ama como uma parte preciosa de sua vida. Que isto nos baste, a fim de que possamos dar continuidade ao nosso aprendizado e ao trabalho que nos cabe realizar.

Eu o amo, pai querido, e oro sempre por você. Permaneça fiel a seus princípios e tenha uma existência feliz.

De sua filha,
Berenice.

O senhor que recebeu esta mensagem também ficou por algum tempo chorando baixinho. Pude conversar com ele, que me disse achar o estilo da mensagem muito adulto para uma adolescente como sua filha. Mas sentiu um bem-estar tão grande ao ler o conteúdo do recado, que não teve dúvida tratar-se de uma mensagem passada por ela. Expliquei-lhe que, em doze anos, ela devia ter amadurecido e crescido espiritualmente, daí o teor mais adulto da mensagem. Ele concordou e saiu, guardando a carta no bolso do paletó como um luminoso diamante de valor incalculável.

Por essa época, dona Rosa, a presidente e fundadora do centro espírita, chamou-me certa noite para uma conversa em sua sala, enquanto Ana Maria participava de uma reunião da Diretoria de Ensino. Como sempre, ela me recebeu com um grande abraço e um largo sorriso.

– Como tem passado, Max? E Ana Maria?

– Felizmente, muito bem. Estamos trabalhando bastante, tanto no hospital como aqui no centro. Em casa, temos estudado bastante também. E a senhora, como está?

– Melhor impossível, Max. Sei que Deus já está começando a me chamar, mas isso faz parte do nosso progresso, não é mesmo?

Conversamos mais um pouco sobre assuntos pessoais e depois ela olhou de modo sério para mim e me falou:

– Sei que você tem trabalhado bastante, psicografando mensagens que têm consolado muitos dos nossos assistidos. Entendo também que seu trabalho no hospital lhe rouba muito tempo. Por outro lado, tenho tomado conhecimento de sua grande dedicação ao nosso centro. Só tenho agradecimentos à sua pessoa.

– Faço o que posso, dona Rosa.

– E faz muito bem. Entretanto, apesar de estar já bastante comprometido com nossos trabalhos, eu gostaria de lhe pedir ainda um obséquio.

– Por favor, diga.

– Primeiramente, quero lhe perguntar se você está vendo agora alguém, além de mim, nesta sala.

– Eu não estava vendo ninguém. Porém, agora vejo claramente um espírito vestido com um terno preto listrado, camisa branca e uma gravata bordô.

– Muito bem. Você sabe de quem se trata?

– Não, dona Rosa.

Ela fixou-me o olhar com gravidade e explicou:

– Trata-se de Alberto Cordeiro, que, em sua última reencarnação, foi um médium curador bastante conhecido em sua cidade e vizinhança por suas elevadas qualidades morais e sua faculdade mediúnica de cura. Como espírito de bem, ele tem me auxiliado durante muitos anos, praticando no silêncio a caridade ao semelhante. Mas chegou o momento de eu deixar de aplicar o passe e, ao perguntar aos mentores espirituais deste centro a quem deveria transferir as minhas atividades, a resposta foi o seu nome, Max. E o espírito Alberto Cordeiro, que você está vendo, consentiu em auxiliá-lo, como tem feito comigo. Ouça o que ele tem a lhe dizer.

Pego de surpresa, ainda sob o impacto da revelação, prestei muita atenção no espírito, que, diante de mim, sorriu e me disse claramente:

– Max, meu filho, chegou a sua vez de pôr em prática a sua mediunidade de cura. Aceite receber as incumbências de dona Rosa, que se aposenta de tais trabalhos e lhe pede que seja o seu continuador. Você contará sempre com a minha ajuda e, muito além, com as bênçãos de nosso Divino Mestre. Aceite, Max.

Dona Rosa esboçou um sorriso e me perguntou:

– Você conseguiu escutar o que lhe disse Alberto Cordeiro?

– Sim, dona Rosa. Escutei, mas a senhora tem feito um trabalho tão exemplar como passista e dirigente dos trabalhos de passe, que não sei como poderia substituí-la.

Ela apenas me respondeu:

– Se você ouviu mesmo o que disse nosso mentor, você já está preparado para assumir os encargos, a menos que seu trabalho médico o impeça.

– Não, dona Rosa, quanto a isso não há problema. Como a senhora vem trabalhando uma vez por semana no passe, creio que possa substituí-la, mas dirigir os trabalhos...

Desta vez, a presidente do centro espírita deu uma solene gargalhada e me perguntou:

– Você já ouviu falar em orientação, treinamento e estágio?

Entendi o que ela queria dizer. Antes de assumir as novas atividades, eu receberia todo o apoio necessário e estagiaria junto dela. Somente depois ela deixaria o posto. Não tive como negar tão elogioso convite. Apenas vi o mentor sorrir e desaparecer da minha vista espiritual. Naquele mesmo momento, recebi as primeiras orientações, acompanhadas de uma apostila para estudar em casa.

Assim que deixei a sala de dona Rosa, fui encontrar-me com Ana Maria, que me esperava, conversando com alguns voluntários do centro. Na volta para casa, fui contando como ocorrera a reunião daquela noite. Ela ficou feliz, dando-me ânimo e me motivando a aceitar plenamente o convite.

Nessa mesma semana, comecei a estagiar junto de dona Rosa e a receber outras orientações. Eu já conhecia os passistas, mas fui formalmente apresentado como dirigente do passe, sendo logo bem-aceito por todos. O meu estágio durou dois rápidos meses. Em seguida, a presidente do centro me passou integralmente os encargos que até ali eram dela. Porém, outra surpresa, tanto eu como Ana Maria, tivemos naquele semestre. Dona Rosa anunciou, numa reunião com os diretores e os dirigentes das áreas, que estava deixando a presidência do centro. Assumiu o seu lugar o vice-presidente, Hermógenes, um senhor de seus cinquenta anos, que eu conhecia há algum tempo e que demonstrava por seus atos bom senso e moralidade elevada. Respeitada a decisão de dona Rosa, ficamos felizes com a escolha de Hermógenes para dirigir aquela instituição.

Comecei a gostar cada vez mais das minhas novas atividades como passista e dirigente dos trabalhos de passe, assim como me sentia gratificado ao retransmitir mensagens psicografadas aos assistidos do centro. Às vezes, eu via espíritos na sala, doando suas energias para as pessoas que ali se encontravam. De outras, o espírito Alberto Cordeiro me dizia o que fazer. Assim aconteceu por volta de dois anos. Porém, passado esse tempo, certa noite tive um sonho em que ele se aproximou de mim e, colocando a mão sobre o meu ombro, disse-me:

– Max, você já aprendeu muitas coisas sobre as suas tarefas na sala de passes. Já não necessita mais do meu apoio. Estou sendo chamado para novas atividades, mas tenho certeza de que você conseguirá seguir o seu caminho por suas próprias pernas. Em ocasiões especiais, estarei com você, mas muito raramente. Receba a minha bênção em nome de espíritos elevados que me orientam e o protegem.

Em seguida, abraçou-me fortemente e desapareceu. Acordei de imediato e não consegui evitar o choro. Eu sentiria a sua falta quando fosse entrar na sala de passes e soubesse que ele não estaria ali. Chamam-se "sonhos espirituais" ou "sonhos espíritas" aqueles como o que tive. Trata-se, na verdade, de atividade real e efetiva do espírito durante o sono. Quando temos sonhos espíritas, significa que, em desdobramento, tivemos um encontro real com as pessoas ou os espíritos com quem nos achamos. Ficou por muito tempo em mim a memória forte desse acontecimento. Quando me recordava das palavras de Alberto Cordeiro, experimentava a desagradável sensação de temor na altura do centro gástrico. Afinal, como me sentiria sem a presença daquele que tanto me orientara durante dois anos? Daria, sozinho, conta do recado? Mas, para minha surpresa, quando iniciei meu trabalho na semana seguinte, uma serenidade incomum tomou conta de mim, de modo que me desincumbi dos encargos a contento, voltando muito leve para casa. Devo dizer que senti a ajuda de outras entidades. E assim foi enquanto trabalhei como passista e dirigente, até o dia em que também transferi essas incumbências a outra pessoa, até mais competente que eu, apesar da pouca idade.

⌘

Poucas semanas depois do desdobramento consciente que tivera, recebi no hospital, por meio de Ana Maria, a notícia que me deixou muito triste: dona Rosa havia desencarnado. Pensei nas muitas vezes em que tive a honra de receber seus conselhos ou de escutar suas brilhantes palestras, tão bem recebidas por todo o público. Em seguida, pensei como ela fora prudente, ao intuir que logo deixaria o plano terreno. Desincumbira-se de todas as suas atribuições, a fim de que a casa espírita continuasse a servir ao próximo com a mesma eficácia com que o fazia quando ela estava segurando firme o leme daquela embarcação abençoada por Deus. Quando esses pensamentos assomaram à minha mente, a tristeza inicial se desfez. Em seu lugar, uma doce alegria me acompanhou até o enterro do corpo que permitira àquela alma cumprir com os encargos que lhe competiam nesta reencarnação. Não faltaram palavras de sincero elogio a dona Rosa – elogios que sintetizo em quatro virtudes que ela sempre evidenciou por seus atos: humildade, desejo de servir, prudência e amorosidade. Para nosso bem-estar, entretanto, Hermógenes parecia refletir as mesmas virtudes, de modo que os trabalhos do centro espírita puderam seguir com a mesma qualidade e o mesmo empenho em servir ao próximo.

Passava de um ano que dona Rosa partira quando, em sessão aberta, um médium psicofônico da casa que ela fundara e dirigira disse em estado de transe:

Meus queridos amigos, meus queridos irmãos.

É indescritível a alegria que sinto de poder voltar a conversar com vocês. Tenho-os sempre no coração, assim como guardo na memória os momentos felizes em que aqui estive a serviço do Pai.

Peço-lhes ardentemente que continuem a cumprir com humildade e amor as tarefas que um dia generosamente iniciaram. Dediquem-se de coração a elas, pensando sempre no próximo, que colhe os seus frutos e para o qual elas foram criadas. Não deixem que o orgulho, a arrogância ou a vaidade penetrem em suas almas. Não permitam que a discórdia germine no íntimo desta instituição destinada ao amor e à caridade.

Agradeçam a Deus a oportunidade que lhes oferece para que ampliem seus merecimentos, reparem seus erros passados e deem um passo a mais na escalada para o progresso e a felicidade. Sintam-se como irmãos na grande família da humanidade. Irmãos entre si e irmãos em relação a tantas pessoas que aqui recebem o lenitivo, o conforto e a consolação.

Que reine no coração de cada um de vocês a paz, a harmonia e o amor. Recebam com todo o carinho o abraço fraterno e o beijo amigo desta que os guarda no fundo da alma.

Deus os abençoe sempre. De sua humilde irmã,

Rosa.

Após a mensagem, reinou um silêncio profundo, revelando a reflexão que começava a se instalar na mente e no coração de cada um dos trabalhadores da casa. Aqueles que tinham tido a oportunidade de estar mais próximos daquela senhora dedicada ao semelhante mostravam lágrimas de ternura e saudade, que começavam a cair discretamente.

Depois dessa mensagem, outras foram feitas, elevando o moral dos voluntários e criando um clima de fraternidade entre todos eles, e de amor aos serviços que prestavam em favor dos assistidos da casa.

Essa foi para mim e Ana Maria uma época de aprendizado e de oportunidade de servir ao próximo com desprendimento, em quaisquer das nossas atividades.

24

Filhos de Deus

Já estávamos casados há algum tempo quando, certa vez, Ana Maria achegou-se a mim e me confidenciou que não poderíamos ter filhos, pois ela era estéril. A ginecologista fora taxativa. Mesmo sabendo que, para Deus, o diagnóstico de um médico nunca é terminante, aceitei resignado a declaração da médica. À noite, combinamos que sentiríamos cada criança do mundo, e particularmente cada uma que de nós se aproximasse, como um de nossos filhos. E assim fizemos.

Quando Giovana nasceu, foi como se tivesse nascido a nossa filha. Um ano depois, foi a vez de Luís Augusto vir ao mundo. Para nós, era o nosso segundo filho que nascia. Até hoje o relacionamento com eles é de pais para filhos. Nós os amamos como amaríamos aqueles que tivessem nascido do ventre de Ana Maria. Ainda nos chamam de *tio* e *tia*, dada a aproximação que existe entre nós.

Pela época em que tivemos a notícia da ginecologista, recebemos a visita da dra. Júlia. Ela veio buscar animar-nos, procurando impedir que caíssemos em depressão. Quando notou que estávamos resignados, sorriu ao dizer:

– Estou feliz por saber que vocês se submeteram docilmente à vontade divina.

– Júlia – disse Ana Maria –, há certamente um motivo para Deus não me conceder a maternidade. Afinal, não sei como foram minhas reencarnações anteriores. Desconheço também as reencarnações passadas de Max. A justiça divina é inevitável, assim como seu amor é complacente. Seja por nossa própria decisão na erraticidade, seja por imposição superior, estamos tendo a oportunidade de galgar mais um degrau na escada que nos leva à perfeição. Isso não é um castigo, mas um aprendizado. O amor que temos hoje pelas crianças nos fortalece e nos torna mais amoráveis em relação a todas as criaturas de Deus.

– Fico feliz por escutar essas palavras. Há quem, por esse mesmo motivo, endureça o coração e renegue a Deus.

– São pessoas que, infelizmente, não possuem ainda o conhecimento que eu e Max temos. Colocamo-nos no lugar de cada uma delas e achamos que poderíamos fazer o mesmo se não tivéssemos estudado a doutrina que norteia a nossa vida: o Espiritismo.

– Muitas pessoas há – disse eu – que, numa situação como essa, levantam os olhos para o céu e perguntam: "Que mal eu fiz para receber esse castigo, meu Deus?". Como bem disse Ana Maria, elas desconhecem as verdades reveladas pela doutrina espírita e acreditam realmente que seja um castigo divino. Há nessa crença dois erros: primeiro, não sabemos de nossas reencarnações anteriores. Não conhecemos em detalhes o que fizemos ou o que deixamos de fazer. E, em segundo lugar, não se trata de castigo, mas de oportunidade. "Que oportunidade?", me perguntou certa vez uma senhora.

O MISTÉRIO DA VIDA

"A oportunidade que Deus nos concede de ampliarmos nosso amor para além dos filhos, abrangendo a humanidade. E a oportunidade de trabalho em favor do próximo. O tempo que a senhora dedicaria a seus filhos pode agora dedicar a inúmeras crianças que carecem de cuidado, amor e dedicação". Ela baixou a cabeça, agradeceu, mas notei em seu olhar, durante todo o diálogo, que uma grande dúvida ainda abrigava em seu íntimo. Todavia, algum tempo depois, ao encontrar-me com ela no hospital, vi luzes em seus olhos quando me disse: "Obrigada, doutor. Por sua orientação, tenho agora cem filhos numa creche e amo a todos como se tivessem nascido de mim". Nesse dia, senti meus passos mais leves...

– Fiquei até arrepiada – disse a dra. Júlia. – Fico mesmo feliz por saber como vocês encararam a notícia da ginecologista.

Conversamos ainda por muito tempo e, quando nossa amiga se despedia, arrematou:

– Ana e Max, Deus se manifesta tanto nos próprios filhos como nos filhos dos nossos irmãos. Se não podemos ter os nossos, os outros estão por aí, esperando pelo nosso amor.

Nessa mesma noite, realizamos o Evangelho no Lar e, quando Ana Maria abriu aleatoriamente *O Evangelho segundo o Espiritismo*, deu de olho nesta afirmação: "Disse o Cristo: *Deixai vir a mim os pequeninos*". Naquele momento – falou depois –, ela sentiu uma paz muito grande no coração. As pequenas inquietudes que ainda insistiam em permanecer em sua alma dissiparam-se por completo. E ela continuou a leitura daquele texto ditado pelo espírito João Evangelista:

Essas palavras, tão profundas na sua simplicidade, não fazem apenas um apelo às crianças, mas também às almas que gravitam nos círculos inferiores, onde a desgraça desconhece a esperança. Jesus chamava a si a infância intelectual da criatura formada: os fracos, os escravos, os viciosos. Ele nada podia ensinar à infância física, presa na matéria, sujeita ao jugo dos instintos, e ainda não integrada na ordem superior da razão e da vontade, que se exercem em torno dela e em seu benefício.

Jesus queria que os homens se entregassem a ele com a confiança desses pequenos seres de passos vacilantes, cujo apelo lhe conquistaria o coração das mulheres, que são todas mães. Assim, ele submetia as almas à sua terna e misteriosa autoridade.[1]

Neste ponto da leitura, Ana Maria silenciou. Disse-me depois que lhe parecia naquele momento que o espírito comunicante estava à sua frente e lhe dizia diretamente aquelas palavras, que ela assimilava em sua plenitude. Depois de refletir por alguns segundos, continuou a leitura:

Ele foi a flama que espancou as trevas, o clarim matinal que tocou a alvorada. Foi o iniciador do Espiritismo, que deve, por sua vez, chamar a si, não as crianças, mas os homens de boa-vontade. A ação viril está iniciada; não se trata mais de crer instintivamente e obedecer de maneira mecânica; é necessário que o homem siga a lei inteligente, que lhe revela a sua universalidade.

Meus bem-amados, eis chegados os tempos em que os erros explicados se transformarão em verdades. Nós vos ensinaremos o verdadeiro sentido das parábolas. Nós vos mostraremos a correlação poderosa, que liga o que foi ao que é. Eu vos digo, em verdade: a manifestação espírita se eleva no horizonte, e eis aqui o seu enviado, que vai resplandecer como o sol sobre o cume dos montes.

---

1 KARDEC, Allan. *O Evangelho segundo o Espiritismo*. Capítulo VIII – n. 18. Catanduva, SP: Edicel, 2016.

Ao encerrar a leitura, disse-me Ana Maria:

– Max, meu amor, aqui está a resposta definitiva para as nossas possíveis inquietações. Não teremos filhos, nem mesmo adotivos, por um único motivo: nossos filhos serão daqui para frente os fracos, os doentes da alma e do corpo e os escravizados aos vícios, como sugere o espírito João Evangelista. Serão todos os que venham ter conosco "com a confiança desses pequenos seres de passos vacilantes", isto é, aqueles que confiarem na palavra do Cristo, como as crianças confiam na ternura das mães. O que você acha?

O ardor e o entusiasmo com que ela dissera aquelas palavras me contagiaram, de modo que respondi:

– Aninha, você deixou claro qual deverá ser de hoje em diante a nossa conduta diante dos assistidos do centro espírita. E mais: deixou-me também definida para sempre qual será a nossa postura diante dos pacientes que, de certo modo, são nossos assistidos.

Eu já incorporara há muito tempo a empatia, que me fazia situar-me emocionalmente em lugar do paciente que estivesse diante de mim. Quando em dúvida sobre qual deveria ser minha conduta, também já me habituara a perguntar: "Como agiria Jesus nesta situação?". Agora, após a leitura desse trecho ditado pelo espírito João Evangelista, eu atenderia os meus pacientes como se fossem meus filhos: com o mesmo *interesse*, isto é, com o mesmo empenho e solicitude; com o mesmo *cuidado*, ou seja, com o mesmo desvelo, o mesmo zelo; e com a mesma *dedicação*, qual seja, o devotamento. Eu passaria a conduzir-me da mesma forma também com os assistidos do centro espírita, onde trabalhava como voluntário. Ana Maria gostou da minha decisão e prometeu que faria o mesmo.

Se a notícia da impossibilidade de termos um filho entristeceu-nos de início, depois verificamos como foi importante para a nossa vida, pois nos acordou para o serviço ao próximo. Foi um sinal de que deveríamos doar-nos com mais empenho ao outro.

Para conversar mais a respeito do que nos vinha acontecendo, certa noite fizemos uma visita a Leonor e Albert. Como sempre, fomos recebidos com fortes abraços e palavras carinhosas. Giovana e Luís Augusto estavam alegres e buliçosos. Notei o olhar de Ana Maria quando os recebeu nos braços. Pareceu-me que um ar de tristeza tomou conta da sua voz, mas em décimos de segundo ela abriu um largo sorriso, que manteve durante toda a visita. Recebemos o consolo desses grandes amigos e lhes dissemos das nossas decisões. Eles ficaram felizes por nos ver alegres, apesar da notícia que havíamos recebido da ginecologista.

– Vocês são pessoas de fibra – disse Albert.

– E exemplo para tantos casais que não podem ter filhos – acrescentou Leonor, continuando: – O trabalho de Ana Maria no centro espírita é admirável. Posso dizer isso sem nenhum escrúpulo, pois a acompanho há vários anos. Agora, com nova proposta de vida, certamente vai ficar ainda melhor.

– Max é muito elogiado por colegas e pacientes no hospital. E vai tornar esse trabalho mais aprimorado ainda? Com certeza um dia será o chefe da ala de psiquiatria – disse Albert, dando um tapinha em meu braço.

– Não exagere, meu caro amigo. Só é certa uma coisa: venho fazendo tudo o que posso pelos meus pacientes. Aliás, isto não passa de minha obrigação.

Conversávamos animadamente, quando a dra. Júlia tocou a campainha do apartamento e veio juntar-se a nós.

– Que bom tê-la aqui – falou Leonor, que gostava muito da nossa amiga.

– Espero não estar atrapalhando alguma reunião importante.

Albert riu e disse com bom humor:

– A reunião é importante, sim, mas com a sua presença fica mais importante ainda.

Conversamos um pouco, e Júlia anunciou o porquê de sua visita:

– Vim convidar Albert e Leonor para me fazerem companhia numa palestra, estendendo, é claro, o convite a vocês, Max e Ana Maria. Nosso amigo Marcelino fará uma palestra num centro espírita de Pinheiros no próximo dia vinte e nove.

– Você sabe qual será o tema, Júlia? – perguntou Leonor.

– Um tema que nos agrada muito: "O Consolador prometido".

Combinamos que nos encontraríamos no local da palestra, e no dia aprazado ali estávamos numa ampla sala que foi tomada por muitas pessoas. Antes do evento, Marcelino veio cumprimentar-nos, dizendo da sua alegria por nos ver ali.

– Vocês já conhecem tudo o que vou dizer, mas a maior parte das pessoas que aqui se encontram ainda conhece pouco, muito pouco da nossa doutrina. Portanto, para elas, é importante o tema escolhido. E mais: há aqui pessoas que sofrem com suas doenças, seus problemas e outras perturbações, de modo que a palavra "consolação" lhes soa como um chamamento de esperança.

Marcelino estava certo. As pessoas sofredoras buscam, às vezes desesperadamente, pelo consolo, de modo que o tema da palestra havia chamado a atenção de muitos dos presentes.

Às vinte horas em ponto, o orador tomava seu lugar diante do microfone. Depois de cumprimentar os presentes e de agradecer o convite da diretoria do centro espírita, iniciou sua palestra:

– Já se avizinhara o término da sua missão, quando Jesus Cristo achegou-se a seus discípulos e disse: "Se me amais, guardai os meus mandamentos. E eu rogarei ao Pai, e Ele vos dará outro consolador, para que fique eternamente convosco, o Espírito da Verdade, a quem o mundo não pode receber, porque não o vê, nem o conhece. Mas vós o conhecereis, porque ele ficará convosco e estará em vós". "Palavras enigmáticas", dirão alguns. Talvez nem tanto, se, após leitura atenta, considerarmos que Jesus apenas diz aos apóstolos que, por meio dos seus ensinamentos, é um Consolador. Todavia, após o cumprimento de sua missão terrena, outro Consolador teriam os homens; um Consolador que seria conhecido e permaneceria entre aqueles que amassem e observassem os mandamentos.

"Diz ainda Jesus, após afirmar que o Consolador estaria entre nós: 'Mas o Consolador, que é o Espírito Santo – a quem o Pai enviará em meu nome, vos ensinará todas as coisas, e vos fará lembrar de tudo o que vos tenho dito'. Portanto, meus amigos, são funções básicas desse espírito lembrar o homem de tudo o que Jesus havia dito por meio do seu Evangelho e ensinar o que ele não tinha podido fazer, dadas as condições evolutivas inferiores dos seres humanos na época em que conviveu entre eles. Kardec o esclarece em O Evangelho segundo o Espiritismo, dizendo que 'Jesus promete outro consolador: é o Espírito da Verdade, que o mundo ainda não conhece, pois que não está suficientemente maduro para compreendê-lo, e que o Pai enviará para ensinar todas as coisas e para fazer lembrar o que o Cristo disse. Se, pois, o Espírito da Verdade deve vir mais tarde, ensinar todas as coisas, é que o Cristo não pode dizer tudo. Se ele vem fazer lembrar o que o Cristo disse, é que o seu ensino foi esquecido ou mal compreendido'[2].

"Segundo meus moderados conhecimentos, o Consolador anunciado por Jesus teria de esclarecer o homem a respeito de sua origem, do porquê de seu estágio na Terra e de sua destinação, consolando, assim, aqueles que se angustiam por desconhecer o básico sobre o seu passado, sobre a sua existência na Terra e sobre o seu futuro."

---

2 KARDEC, Allan. *O Evangelho segundo o Espiritismo*. Capítulo VI – n. 3. Catanduva, SP: Edicel, 2016

"Kardec deixa claro que a doutrina espírita vem dar essas respostas ao homem que busca o conhecimento da Verdade. Diz ele com a limpidez da sua comunicação: 'O Espiritismo vem, no tempo assinalado, cumprir a promessa do Cristo. O Espírito da Verdade preside ao seu estabelecimento. Ele chama os Homens à observância da lei; ensina todas as coisas, fazendo compreender o que Cristo só disse em parábolas'. Estas as palavras do Codificador do Espiritismo. Se as compreendermos, saberemos por que essa doutrina de luz vem cumprir as promessas do Cristo. Esclarecendo: o Espiritismo tem origem nos ensinamentos de espíritos sábios e bondosos que lhe permitem cumprir as condições de Consolador da humanidade. Vejamos: o Espiritismo nos lembra o que Jesus nos ensinou outrora; ele nos dá esclarecimentos a respeito do que o Evangelho não pôde explicar completamente; e consola e conforta os que sofrem, ao lhes indicar a causa e a finalidade dos sofrimentos humanos. Como afirmou Kardec, o Espiritismo realiza o que Jesus disse do Consolador prometido: conhecimento das coisas, fazendo que o homem saiba de onde vem, para onde vai e por que está na Terra; um chamamento aos verdadeiros princípios da lei de Deus e consolação pela fé e esperança."

Quando, por meio do Codificador, Marcelino esclareceu que o Espiritismo nos permite saber por que estamos na Terra, ou seja, qual é o sentido da vida, não pude deixar de refletir sobre a minha caminhada nesta existência. Anos atrás, eu estava completamente perdido, nau sem rumo no vasto oceano da vida. Graças a amigos inestimáveis, consegui encontrar a estrela-guia, podendo decifrar os sentidos que a vida me oferecia, a fim de obter a "vida em abundância" que Jesus oferece a cada um de seus filhos. Naquele mesmo momento, rendi graças a Deus e ao Bom Pastor que encontrou a ovelha tresmalhada e a repôs no redil.

Ao me dar conta, o palestrante já estava à frente em suas explicações:

– Afirma o Espírito da Verdade em O Evangelho segundo o Espiritismo: "Venho, como outrora, entre os filhos desgarrados de Israel, trazer a verdade e dissipar as trevas. Escutai-me. O Espiritismo, como outrora a minha palavra, deve lembrar os incrédulos que acima deles reina a verdade imutável: o Deus bom, o Deus grande, que faz germinar as plantas e que levanta as ondas. Eu revelei a doutrina divina; e como um segador, liguei em feixes o bem esparso pela humanidade, e disse: "Vinde a mim, todos vós que sofreis"[3].

Eu estivera entre os que sofriam, vítimas da própria ignorância e de um irrefutável orgulho. Foi escutando atentamente a voz do Mestre Excelso que levantei os olhos e segurei a mão que me era oferecida com abnegação. Hoje não me canso de agradecer também a todos os que o Cristo me enviou em seu nome para me resgatar e me fortalecer no divino amor.

Fiquei por longos minutos em uma espécie de êxtase a que a palestra de Marcelino me induzira. Ao retornar desse arrebatamento abençoado, ainda pude escutar as suas últimas palavras, quando citava mais uma vez o Espírito da Verdade:

– "Eu sou o grande médico das almas, e venho trazer-vos o remédio que vos deve curar. Os débeis, os sofredores e os enfermos são os meus filhos prediletos, e venho salvá-los. Vinde, pois, a mim, todos vós que sofreis e que estais carregados, e sereis aliviados e consolados. Não procureis alhures a força e a consolação, porque o mundo é impotente para dá-las. Deus dirige aos vossos corações um apelo supremo, através do Espiritismo: escutai-o. Que a impiedade, a mentira, o erro, a incredulidade, sejam extirpados de vossas

---

3 KARDEC, Allan. *O evangelho segundo o Espiritismo*. Capítulo VI – n. 5. Catanduva, SP: Edicel, 2016.

almas doloridas. São esses os monstros que sugam o mais puro do vosso sangue, e vos produzem chagas quase sempre mortais. Que no futuro, humildes e submissos ao Criador, pratiqueis sua divina lei. Amai e orai. Sede dóceis aos Espíritos do Senhor. Invocai-O do fundo do coração. Então, Ele vos enviará o seu Filho bem-amado, para vos instruir e vos dizer estas boas palavras: Eis-me aqui; venho a vós, porque me chamastes!"[4]. Meus caros amigos, por meio da revelação espírita, Jesus ainda hoje se coloca diante de cada um de nós que invoque o seu auxílio, dizendo-nos com o mesmo poder e o mesmo amor as palavras que nos consolam: "Eis-me aqui; venho até vós, porque me chamastes".

Em meio aos aplausos recebidos pelas palavras inspiradas que dissera, pude notar a forte emoção que reinava no fundo da alma de Marcelino.

Na saída do centro espírita, combinamos que iríamos conversar um pouco em um café das proximidades. Convidamos Marcelino, que aceitou sem reservas o convite. Já sentados à volta de uma mesa, não pude deixar de confessar:

— Marcelino, você me emocionou hoje. As mensagens do Espírito da Verdade, recordadas em sua palestra, couberam certinho no meu coração. Vivi algum tempo atrás como ovelha fora do redil, sem passado, sem presente e sem destino futuro. Cheguei a pensar no suicídio, decisão insana que quase tomei.

Nesse momento, muito emocionado, olhei para Albert, que escutava atentamente as minhas palavras, e afirmei com olhos umedecidos:

— Foi este anjo de Deus que me estendeu a mão em nome de Jesus. E foram Leonor e Ana Maria que me puseram no caminho da Verdade.

— Muito comovente essa história — falou Marcelino, acrescentando: — Agora entendo os fortes laços de amizade

---

4 KARDEC, Allan. O evangelho segundo o Espiritismo. Capítulo VI – n. 7. Catanduva, SP: Edicel, 2016.

entre vocês e a união consolidada entre você e Ana Maria. Gostei de ouvir isso. É um exemplo da união cristã que deve reinar entre toda a humanidade.

Lembrei ainda o sentido que a vida adquiriu para mim depois que comecei a entender o Evangelho de Jesus, lido segundo a visão espírita, que busca resgatar o cristianismo em suas origens. Marcelino ponderou:

– Você tem razão, Max. O Espiritismo faz com que o homem saiba de onde vem, para onde vai e por que está na Terra. E, quando estamos entristecidos diante das circunstâncias menos felizes da vida, ainda nos consola, ao nos recordar que, não importa o nível evolutivo em que nos encontremos, todos estamos caminhando na estrada do progresso, destinados que somos à perfeição. E, quando alcançarmos a perfeição de filhos de Deus, a felicidade eterna nos será dada por acréscimo. E isto não é consolação?

Conversamos ainda por longo tempo e, mais tarde, quando chegamos ao nosso condomínio, deixamos a dra. Júlia em seu apartamento. Agradecemos pelo convite maravilhoso que nos tinha feito. Já apertávamos o botão de acesso ao elevador, e ela ainda teve tempo de nos dizer profeticamente:

– Queridos, eu os continuarei amando, não importa onde estiver.

Achamos estranha aquela declaração, mas nos acostumáramos com algumas frases incomuns que ela nos dizia de vez em quando, de modo que, já no quarto, continuamos a comentar a excelente e proveitosa palestra de Marcelino.

Pela manhã, no hospital, estive muito atarefado, a ponto de não notar a ausência da dra. Júlia. Lá pelas dez horas, Ana Maria trouxe-me a notícia que me entristeceu num primeiro momento:

– Max, Júlia desencarnou.

Era uma grande amiga que partia para a pátria espiritual. Quantos momentos de lições e de alegria tivéramos na sua presença. Conviver algumas horas com ela, em um elevado diálogo, era oportunidade certa de aprendizagem espiritual. Fiquei rememorando todos os nossos encontros e lamentei por não poder mais usufruí-los dali para frente. Depois, pensando melhor, notei que estava sendo egoísta. Afinal, ela era um espírito que cumprira muito bem o seu estágio na Terra. Agora, tinha todo o direito de dar prosseguimento à sua aprendizagem e aos trabalhos que certamente receberia, com o coração repleto de amor, em alguma colônia espiritual.

Lembrei-me, nesse momento, da reação do espírito André Luiz no mundo espiritual, quando foi convidado por Narcisa, enfermeira e amiga, a trabalhar no Centro de Mensageiros da colônia espiritual Nosso Lar. Ele já vinha trabalhando nas Câmaras de Retificação, deixando de ser um simples assistido. Diz ele que a vida espiritual, indizível e bela, abrira-lhe os pórticos resplandecentes. Ele vivera durante algum tempo como hóspede enfermo de um palácio brilhante, tão extremamente preocupado consigo mesmo, que se tornara incapaz de sentir os encantos e as maravilhas que ocorriam à sua volta. Todavia, diante dos acontecimentos que antecederam essa nova fase, ele passou por uma renovação mental, deixando de indagar a respeito da procedência dos espíritos infelizes que chegavam em Nosso Lar e de suas aventuras nas zonas mais baixas. Em vez disso, buscou irmãos necessitados, desejando saber em que lhes poderia ser útil. Sabedora dessa transformação, Narcisa, enfermeira e amiga de André, convidou-o a trabalhar no Centro de Mensageiros, instituição que prepara espíritos para que se tornem cartas vivas de socorro e auxílio aos que sofrem no Umbral, na Crosta e nas Trevas. André ficou encantado com a instituição que lhe daria a chance de ser um mensageiro espiritual, sendo dominado por novas esperanças. A dra. Júlia certamente também deveria sentir-se extasiada quando, um dia, fosse convidada a continuar o seu largo aprendizado e aplicar-se em novas tarefas em favor de seus irmãos, com a mesma dedicação com que tratara os seus pacientes na última reencarnação.

Esses pensamentos me trouxeram a paz na alma. A tristeza que me dominara inicialmente dissolveu-se de modo instantâneo. Em seu lugar, uma onda de alegria invadiu o meu coração.

Semanas depois, no espaço de alguns segundos que não consigo precisar, vi nitidamente a dra. Júlia postar-se à minha frente e, com um sorriso amigável, dizer:

– Max, Ana Maria, eu estou muito bem e os continuo a amar aqui, para onde me conduziram as mãos divinas de amigos espirituais. Eu os abençoo. Fiquem em paz.

A seguir, ainda mantendo aquele sorriso acolhedor, a imagem desvaneceu-se diante dos meus olhos. Fiquei saudoso da sua presença física, mas feliz por saber que ela estava muito bem. Narrei a Ana Maria a visão que tivera, deixando-a também muito tranquila.

Se não podíamos mais receber as visitas da dra. Júlia, em compensação aumentaram os encontros com Marcelino. Nossa amizade solidificou-se. Fazíamos frequentes visitas à sua casa, assim como o recebíamos em nosso apartamento. Às vezes conseguíamos reunir-nos ao mesmo tempo com ele, Albert e Leonor, tornando nossos diálogos repletos de alegria e espiritualidade. Em um desses encontros, ele comentou sobre o fato de Ana Maria e eu não podermos ter filhos:

– Meus amigos, ninguém é mãe de ninguém; ninguém é pai de ninguém. Na verdade, só há um Pai, que também é nossa Mãe: Deus, o nosso Criador. Os filhos são de Deus, e não de seus *pais*. Vocês querem algo melhor do que poder dizer em alta voz: "Eu sou filho de Deus e herdeiro do Seu Reino"?

Não precisava ser dito mais nada. Marcelino resumira em poucas palavras a felicidade que assoma em nossa alma quando nos conscientizamos de que somos filhos bem-amados do Criador.

25

Anos depois

Muitos romanos, para justificar seus desequilíbrios morais, costumavam repetir a frase: *Vita brevis*, a vida é breve. Portanto, *Edamus et bibamus, cras enim moriemur*, isto é: "Comamos e bebamos, pois amanhã estaremos mortos". Essa era a filosofia do cotidiano para as classes abastadas de Roma, cuja finalidade da vida era identificada com o prazer. Hedonismo foi o movimento filosófico, originado na Grécia, que disseminou na Antiguidade romana a busca pelo prazer como bem supremo. Para Aristipo de Cirene, fundador da escola hedonista, o homem deve sempre procurar o máximo de prazer, independentemente de sua forma e origem. Para ele, o prazer do corpo é o sentido da vida. Daí sua busca desenfreada e ininterrupta. Como materialistas, os hedonistas também creem na brevidade da vida. Na verdade, a vida é eterna. Breve é a nossa passagem pelo planeta em cada reencarnação. Mas os hedonistas não conseguiam captar essa verdade, assim também como não o conseguem os materialistas de nossos tempos. Seja, porém, como for, o tempo não para, como se costuma dizer. Em uma de suas composições, ao lado de Arnaldo Brandão, Cazuza repete: "Saiba que ainda estão rolando os dados, porque o tempo, o tempo não para". Fiori Gigliotti, um dos maiores locutores esportivos do Brasil, tinha um bordão, que repetia em suas narrações, e era exatamente "o tempo passa...". Isso me lembra Dante Alighieri, ao afirmar: "Vai-se o tempo sem que o Homem o perceba"[1]. Pois é, o tempo foi seguindo em minha vida e as coisas foram mudando, de modo que tive de ir me adaptando a cada nova situação. Foi assim que, dez anos após o desencarne da dra. Júlia, foi a vez de Marcelino, que havia se tornado um dos meus maiores amigos, ao lado de Albert e Leonor. Aconteceu logo depois de um dos notáveis encontros em sua residência. Esses últimos diálogos foram muito inspiradores. Lembro-me de que falávamos sobre a a imortalidade do espírito que somos. Eu disse algo como:

– Para os grandes filósofos da Antiguidade grega, Sócrates e Platão, a crença na imortalidade do espírito é o laço de toda a sociedade. "Despedaçai esse laço", diz Platão, "e a sociedade se dissolverá". Tal era a sua convicção sobre esse assunto.

Marcelino escutou atentamente e deu continuidade:

– Já os Vedas, na Índia, afirmam a imortalidade do espírito, dizendo que há no homem uma parte imortal. Pitágoras também afirmava a imortalidade da alma. Essa é uma crença muito antiga.

– Encontramos também a tese da imortalidade da alma no orfismo, religião de mistério do antigo mundo grego – disse Ana Maria –, assim como, mais tarde, em Plotino, por

---

1 ALIGHIERI, Dante. A divina comédia. Segunda Parte: Purgatório, Canto IV. Porto Alegre: L&PM Pocket, 2004, p. 128.

exemplo. Os gauleses igualmente professavam a imortalidade. Há muitos pensadores, tanto na Antiguidade quanto na Idade Média, que defendiam essa doutrina.

Marcelino, concordando com o que dissera Ana Maria, continuou:

— Tudo o que estamos dizendo é verdade. Sem dúvida, o homem é, acima de tudo, um espírito imortal. Mas e a morte, o que é?

Respondi rapidamente:

— A morte é apenas a falência dos órgãos de nosso corpo físico, daí a chamarmos às vezes de *morte física*, assinalando assim que aquilo que morre é o corpo físico e não a alma, que permanece viva.

— Muito bem, a morte é a destruição do corpo físico. Quando ela ocorre, nos desvencilhamos daquele corpo. Ela não passa, portanto, de uma transição. Não é o fim, como pensam os materialistas. É um ponto que nos leva a algum outro destino — completou Marcelino.

— É exatamente isso — disse Ana Maria. — O que muitas pessoas perguntam é como se processa realmente essa passagem. Que impressões, que emoções ocorrem nessa hora? Costumamos dizer em nossas aulas que as sensações e emoções que precedem e se seguem à morte variam de pessoa para pessoa, principalmente devido ao caráter, aos méritos e à elevação moral do espírito que deixa a Terra, como afirma Léon Denis.

Marcelino, fazendo um sinal de concordância, falou:

— Vamos conversar mais um pouco sobre este assunto tão delicado. Em primeiro lugar, façamos uma distinção entre morte e desencarne. A morte, já sabemos que é a exaustão dos órgãos, a destruição do corpo físico. E o desencarne?

Aventurei-me a responder:

— O desencarne é o desprendimento da alma em relação ao corpo físico. Trata-se dos momentos em que ela se desata desse corpo, separando-se plenamente dele. Na verdade, todas as noites nos desligamos do corpo. É o que chamamos de desdobramento ou emancipação. Entretanto, quando isso ocorre, permanecemos ainda ligados ao corpo por um cordão fluídico, que é parte do perispírito e ao qual denominamos muitas vezes *cordão de prata*. Trata-se de um apêndice energético que transmite energia vital para o corpo físico durante o desdobramento. Por meio dele, a alma permanece ligada ao corpo físico. Já na morte, esse cordão é rompido, separado do corpo, ocorrendo o verdadeiro desligamento, o desligamento completo. É quando o ser humano desencarna. Estou certo?

– Perfeitamente – disse Marcelino, acrescentando: – É por isso que podemos afirmar que o corpo *morre*; a alma, entretanto, *desencarna*, pois é imortal.

O assunto passou a ser mesmo o desencarne. Marcelino, que era profundo admirador de Léon Denis, acrescentou que esse autor afirma ser a separação da alma em relação ao corpo quase sempre demorada. O desligamento da alma chega a começar, em alguns casos, muito tempo antes da morte, apenas finalizando, quando se rompem os laços fluídicos que ligam o períspirito ao corpo.

– É isso mesmo – concordou Ana Maria. – Kardec, ao falar do gradual desprendimento da alma, diz que os laços não se quebram, mas se desatam. Entretanto, para alguns, o desprendimento é bem rápido, tornando-se o momento da morte um momento de libertação. Naqueles cuja vida pendeu para o lado material e sensual, o desprendimento é mais lento, durando algumas vezes dias, semanas e até meses. Quanto mais o espírito se tenha identificado com a matéria, tanto mais penoso é separar-se dela. Por outro lado, a atividade intelectual e moral e a elevação dos pensamentos propiciam um desprendimento mais breve, chegando até a ser quase instantâneo.

– Léon Denis afirma o mesmo – disse Marcelino. – Segundo Denis, a morte pode ser dolorosa para uns e agradável para outros. O desprendimento é fácil para quem já está desligado das coisas mundanas, almejando os bens espirituais e cumprindo os seus deveres. Todavia, para quem esteve sempre ligado às coisas do mundo, aos gozos materiais, não se preparando para essa transição, o desligamento se torna uma luta, uma demorada agonia.

Quis contribuir com minhas modestas ponderações e mencionei outro aspecto do desencarne:

– Assim que ocorre a desencarnação, a alma passa por um período de perturbação espiritual, não é mesmo?

– É verdade – disse Ana Maria. – Após ter deixado completamente o corpo, a alma passa por um momento de confusão. É necessário algum tempo para que ela se reconheça. A situação é semelhante à de alguém que despertou de profundo sono e procura compreender o que está se passando. O tempo em que o espírito permanece nesse estado depende da elevação de cada um. Como dizem os espíritos da Codificação, quem já está purificado se reconhece quase imediatamente, porque conseguiu libertar-se da matéria durante a vida corporal. Já o homem carnal, isto é, aquele cuja consciência não é pura, guarda por muito mais tempo a impressão da matéria. O estado de perturbação é menos longo para aqueles que já na vida terrena se identificaram com o seu futuro. Isso porque compreendem logo a posição em que se encontram.

Eu estava gostando daquela conversa, pois havia pontos que ainda não conhecia muito bem. Por isso, pedi a Marcelino que nos falasse um pouco mais sobre os mecanismos da desencarnação. Com muita tranquilidade, ele explicou:

– Em primeiro lugar, no desencarne estamos mudando de plano. É como alguém que se deslocasse de uma cidade para

outra. A alma, porém, com seu perispírito, precisa desprender-se totalmente do corpo físico, a fim de poder se trans-
portar para o mundo espiritual. E isso é feito de modo gradual.
Para uns, o processo é mais rápido; bem mais lento para outros, como já tivemos oportunidade de falar. Creio que você
esteja querendo saber mais sobre as etapas em que se dá o
desencarne.

– É exatamente isso – respondi, interessado.

– Pois bem, nesse processo, o perispírito se despren-
de molécula a molécula. Disseram os espíritos superiores a
Kardec que a alma não deixa o corpo como um pássaro cativo ao qual se restitua subitamente a liberdade. Ela se solta
pouco a pouco dos laços que a prendiam. A extinção da vida
orgânica provoca a separação da alma em virtude do rompi-
mento do laço fluídico que a une ao corpo. O fluido perispi-
ritual desprende-se paulatinamente de todos os órgãos, de
modo que a separação apenas termina quando não haja mais
nenhum átomo do perispírito ligado a qualquer átomo do corpo.
Mas como isso realmente acontece? Lembremos a princípio
– disse Marcelino – que cada desencarnação tem as suas características próprias, dependendo do nível evolutivo do desencarnante. Mas podemos dizer, de modo genérico, que ela
se processa pelos membros inferiores, passando pelos centros vitais, desde o centro da raiz até a cabeça, onde se acha
o centro coronário. De outro modo, podemos também afirmar
que todo desencarnante passa incialmente pela morte, isto é,
a falência dos órgãos corporais e a desagregação da matéria,
quando se inicia a desencarnação propriamente dita. O desprendimento da alma com seu perispírito pode ser lento, se o
indivíduo ainda estiver preso à dimensão material e breve, se
já está espiritualizado.

A perturbação é outro fenômeno que faz parte do desencarne e corresponde a uma espécie de atordoamento ou en-
torpecimento que paralisa momentaneamente as faculdades

mentais e as sensações do desencarnante. O espírito fica inconsciente e o recobro da consciência pode ser também longo ou fugaz, dependendo do nível evolutivo do espírito. Assim, a perturbação pode ter a duração de minutos como de dias ou meses.

Outro aspecto importante que pode ocorrer no desencarne é a presença de entes queridos junto ao desencarnante. Eles felicitam o espírito como no retorno de uma viagem e o auxiliam nessa passagem.

Processado completamente o desligamento, o espírito desperta na dimensão espiritual. Em tal momento tem uma visão retrospectiva desta derradeira existência que se finda.

Permanecemos alguns segundos em silêncio, meditando sobre a importância de estarmos preparados para o desenlace. Em seguida, Ana Maria acrescentou:

– Em cada um desses lances finais há ajuda de espíritos que se dedicam à tarefa de auxiliar na desencarnação. Por meio de passes, os espíritos de luz desfazem os fios magnéticos que se entrecruzam sobre o corpo para possibilitar o desprendimento do perispírito do desencarnante. Eles tecem uma rede fluídica de defesa, a fim de que vibrações mentais inferiores sejam absorvidas.

– Exatamente – falou Marcelino. – Estamos fazendo uma benéfica revisão dos mecanismos do desencarne.

Entusiasmado pela lição que estava recebendo, pedi:

– Continuem, por favor. Assim que o espírito se acha liberto do corpo físico, o que ocorre?

Ana Maria insistiu para que Marcelino desse a explicação. Com bom ânimo, ele explanou:

– Já dissemos que, ao desprender-se totalmente do corpo somático, o espírito passa por um período de perturbação em que tudo se apresenta confuso. É necessário algum tempo para que o espírito se reconheça. Esse tempo varia de espírito para espírito devido a fatores como morte violenta ou morte natural e o nível evolutivo do próprio espírito. Mas a lucidez das ideias e a memória do passado lhe voltam, à medida que se destrói a influência da matéria de que o espírito acaba de separar-se e que se extingue a névoa que confunde seus pensamentos. Nesse momento, o espírito pode ser recebido por amparadores e entes queridos que se encontrem no mundo espiritual e que podem conduzi-lo a seu local de destino, de acordo com o nível espiritual em que se encontre. Mas pode ocorrer também de o espírito encontrar à sua frente entidades malévolas, que se preparam para assediá-lo e obsidiá-lo, como vingança por atos injustos praticados pelo recém-desencarnado contra eles.

Nesse momento, fiquei em dúvida e perguntei:

— Como assim? E os espíritos que estão diante dele? Não o protegem?

— Lembre-se de que temos o livre-arbítrio e agimos de acordo com as nossas próprias decisões. Quando essas decisões pendem para o mau caminho, ao desencarnar, impedimos a aproximação dos bons espíritos e entes queridos. Em vez disso, atraímos para nós entidades malévolas e antigos desafetos. Não são, pois, os bons espíritos que deixam de nos proteger, mas nós é que, devido à prática do mal, impedimos a sua ação.

— Entendo. Mas como alterar essa situação?

— Em primeiro lugar, é preciso prevenir que isso aconteça. Como? Agindo moralmente bem a partir de agora. Não esperemos chegar a hora da morte para pensar nisso. Se não estamos agindo bem hoje, a mudança tem de se dar agora. O nosso amor, expresso como caridade, será o grande transformador do nosso destino. Lembre-se, Max, do que disse Pedro em sua primeira carta: "Sobretudo, tende ardente amor uns para com os outros; porque o amor cobre uma multidão de pecados". Se agirmos com amor a partir de agora, não teremos pela frente a situação que acabo de citar.

– Muito bem – continuei. – Mas, se chegarmos ao desencarne repletos de dívidas e atrairmos espíritos que prejudicamos anteriormente e que desejam vingança, o que fazer?

– Precisamos arrepender-nos dos erros passados e pedir o auxílio divino. Quando nos arrependemos e solicitamos ajuda, recebemos a proteção por meio de espíritos socorristas que estão sempre prontos a resgatar os que se arrependeram e se dispõem a mudar de conduta.

– Muito justo – concluí.

Ana Maria assentiu com a cabeça e pediu a Marcelino que explicasse para onde vai o espírito depois que desencarnou, a fim de que eu pudesse fazer uma revisão do que aprendera no centro espírita. Solícito, ele elucidou:

– Depois que teve uma visão retrospectiva de sua reencarnação passada e após ter encontrado entes queridos que o aguardavam, o espírito segue à região espiritual com que se afine moralmente, sendo atraído pelas vibrações que estejam em sintonia com seu padrão energético. Lembrem-se de que estou narrando o desencarne de alguém que não foi suicida nem esteve apegado aos bens materiais. O destino de cada espírito e o seu estado de ânimo variam em cada um, de acordo com a vida pregressa que levaram na dimensão terrena. É isto o que dizem os espíritos da Codificação e é também o que fala Léon Denis.

Concordei com um movimento de cabeça, e Marcelino continuou:

– Quando nos preparamos seriamente para os momentos do desencarne, não atingindo, porém, as culminâncias da espiritualidade, segundo Denis, o espírito sai lentamente do corpo e recupera a liberdade. Não ousa, porém, utilizá-la ainda, pois fica limitado, seja pelo temor, seja pela maneira como viveu. Seu sofrimento continua diante dos entes que lhe são caros. Desse modo, o tempo vai passando e somente mais tarde é auxiliado pelo conselho dos outros espíritos, que o ajudam a eliminar a perturbação, a livrá-lo dos últimos laços mundanos e a transferi-lo para ambientes menos sombrios. Denis ainda afirma que o conhecimento do futuro espiritual e o estudo das leis que regulam o desencarne são muito importantes como preparação para a morte. Por meio deles, podemos atenuar os nossos últimos momentos, propiciando-nos um desligamento mais fácil e permitindo mais rapidamente o reconhecimento do plano espiritual.

Ana Maria considerou:

– O que prevalece na determinação do nosso destino nesse momento é a elevação moral que tenhamos atingido. Não existem privilegiados perante Deus. Cada um segue compulsoriamente para onde é atraído, dado o seu padrão energético, ou seja, de acordo com o seu mérito e o seu adiantamento moral e espiritual.

Neste ponto, Marcelino frisou:

– Léon Denis nos assegura que o Espiritismo fornece a chave do Evangelho, explicando seu sentido mais complexo e até oculto. E nos proporciona a moral superior, a moral definitiva, cuja amplitude e beleza demonstram a sua origem sobre-humana.

Em seguida, olhando bem para todos, concluiu:

– Basta que nós apliquemos essa moral em nossa própria vida, para que não tenhamos desmedidos problemas depois da morte do corpo. O que acontece com grande parte das pessoas, meus amigos, é que não se preparam para o momento do desencarne. Viver bem é também habilitar-se para a morte. Mas o medo ingente que ela acarreta para a maioria impede que seja preparada durante a própria vida. Nós, que temos algum conhecimento da doutrina espírita, precisamos quebrar esse círculo de temor e terror diante do inevitável, que é o desligamento definitivo da nossa alma em relação ao nosso corpo físico. Vivamos bem e, certamente, desencarnaremos bem.

As palavras do nosso amigo foram irrefutáveis. Ainda falamos sobre outros assuntos e, quando dei por mim, já entrávamos pela madrugada. Despedimo-nos sem saber que tinha sido o nosso último encontro com Marcelino ainda encarnado.

Dias depois, quando soubemos do seu desencarne, notamos um fato muito interessante: a primeira vez em que vimos Marcelino, ele estava com um exemplar do livro *Depois da Morte* em mãos. E, na última vez em que nos encontramos, também ele segurava o mesmo exemplar. Sem dúvida, ele respeitava muito Léon Denis, que tantas lições nos ofereceu por meio de seus livros.

❧❦❧

À medida que o tempo foi passando, alguns amigos e conhecidos foram deixando este mundo. A cada evento desse porte, fazíamos, Ana Maria e eu, uma nova reflexão sobre a morte. Nosso intento foi sempre nos prepararmos para essa mudança de domicílio. E foi pensando nisso que, numa noite em que minha esposa fora lecionar no centro espírita, reli algumas anotações sobre o pensamento de Léon Denis, tão reverenciado por Marcelino. Diziam que devemos nos lembrar de que tudo que é material é também efêmero. Passam as gerações, os impérios se desfazem, extinguem-se os sóis, tudo desaparece com o tempo. Todavia, duas coisas que vêm de Deus e que são imutáveis como Ele rebrilham sobre a ilusão das glórias mundanas: a sabedoria e a virtude. Cabe-nos conquistá-las por nossos esforços. Alcançando-as nos elevamos sobre tudo que é passageiro e transitório, desfrutando apenas o que é eterno.

Busquei manter essa lição em minha memória. Falei a respeito disso com dois grandes amigos que ainda me restavam:

Albert e Leonor. Nossas visitas mútuas continuaram ainda a pleno vapor por muitos anos.

Já passávamos dos setenta, Albert e eu, e, mesmo aposentados, ainda oferecíamos um pouco da nossa experiência no centro espírita que formara a nossa mente, apontando-nos os tesouros que as traças não corroem e os ladrões não podem roubar. As experiências nesse trabalho voluntário eram realmente gratificantes. Não só doávamos nossos conhecimentos, como aprendíamos muito com aquelas pessoas a quem buscávamos servir. Na verdade, ainda fazemos isso e só deixaremos essa tarefa quando não mais tivermos forças para continuar.

Hoje, tanto Albert como eu já passamos dos oitenta. Nossas esposas estão na casa dos setenta e ambas ainda oferecem seus trabalhos no centro: Leonor como dentista e Ana Maria como orientadora espiritual. É comovente ver como elas se dedicam desinteressadamente aos outros. Ao mesmo tempo em que atuam em suas respectivas áreas de formação, passam aos assistidos, por meio de palavras e principalmente pelos atos, a síntese divina que Jesus nos deixou: "Amarás o Senhor teu Deus de todo o teu coração, de toda tua alma, com toda tua força e com toda a tua mente; e o teu próximo como a ti mesmo".

Lembro-me de dois casos que atestam o que estou dizendo: quando Leonor começou a oferecer seus serviços profissionais ao centro espírita, atendeu uma jovem que perdera três dentes num acidente em que fora atropelada por um motorista embriagado. Quando ela falava ou ria, aparecia claramente a ausência dos dentes. A moça estava muito triste por isso. Leonor, com o propósito de ajudá-la, fez algo que estava fora das atividades de atendimento odontológico no centro espírita: como conhecia muito bem o trabalho de fabricação de próteses dentárias, montou uma pequena oficina numa saleta vazia do seu consultório particular e fez uma prótese perfeita para a jovem, que, ao ver-se no espelho, começou a chorar de alegria e gratidão. A partir daí, sempre que chegava até ela alguém que precisasse de prótese, ela a fazia generosamente em sua pequena oficina. Se alguém a alertasse sobre o valor elevado das próteses para o seu bolso, ela sorria, respondendo: "O Bom Samaritano não fez curativos num desconhecido e pagou todas as despesas posteriores para seu restabelecimento? Eu estou fazendo algo parecido, mas com os assistidos, que conheço muito bem. Não faço nada além do que ensina o Evangelho". Essa é a Leonor que conheço há tantos anos e que continua fazendo caridade com o coração repleto de amor.

O segundo caso que me ocorre é o de Ana Maria. Esta sempre foi outro modelo para a minha conduta particular. Ela estava ainda no início de suas atividades como orientadora espiritual no centro espírita, quando atendeu um senhor desesperado que lhe dizia ter perdido o emprego e que estava com grande dificuldade para conseguir outro.

– A minha esposa sozinha não recebe dinheiro suficiente para os gastos familiares. Temos três filhos em idade escolar, o que gera muitos gastos. Não posso ficar desempregado – dizia-lhe o assistido em estado de quase desespero.

Tocada pela situação comovente daquele senhor, ela pensou muito e resolveu conversar com uma antiga colega de faculdade que trabalhava na área de Recursos Humanos de uma grande empresa. A profissional em questão participava de um grupo de recrutadores e selecionadores que reunia profissionais de várias empresas da capital. Em pouco tempo, o senhor conseguiu ter um emprego de novo. A partir daí, Ana Maria foi aumentando seu círculo de contatos com profissionais de recrutamento e seleção, conseguindo invariavelmente arrumar trabalho para quem se achasse desempregado. Essa atividade tornou-se um dos pontos fortes de suas atividades no centro, de modo que até hoje ela continua favorecendo toda pessoa que, além da orientação espiritual, necessita de uma recolocação profissional. Nunca, porém, pude vê-la gabando-se de seus feitos, às vezes bem difíceis. Pelo contrário, com toda a humildade, a cada novo êxito, ela partia para outro, apenas com um objetivo em mente: "amar ao próximo como a si mesma".

Giovana e Luís Augusto, filhos de Albert e Leonor, também dedicam algumas horas por semana ao centro espírita. Giovana tem duas filhas e Luís Augusto, dois filhos e uma filha. Além de avós, Leonor e Albert já têm seis bisnetos.

Quanto a mim, depois de todos estes anos, deixei minhas antigas atividades no centro e faço preleções antes do passe. Gosto dessa tarefa, pois com ela preparo os assistidos para, concentrados no Evangelho, chegarem à sala com a alma leve, pronta para receber os benefícios do passe restaurador. Comigo, trabalham mais três companheiros, também compenetrados da importância dessas preleções para a preparação espiritual dos assistidos.

Continuamos, Ana Maria e eu, fazendo e recebendo visitas dos nossos grandes amigos Albert e Leonor. Tais reuniões continuam a nos encher de alegria e ânimo, a fim de prosseguirmos na jornada para o nosso autoaprimoramento, para a nossa reforma íntima. Só tenho a agradecer a Deus por ter encontrado em meu caminho esses irmãos abençoados e, principalmente, a minha querida esposa, companheira fiel de caminhada.

26

O mistério da vida

Conheci na universidade um professor que costumava dizer que a vida está repleta de mistérios. Quando lhe perguntava se já os havia decifrado, ele respondia evasivamente: "Alguns... alguns". Creio que o maior mistério, diante do qual muitos sucumbem, é o encontro do significado da vida. Eu já estava convencido disso há muito tempo, quando, certa noite em que Ana Maria tinha ido trabalhar no centro espírita, tocou o interfone. Dizia-me o porteiro do condomínio que um certo Mateus queria vir conversar comigo. No momento não me lembrei de conhecer nenhuma pessoa com esse nome. Depois, puxando pela memória, recordei-me de que há algumas semanas um jovem me procurara em frente do centro espírita para solicitar orientação. Dizia-me que naquele instante isso não seria possível, mas perguntava se eu poderia atendê-lo em particular naquela semana. Consenti e ele ficou de me procurar, o que não havia acontecido. Certamente era ele, mas, por segurança, pedi alguns dados que vieram confirmar a minha dedução.

Já no apartamento, Mateus se desculpou por ter-me procurado nesse local.

– Sei que deveria ter procurado o senhor no centro espírita e não aqui, mas ando tão perturbado que não tive opção. Se permanecesse em casa, teria me suicidado.

O caso era realmente grave, de modo que pedi que se sentasse. Ofereci um chá de valeriana e fiquei à sua disposição.

– Doutor, tenho passado por péssimos dias. A minha vida está um emaranhado sem solução. Não sou viciado em drogas, não fumo e não tomo bebida alcoólica. Pelo menos isso tenho de bom, mas, por outro lado, perdi o emprego há dois meses e estou para trancar matrícula na faculdade por falta de dinheiro para pagar as mensalidades. Para complicar tudo, o meu namoro de um ano foi pelos ares. Não vejo mais graça em nada. Meu grande *hobby*, que é a leitura, já não me seduz. Até o estudo está perdendo o significado. Estou cursando filosofia. Quero ser professor universitário. Estou no sexto semestre e logo poderei lecionar no ensino médio, enquanto estiver fazendo o mestrado, que me habilitará para o ensino superior. Gosto muito de lecionar. Tenho dado algumas aulas particulares, saindo-me muito bem. Mas, quando penso na minha vida como um todo, vejo que ainda não realizei nada, nem sei se vou realizar, pois desconheço o porquê da minha existência. Estudar tanto para quê? Casar para quê? Lecionar para quê? Viver... para quê? Não sei o que fazer. Nem mesmo sei por que estou aqui, se o senhor não poderá me ajudar.

Mateus continuou a falar sobre os seus dissabores e fiquei escutando ativamente, permitindo que ele desabafasse. Ao terminar a sua fala, deixou pender os braços na poltrona, totalmente prostrado. Ele se dizia simpatizante do

Espiritismo, não um adepto. Seus pais frequentavam o centro espírita onde eu oferecia os meus trabalhos. Ele dizia ter lido alguma coisa sobre a doutrina, mas ainda não se convencera a segui-la. O que eu poderia afirmar é que naquele momento ele se encontrava totalmente desorientado, tendo entrado num estado depressivo, daí a ideia de suicídio.

Depois de algum silêncio, Mateus fez uma pergunta, não sei se endereçada a mim ou a ele próprio:

– Por que a vida tem sido tão difícil para mim? Por que pesa tanto sobre os meus ombros? Há filhinhos de papai que nem sequer precisam trabalhar. Não sei por que frequentam o curso de filosofia. Têm tudo de que precisam e vão herdar os haveres de seus pais. Comigo não é assim, não. Tudo que consigo é suado. E ponha suor nisso. Por que eu tenho de trabalhar tanto e eles não precisam mexer os braços? E, mesmo assim, até emprego eu perdi.

– Não seria por causa do modo como você concebe o trabalho?

Ele pensou um pouco e admitiu:

– Pode ser. Mas não alivia o meu sofrimento. Continuam os outros com a vida boa, e eu com a minha vidinha miserável.

– Mateus, ninguém pode executar a tarefa do outro. As experiências que fazem parte da nossa vida aí estão porque são as que precisamos realizar, com vistas ao nosso autoaprimoramento.

– Quer dizer que tudo por que venho passando é para a minha melhoria?

– É o que digo.

– Doutor, se outra pessoa tivesse dito isso, iria escutar umas boas. Mas eu respeito o senhor e sou obrigado a refletir no que me foi dito.

– Pense bem: por que você acha que o ser humano evoluiu intelectualmente desde o Paleolítico até hoje, a era da comunicação global?

Notei que Mateus estava relutante, mas que já entendera o que eu estava querendo dizer.

– Bem, o homem evoluiu por causa dos problemas que teve de resolver.

– Foram os obstáculos surgidos que o motivaram a superá-los, não é mesmo? Com cada um de nós em particular acontece o mesmo. Os obstáculos que nos surgem, os sofrimentos que nos afligem são a oportunidade para que nos burilemos, avançando para novos patamares. A cada problema solucionado, damos um novo passo para a autorrealização.

– Eu nunca havia pensado dessa forma. Não entendo, porém, o que tem isso a ver com o meu desemprego.

– Como é que você concebe o trabalho?

– O trabalho, doutor, é para quem não nasceu em berço de ouro. A sua função na sociedade é apenas permitir que compremos o pão de cada dia... com o suor do nosso rosto, melhor dizendo, da nossa alma. Aqui entre nós, detesto trabalhar.

– Alimentando esse conceito de trabalho, você deve ter muitas dificuldades, chegando mesmo ao desemprego. Mas me diga uma coisa: por que você quer ser professor universitário?

– Descobri nos seminários, já no ensino médio, que gosto muito de orientar pessoas para que construam o próprio conhecimento. O mesmo acontece na universidade. Quando o seminário termina, a minha vontade é de que pudesse continuar por muito mais tempo.

– Mas lecionar é um trabalho, não é, Mateus? Se você detesta trabalhar...

– Para mim, lecionar não é trabalho, doutor. É realização.

– Muito bem. Nesse caso, você gosta de trabalhar. O que detestava era o trabalho que vinha realizando.

Mateus pensou um pouco e considerou:

– O senhor está certo. Se o trabalho for dar aulas, eu o realizo com alegria e satisfação.

– Diga-me uma coisa: você gostaria de dar aulas de recuperação para alunos do ensino médio?

– Sem dúvida. Eu entraria de corpo e alma nesse trabalho.

Depois de conversar mais sobre isso e pensando em Ana Maria, eu disse a Mateus que conversaria com ela. Afinal, ela vinha ajudando muitas pessoas a conseguir emprego. Não era uma promessa, mas uma tentativa. Bastou que eu dissesse isso, que o brilho voltou a seus olhos. Ele afirmou que poderia dar aulas de filosofia, de psicologia e até de português, disciplinas que bem conhecia.

O meu desejo era de continuar com a orientação, mas o jovem disse que tinha de se levantar muito cedo no dia seguinte e tinha de ir embora. Prometeu que voltaria dentro de dois dias. Notando que ele já não era a pessoa deprimida que viera conversar comigo, deixei-o partir, dizendo que o aguardaria novamente, inclusive para dar um retorno em relação às aulas particulares. Quando Ana Maria voltou do centro espírita, resumi todo o diálogo que tivera com Mateus e perguntei se ela poderia ajudar a conseguir aulas particulares para ele.

– Max, você está com sorte, ou melhor, o jovem que você recebeu hoje. Conheço uma professora aposentada que tem há uns dois anos um instituto de aulas particulares. Faz pouco tempo, seu marido cedeu um sobrado para que ela pudesse separar a casa do trabalho. Ligarei para ela amanhã cedo.

Como prometera, a minha esposa conversou com a professora, que lhe pediu que encaminhasse Mateus. Fiquei muito contente, mas, quando Mateus voltou a meu apartamento, deixei para dar-lhe a notícia no final da nossa conversa. Primeiramente, perguntei-lhe como estava.

– Doutor Max, as suas palavras me ajudaram tanto que não pensei mais em suicídio. Não digo que passei feliz estes últimos dias. Mas a angústia que eu sentia diante da vida já não é tão forte.

– E diante do trabalho? Como você vem se sentindo?

– Passei a encarar o trabalho de modo diferente também. Antes eu pensava no trabalho apenas como um meio de ganhar dinheiro. Hoje, após nossa conversa, eu o sinto como um meio para o meu progresso profissional. Se eu já pensasse assim, certamente não teria sido demitido. Não é somente o trabalho do professor que deve tornar-me realizado, mas qualquer tipo de trabalho. O meu vizinho também me aconselhou, dizendo que todo trabalho é digno. Indigno é trabalhar mal ou deixar de trabalhar.

– E o que você acha disso, Mateus?

– É a plena verdade. Temos de nos realizar em qualquer tipo de trabalho. O que não impede que procuremos outro em que nos sintamos felizes.

– Fico feliz, pois percebo que você está mudando para melhor. E no tocante à vida? Já pensou num sentido para ela?

– Quanto a isso, ainda estou desorientado. Não sei por que nasci, não sei exatamente quem sou, nem tenho certeza do lugar para onde irei. Como estudante de filosofia, poderia ter alcançado as respostas, mas não alcancei.

– Você frequenta o centro espírita?

– Meus pais o frequentam; eu apenas passo por lá de vez em quando. Sou apenas um simpatizante, como costumam dizer.

– Já leu *O Livro dos Espíritos* ou *O Evangelho segundo o Espiritismo*?

– Não, não li, embora ler seja uma das atividades que mais me gratificam.

– O mais importante agora é saber como você encara a vida.

– Sei, devido a meu estudo, que certos filósofos dizem que a vida não tem sentido algum.

– Sartre, por exemplo?

– Você o conhece?

– Um pouco. Sei que ele afirma o seguinte: o homem é lançado no mundo sem justificativa. Nele, a existência precede a essência, isto é, o homem vai construir por si mesmo a sua essência por meio das suas escolhas diante da vida. Uma caneta, por exemplo, é pensada e planejada antes, de modo que, ao ser fabricada, já se sabe para que serve. Ela tem uma essência já definida. Como Sartre nega a existência de Deus, afirma que o homem, diferentemente da caneta, nasce sem nenhuma finalidade. Nasce sem essência. E a existência se perde na sua gratuidade. Para Sartre, o mundo é um absurdo. A vida humana não tem nenhum sentido, e, para superar a incerteza perante a existência, o homem cria Deus em sua mente. No entanto, cabe exclusivamente ao próprio homem dar um sentido à sua vida. Não há nenhum sentido prefixado por Deus, que não existe, segundo esse filósofo.

– Você falou até melhor que meu professor. Esse é o pensamento de Sartre.

– E você, Mateus, o que pensa?

– Eu estava "embarcando" nessa. Mas, após nossa primeira conversa, já começo a pensar de modo diferente. Penso que a vida tem um sentido. Contudo, não sei qual seja.

Nesse momento, pensei no professor Acácio e tentei falar como ele provavelmente o faria.

– Você conhece Viktor Frankl?

– Um professor falou alguma coisa sobre ele.

– Frankl afirma que todos nós somos motivados pelo anseio por um sentido. Isso significa que o anseio básico do ser humano é o de conhecer o sentido ou o "para que" da vida. Costuma-se dizer que a busca de sentido é a busca da própria identidade do indivíduo. É a busca de um propósito, de uma missão. Como afirma Frankl, o preocupar-se por encontrar um sentido para a existência é uma realidade primária; é a característica mais original do ser humano. É por isso que muitos transtornos mentais têm origem no desencontro do sentido que ocorre com muitas pessoas, expresso pelo vazio interior ou, como também se diz, vazio existencial. O agravamento do sofrimento psíquico como consequência do vazio existencial pode provocar um estado em que o indivíduo se sente incapaz de se manter equilibrado. Surgem à vista disso o pessimismo, a insatisfação, a angústia, o desalento, a depressão e até o suicídio.

Ao escutar a palavra *suicídio*, Mateus fechou fortemente os olhos, pois se lembrou de que havia pensado nisso poucos dias atrás. Fiz uma breve pausa e continuei:

– Apontam os especialistas que a falta de significado para a vida, a sensação de vazio e o desconhecimento da razão existencial são os mais angustiantes sentimentos do homem moderno. Entretanto, o vazio serve também de aviso de que não nos encontramos no caminho certo para compreender a razão da vida. E que precisamos encontrar um meio de buscá-lo.

– Estou entendendo, pois foi exatamente quando me senti vazio que comecei a me fazer aquelas célebres perguntas: "Quem sou?"; "De onde vim?"; "Para onde vou?"; "Nasci para quê?". Vejo nisso um empurrão da vida para o meu autoconhecimento.

– E é verdade, Mateus.

– Mas, embora faça as perguntas, não consigo ainda encontrar as respostas. O que diz Viktor Frankl sobre isso?

– Ele considera o sentido da vida em dois níveis. Primeiramente como o sentido último da existência. Trata-se da resposta à pergunta: "A que viemos?", ou "Qual a finalidade da nossa vida?". Quando encontramos o sentido da vida, essa descoberta é acompanhada de grande satisfação. Sentimo--nos gratificados quando sabemos que estamos cumprindo a missão do ser humano nesta existência. O sentido último da vida corresponde à nossa missão no mundo. O segundo nível é o reconhecimento de que existem sentidos para cada momento da vida. É o significado que damos a determinada circunstância. Pode ser algo mais simples, como realizar nosso trabalho com dedicação, ou mais complexo, como assumir um compromisso, decidir entre duas atividades conflitantes ou tomar uma decisão vital como casar-se, ter um filho ou escolher uma profissão. Costumo dizer que o sentido do momento corresponde a aproveitar a oportunidade que nos surge em determinado momento da vida, como doar a nossa habilidade de cozinhar a uma entidade assistencial que alimente necessitados, escrever um livro de cunho educativo, trabalhar num centro espírita como voluntário ou colaborar com uma instituição de proteção aos animais. A cada momento da nossa existência, temos a oportunidade de encontrar um sentido particular para a nossa vida. Em termos globais, a principal preocupação da pessoa humana, diz Frankl, não consiste em obter prazer ou evitar a dor, mas antes em ver um sentido em sua vida. A felicidade é consequência do cumprimento da nossa missão.

– Como estudante de filosofia, eu já deveria ter pensado nisso, mas confesso que não o fiz. Agora não posso mais protelar.

A cada novo conhecimento, Mateus mais se interessava e fazia perguntas, que eu procurava responder com acerto. Por fim, expus o que penso, fundamentado na doutrina espírita:

– Mateus, nós não nascemos por acaso. Nossa vida tem um sentido geral e sentidos particulares, como já afirmei. Os sentidos particulares estão unidos ao sentido geral, facilitando a sua obtenção. Segundo o Espiritismo, o sentido supremo da vida, global por abranger todos os homens, é o progresso. Kardec perguntou aos espíritos superiores qual o objetivo da encarnação para os espíritos. Eles responderam que Deus lhes impõe a encarnação com o fim de fazê-los chegar à perfeição. Mas como agir, a fim de caminhar para a perfeição, cumprindo os sentidos da vida?

– Essa é uma pergunta fundamental.

– Tenho a minha resposta: identificando os nossos defeitos e instalando as virtudes contrárias. Por exemplo, se tenho a tendência de agir com impaciência em muitas situações do meu dia a dia, preciso primeiramente reconhecer esse defeito e depois trabalhar no sentido de instalar em minha conduta a paciência, que é a virtude contrária. Se tenho a propensão de julgar impiedosamente o comportamento dos outros, preciso identificar esse defeito e, em seguida, procurar incorporar a virtude oposta, que é a compreensão. E assim com todos os defeitos.

– Isso é realmente interessante, doutor Max.

– Quando agimos desse modo, estamos nos aperfeiçoando na prática do amor, portanto, estamos nos conduzindo na direção do sentido supremo da vida: a perfeição, o progresso. Costuma-se dizer que viemos a este mundo para aprender e para aplicar o aprendizado à melhoria da nossa vida e ao aprimoramento da vida daqueles que convivem conosco.

– Agora, finalmente, sei a que vim neste mundo.

– Falando de outro modo, cada um de nós nasce para corrigir os defeitos que possuía na última reencarnação, ou últimas reencarnações, e que trouxe para esta. Quando identificamos esses defeitos, tomamos conhecimento do motivo pelo qual nascemos: corrigi-los e assim aperfeiçoar-nos.

Os olhos de Mateus brilhavam. Ele não se parecia em nada com o rapaz que viera procurar-me anteriormente. Aproveitei para dizer algo mais:

– Mateus, quando temos um sentido na vida, obtemos uma direção de vida, isto é, sabemos para onde estamos caminhando. Jesus nos disse em seu Evangelho: "Sede perfeitos como vosso Pai Celestial é perfeito". Sendo a perfeição a finalidade da nossa existência, quando nos burilamos moral e espiritualmente, estamos caminhando rumo a esse objetivo final. Já não andamos mais às cegas. Por isso mesmo, Jesus

O MISTÉRIO DA VIDA

também afirmou: "Eu sou o Caminho, a Verdade e a Vida". Quando estudamos o Evangelho, encontramos o Caminho para o progresso, conquistamos a Verdade e vivemos a Vida de acordo com tais ensinamentos, nos endereçando para a perfeição. Ao nos conduzirmos dessa forma em nosso cotidiano, alcançamos também a felicidade que nos é possível hoje, pois a felicidade é resultante da perfeição. Ao saber que estamos agindo em direção ao nosso fim último, ficamos com a consciência tranquila, pois estamos realizando nossa *grande obra*. E, em tal circunstância, nos tornamos felizes.

– Eu me sentia o mais infeliz dos homens – disse Mateus com lágrimas nos olhos –, mas, graças a estes dois encontros que tivemos, mudei completamente a minha perspectiva de vida e agora sinto uma alegria indescritível. Mudei até a minha visão do trabalho.

– A vida pode ser extremamente desagradável quando desconhecemos o seu significado; porém, quando o alcançamos, ela se torna alegre e prazerosa. Quando nos conscientizamos de que viemos a este mundo para nos desenvolver espiritualmente, as tarefas que cumprimos para realizar tal fim tornam-se agradáveis e as realizamos com muito bom humor. E, dentre tudo a realizar, o mais importante acha-se expresso no preceito do Cristo: "Amar a Deus sobre todas as coisas e ao próximo como a nós mesmos". Se colocarmos em prática esse mandamento, estaremos cumprindo a nossa missão terrena.

– Eu sou grato por todas as suas palavras, doutor Max, extremamente grato.

– Permita-me, pois, dizer ainda que a gratidão é um elemento essencial para uma vida feliz. Seja grato por tudo o que lhe é disponibilizado agora. Em vez de reclamar, agradeça. Como já escutei algumas vezes: "Reclamar é pobreza; agradecer é riqueza". O presidente norte-americano

John Fitzgerald Kennedy afirmou certa vez: "Ao expressarmos nossa gratidão, nunca devemos nos esquecer de que a melhor maneira de demonstrá-la não é dizer determinadas palavras, mas viver de acordo com elas". Isso significa, Mateus, espírito de gratidão. É preciso criar o hábito de agradecer a tudo e a todos. Ao me agradecer, você está no caminho certo. Continue assim e agradeça primeiramente a Deus, nosso Pai.

Antes que o jovem saísse, falei-lhe a respeito da entrevista que fora agendada para ele, a fim de que pudesse realizar aquilo de que mais gostava: lecionar. Mateus saiu de meu apartamento com outra disposição. Passados poucos dias, voltou para agradecer.

— Doutor Max, muito obrigado por tudo o que fez por mim.

— Você já agradeceu a Deus?

— Venho agradecendo e quero sempre agradecer. A minha vida está mudando para melhor, coisa que dias atrás eu sequer poderia imaginar. Consegui aulas no instituto de aulas particulares. Como o instituto está crescendo e a professora Vera estava com falta de professores, consegui quarenta aulas semanais. Agora posso pagar a faculdade e ainda me sobram uns trocados. Creio que este seja, no momento, o meu sentido particular de vida. E poder alcançá-lo já está me tornando feliz.

— E quanto ao sentido supremo da vida?

— Estou convicto de que é aprender e aplicar os conhecimentos construídos em nosso próprio benefício e em benefício do próximo. Isso é progredir e amar. E é o que pretendo fazer daqui para a frente.

— Muito bem, Mateus. Há quem diga que a finalidade da vida seja vivermos de tal maneira que possamos manifestar Deus neste mundo. Isso significa que o sentido da vida é expressar Deus, que se acha em nosso íntimo. Talvez por isso nosso Divino Mestre tenha dito: "Vós sois deuses". Se Deus se encontra em toda parte, não pode deixar de habitar o interior da nossa alma. E, para expressar Deus em nosso dia a dia, temos de evoluir espiritualmente, temos de progredir. É por tal motivo que também dizemos que o sentido supremo da vida é o progresso. Não há progresso espiritual sem amor. Portanto, nossa missão terrena consiste também em amar. Lembre-se do que nos disse Jesus: "Amai-vos uns aos outros, assim como eu vos tenho amado". Afinal, Mateus, Deus é amor.

Eu via naquele jovem a mim mesmo muitos anos antes, de modo que simpatizei muito com ele e pude demonstrar-lhe empatia. Pude colocar-me emocionalmente em seu lugar a cada experiência de vida que me relatava. Ver o fulgor dos seus olhos fez-me sentir bem. Coloquei-me a seu dispor, e ele, agradecendo mais uma vez, seguiu em frente, pronto para colocar em prática tudo o que aprendera em tão pouco tempo.

Passaram-se uns seis meses, quando Mateus veio visitar-nos. Estava bem-vestido e tinha a seu lado uma jovem sorridente que nos cumprimentou. Fiquei sabendo que se tratava de Marlene, a sua nova namorada, também professora no instituto de aulas particulares. Era final de tarde, e Ana Maria estava em casa, participando da conversa.

– Vim para agradecer-lhes mais uma vez por tudo o que fizeram por mim.

Mateus fez uma pausa e continuou, emocionado:

– Contei a Marlene tudo o que recebi de vocês, inclusive a vida.

– A nossa vida pertence a Deus – retruquei –, e só Ele pode abreviá-la. Aliás, a vida é eterna. A nossa presente existência é que tem um fim. E esse fim é determinado por Deus, e não por nós, que não temos esse direito. Mas, por favor, continue.

– Hoje posso dizer que amo a vida. Conheço muito bem o seu sentido e caminho na direção do seu cumprimento. Quando mudei a minha conduta, consegui o emprego que me deixou feliz, graças à indicação de dona Ana Maria.

– Graças à sua competência e dedicação – corrigiu a minha esposa. – Se você conseguiu o emprego foi por seus méritos, Mateus.

– Obrigado. E venho também para anunciar que uma filial do instituto de ensino foi aberta e fui indicado como diretor, mesmo sem ter completado a faculdade. Portanto, a minha situação é hoje muito diversa daquela que eu vivia quando estive aqui pela primeira vez.

Felicitamos o jovem pela grande conquista obtida, e ele, depois de novamente agradecer, nos disse:

– O maior benefício que recebi após a mudança de pensamento e de conduta foi conhecer Marlene. Tenho certeza de que caminharemos lado a lado pela vida, apoiando-nos mutuamente.

– Mateus é uma pessoa maravilhosa – falou convicta a namorada. – O que disse é verdade, e o que mais quero é poder compartilhar com ele a minha vida.

– Como é bom vê-los tão sorridentes – disse Ana Maria. E eu completei:

– Sorriso alegre e sentimento de gratidão purificam os nossos atos, tornando-nos um polo de atração em relação às outras pessoas. Vocês estão de parabéns.

A visita durou mais alguns minutos, quando Mateus e Marlene deixaram agradecidos o nosso apartamento para se dirigirem a seu trabalho. Deram-nos de presente um belo vaso de flores, que recebemos com alegria.

Essa passagem em nossa existência foi muito gratificante para mim e minha esposa, de modo que me emociono ao relatá-la agora. Mas o relato não termina aqui. Quando tínhamos nossa última conversa, pude ver um espírito ao lado do sofá em que estavam Mateus e Marlene. Apresentava-se como uma senhora muito bem-vestida e sorridente. Prestei bem atenção, e ela me disse que era irmã da diretora-geral do instituto de ensino e que havia desencarnado há alguns anos. Em existência anterior fora tia de Mateus e agora procurava protegê-lo, tendo-o inspirado a procurar-me quando o abatimento emocional tomava conta da sua alma. Ela agradeceu a mim e Ana Maria por tudo o que tínhamos feito por seu sobrinho. E acrescentou que Marlene fora esposa de Mateus em sua última encarnação. Tinham tido uma existência de muito amor e compreensão, tendo novamente se encontrado. O mérito de cada um deles permitiu que se unissem também nesta existência, para darem continuidade à sua reforma interior. Pedindo as bênçãos de Deus para mim e para Ana Maria, ela foi desaparecendo lentamente da minha visão. Nesse momento, uma grande alegria tomou conta do meu ser, e notei que a energia do ambiente se tornou mais leve.

Quando contei o ocorrido à minha esposa, ela me falou que sentira uma espécie de suave brisa perpassar todo o seu corpo, tornando-a mais bem-disposta e serena. Soube, dias atrás, que Mateus e Marlene pretendem casar-se em pouco tempo. Ele está terminando o curso de filosofia e ela já encerrou o curso de línguas. Este é mais um caso que atesta a importância essencial de encontrarmos o sentido da vida e que me motiva a continuar na vereda que escolhi trilhar: o Caminho que Jesus nos indicou em sua imensa bondade e compaixão.

⁓◉⁓

É com lágrimas de alegria que chego ao final do relato que escolhi fazer a fim de alertar a tantos quantos viessem a ler-me para que procurem pela finalidade da vida, podendo assim caminhar nesta existência com firmeza e segurança. Quando temos um objetivo na vida, aprendemos a encontrar os meios para atingi-lo. Assim aconteceu comigo, com vários de meus pacientes e com Mateus, que saiu de uma angústia mortal para o cumprimento de sua missão nesta existência. Ao encontrar Deus, de cuja existência chegou a duvidar, identificou também o sentido supremo da vida e os sentidos particulares de sua existência neste momento de sua caminhada para o Pai.

Não pude deixar de comparar-me a esse jovem, pois também trilhei descaminhos que me levaram à amargura pela desditosa existência que levava. Apenas quando reencontrei Deus é que pude igualmente descobrir o sentido da vida.

Agradeço a Deus por, quando mais precisei, ter me estendido os braços por intermédio de amigos que me colocaram no rumo certo. Sou eternamente grato a todos eles e a essa alma de escol que aceitou partilhar comigo esta existência: Ana Maria. Obrigado a todos vocês. Obrigado, meu Pai. Obrigado, Divino Mestre, cujo Evangelho é o farol que ilumina os meus passos. Muito obrigado.

Neste exato momento, Ana Maria anuncia-me a chegada de uma visita toda especial: Albert e Leonor. Não haveria momento melhor para encerrar esta humilde narrativa, pois as primeiras mãos que se estenderam para me tirar do lodaçal foram as destes amigos abençoados. Mãos que me colocaram no verdadeiro Caminho, desvendando-me *o mistério da vida.*

Que a leitura deste relato singelo possa, de algum modo, incentivar o leitor na sua viagem pessoal para a perfeição, para o progresso, para a felicidade eterna...

Max Helmer

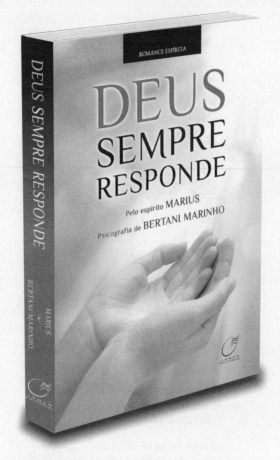

Bertani Marinho
PELO ESPÍRITO MARIUS

Romance | 16x23 cm | 376páginas

Donato e Marcela são casados e tem dois filhos. A família do imigrante italiano vive feliz até que, de repente, Donato perde o emprego e o casal descobre que o filho está com linfoma de Burkitt e precisa de tratamento urgente. Assim tem início uma jornada de provas e expiações para a família. Eles vão entrar em contato com o Espiritismo, aprender muitas coisas a respeito da Lei da Ação e da Reação, da reforma íntima, da erraticidade, e, principalmente, vão conhecer o amor de Deus, que sempre nos ouve, basta pedirmos e agradecer com fé.

Entre em contato com nossos consultores e confira as condições
Catanduva-SP 17 3531.4444 | boanova@boanova.net | www.boanova.net

LÚMEN EDITORIAL

Av. Porto Ferreira, 1031 | Parque Iracema
CEP 15809-020 | Catanduva-SP

www.**lumeneditorial**.com.br
www.**boanova**.net

atendimento@lumeneditorial.com.br
boanova@boanova.net

📞 17 3531.4444
🟢 17 99777.7413
📷 @boanovaed
f boanovaed
▶ boanovaeditora

Acesse nossa loja

Fale pelo whatsapp